小学校発

アクティブ・ラーニングを超える授業

石井英真 編著

質の高い学びのヴィジョン「教科する」授業

日本標準

まえがき

　学習指導要領改訂の議論の中でアクティブ・ラーニング（Active Learning：AL）が注目を集めてきた。AL（能動的学習）とは，「課題の発見と解決に向けて主体的・協働的に学ぶ学習」であり，具体的には，問題解決学習，体験学習，グループ・ディスカッション，ディベート，グループ・ワークなどの方法があるとされる。もともとALは，大学の授業改善の文脈で，一方向的な知識伝達型講義を聴くという受動的学習を乗り越えるためのスローガンとして示された。

　現行学習指導要領の下で，「言語活動の充実」は，小・中学校の授業改善の取り組みを一定程度促した。しかし，高校の授業改善を促すには必ずしもいたらなかった。そこで，高大接続や大学入試の改革とも連動しながら，大学の授業改善のキーワードであるALを初等・中等教育段階でも導入することで，幼・小・中・高，さらには大学教育をも，現代社会で必要な資質・能力の育成という観点で一貫させ，高校の授業改善も促していこうというのが，今次学習指導要領改訂においてALが提起された背景である。

　一方的に教師の話を聴くのではない，受動的ではない授業をめざすという，ALという言葉がもつメッセージ性は，大学，高校，せいぜい中学校までなら，明日の授業改革のきっかけを与えるかもしれない。しかしながら，小学校の授業については，すでに十分「アクティブ」なのであって，本来ならALにまどわされずに地に足のついた実践を進めていくべきである。むしろ活動主義にならないよう，学びの中身が空洞化しないよう教材研究の重要性をこそ強調すべき段階だろう。

　だが，ALに対して，最もまじめに受け止め，さらに授業で新しい取り組みを実施しようとするのは，実際にはむしろ小学校かもしれない。「言語活動の充実」が求められる中で，小学校現場は，内容のみならず授業方法レベルでも，学習指導要領や各自治体の標準指導案に直接的に規定される傾向が強まり，目の前の子どもたちや学校の現実から自分たちなりの方法や授業を語る言葉を創り出していく現場の自律性や気概や体力も弱まっている。その結果，コラムでも示すように，「課題発見」「協働」「汎用的スキル」といったキーワードに過度に反応し，「これ（この型）を実施すればALをやったことになる」といった実践の形式化に陥りかねない。何より，カタカナ言葉のソフトなタッチの授業論や授業像が入り込んでくる中で，日本の教師たちが蓄積してきた現場感覚に即した言葉や実践のイメージが塗り替えられてしまうことが危惧される。

　ALという言葉で，「主体的・対話的で深い学び」がめざされているが，これまでも教科学習で知識の習得だけがめざされてきたわけではないし，一方的で画一的な授業を超える試みも少なからずなされてきた。特に小学校においては，創造的な一斉授業（クラス全体での意見交流にとどまらず，教師の発問によって触発されたりゆさぶられたりしながら，子どもたちが互いの考えをつなぎ，1人では到達しえな

い高みへと思考を深めていく「練り上げ型授業」）を通じて，主体的・協働的かつ豊かに内容を学び深め，「わかる」ことを保障し，それにより「生きて働く学力」を育てる授業が理想とされ，追求されてきた。こうしたドラマのごとくヤマ場があり，子どもと教師，子ども同士の相互作用がダイナミックに展開する授業像は，諸外国の教育関係者からも驚嘆されてきたし，昨今着目されている日本の授業研究を支えてきた，求道者としての教師のクラフツマンシップのたまものである。そこには，主体性や協働性にとどまらない学びの深さや質の高さがある。

　資質・能力の育成やALに向かう前に，こうした日本の「わかる」授業，練り上げ型授業の蓄積を継承発展させていくことが必要である。一方で，こうした日本の伝統的な理想の授業像は，社会の変化，それに伴う学校に期待される役割や子どもたちの生活感覚・学び感覚の変化の中でゆらいでいる。第1章で述べるように，資質・能力やALといった改革のキーワードも，日本の伝統的な授業像への問題提起や一種の「ゆさぶり」と受け止めることができよう。そして，そうした日本の伝統的な理想の授業像のゆらぎに対して，それをどう受け止めるかを考え，日本の良質の授業づくりの遺産を継承発展させつつ，新たな授業像や現場の授業論（教育文化）を立ち上げていくヒントは，すでに現場の中に見いだすことができる。

　本書で取り上げる4つの学校は，ALという言葉は使っていないが，それぞれに独自の角度から，上記の課題に応える授業の提案を学校ぐるみで展開している。取り組みの重点は違えど，大きな授業づくりのベクトルはゆるやかに共通している。第1章で詳述するように，そうした新たな学びと授業のヴィジョンとして，本書では「教科する（do a subject）」授業という概念を提起する。それは授業づくりの方向性を示すもので，これをすればいいという型を示すものではない。ただ，「教科する」授業というヴィジョンをめざして学びの質を追求していく上で，実践の手がかりとなる手立てや仕掛けとして，実践の組み立てにおいて，①（尻すぼみではなく）「使える」レベルの学力を育てる末広がりの単元づくりと，②（知識発見型ではなく）最適解創出型（知識構築型）の授業づくりをめざすこと，そして，単元レベルと授業レベルの両方で，思考する必然性と思考のつながりを重視しつつ，③"Do"の視点から授業での活動や思考の質（学習者が内的に経験している動詞）を吟味することを挙げることができる。

　「アクティブ・ラーニングを超える」としたのは，「（新たに実施が求められている授業方式としての）ALをどう実践するか」という議論を超えて，ことばに惑わされず根っこにある問題提起を受け止めた上で，日本の良質の伝統的な授業のエッセンスをどう継承し，授業像の再構築をどう図っていけばよいのかを提起するものである点を示したかったからである。「小学校発」としたのは，改革に過度にまじめに対応してしまいがちな小学校現場に対して，足下の実践の蓄積に目を向けて，授

業づくりの不易を追究することこそ大事であり，むしろ小学校の授業の豊かな蓄積から中学校や高校の教師も学ぶ必要があることを示したかったからである。

　本書の構成を示しておこう。第1章では，新学習指導要領のキーワードをどう受け止め，そこにどのような授業づくりの不易の問いを見いだすかについて述べる。そこから，「教科する」授業というヴィジョンを示しつつ，教科本来の魅力を追求することで結果としてアクティブになるという，新たな授業づくりへの視点を示す。

　第2章以降は，4つの学校の取り組みを紹介する。学校としての取り組みの概要について述べた後，各校6つずつ実践が紹介される。実践を選ぶにあたって，学年についてはできるかぎり網羅するようにした。教科については，小学校という学校階梯を意識して，また，学年に応じた授業の違いを示すために，国語の実践は多く取り上げられているが，本書全体で多様な教科を取り上げるよう心がけた。

　4つの学校は，それぞれに何らかの形で上記の「教科する」授業のポイントを具体化する手立てを講じているが，京都府京都市立高倉小学校と香川大学教育学部附属高松小学校の実践からは，「使える」レベルの学力に向けた，魅力的で挑戦的な課題づくり，末広がりの単元づくり，そして，目標・評価のあり方の工夫について主に学ぶことができるだろう。他方，愛知県豊川市立一宮南部小学校と秋田大学教育文化学部附属小学校の実践からは，深い学びにつながる対話やコミュニケーションのあり方，学習者主体の知識構築型の授業づくりの工夫について主に学ぶことができるだろう。

　それぞれの実践章の扉には，実践の見どころを示す。そして，章の終わりには，いくつかの実践を取り上げつつ，授業のプロセスの経験（"do"）の質という観点からそれらに分析を加えたり，それぞれの学校の取り組みが挑戦している授業づくりの現代的課題について，それぞれの学校の実践から一般化できる実践指針や基本的な論点などについて述べたりした上で，教科の本質により迫る「教科する」授業とするためにどのような点が実践上の課題となるのかについても示す。本書で紹介する実践については，理想のモデルや到達点としてではなく，「教科する」授業のポイントを念頭に置くことで，どのような形で実践を構想しさらには改善しうるのかといった，新たな授業像の追究過程として読み解いてほしい。

　最後になったが，日本標準ならびに担当の郷田栄樹氏には，本書の企画から刊行にいたるまで，多大なご支援をいただいた。ここに記して感謝したい。

2017年2月

石井英真

目　次

まえがき ……3

第1章　アクティブ・ラーニングを超える授業とは ……9

1　アクティブ・ラーニングをどう受け止めるか ……10
2　日本の教師たちが追究してきた創造的な一斉授業の発展的継承 ……13
3　教科本来の魅力を追求することで新たな授業像を展望する ……17

［コラム　日々のわかる授業を創るために意識しておきたいポイント①］
アクティブ・ラーニング（AL）の落とし穴 ……20

第2章　京都府京都市立高倉小学校の実践
自ら学び，すすんで表現し，共に学び合う子ども ……21
教科の力をつける・引き出す・つなげる

【実践概要】　自ら学び，すすんで表現し，共に学び合う子ども ……22
　　　　　　　教科の力をつける・引き出す・つなげる

【実践1】　1年 算数　けいさん 4コマまんがを つくろう ……24
　　　　　計算4コマまんがを作り，解答の方法を図や言葉で説明しよう

【実践2】　2年 読解科　ベン図を つかって まとめよう ……30
　　　　　ベン図のよさに気づき，自分の考えを表現する

【実践3】　3年 算数　「手の感覚王はだれだ!!」クイズをしよう ……36
　　　　　重さの量感を養い，重さの測定や加減計算に取り組む

【実践4】　4年 読解科　発表名人になろう 〜フリップ編〜 ……42
　　　　　比較・分類を通して，フリップの特徴や効果を考える

【実践5】　5年 算数　だまし絵を作ろう ……48
　　　　　同じ面積のだまし絵を作り，面積を求める工夫を考える

【実践6】　6年 家庭　これからの生活に向けて 〜わたしのBENTO〜 ……54
　　　　　2年間の学習の成果を活かしてBENTOブックを作る

【実践の見どころ】　魅力的・挑戦的な課題で単元を貫く学びを創る ……60
　　　　　　　　　パフォーマンス評価を生かした指導と評価を通して

［コラム　日々のわかる授業を創るために意識しておきたいポイント②］
目標と評価の一体化 ……62

第3章　香川大学教育学部附属高松小学校の実践
自分にとって意味のある知を創造する学び ……63
見方・考え方を育てるプロセス重視の指導と評価，学習としての評価

【実践概要】　自分にとって意味のある知を創造する学び ……64
　　　　　　　見方・考え方を育てるプロセス重視の指導と評価，学習としての評価

【実践1】 1年 算数　0のたしざん・ひきざんって いみあるの？ ……66
　　　　「0という数や計算」を学ぶ意味に迫る算数科の授業づくり

【実践2】 1年 国語　「スイミー」で そうぞうを たのしもう ……72
　　　　根拠を繰り返し語り，子どもの問いでつくる授業

【実践3】 5年 社会　持続可能な社会づくりを考えよう ……78
　　　　社会を知る【認識】と社会や自己のあり方を考える【判断】を繰り返す

【実践4】 5年 理科　水にとけた食塩のゆくえを考えよう ……84
　　　　自然の理を客観的に捉え，納得解を生み出す理科学習

【実践5】 6年 国語　読み取ろう，人物像　考えよう，「めざす人物像」……90
　　　　自分づくりをめざしながら国語科の見方・考え方を育む授業

【実践6】 6年 体育　バッチ～ンバレーのおもしろさを伝えよう ……96
　　　　子どもの意識の流れを教材や単元の課題でつくり出す授業

【実践の見どころ】 単元を貫く子ども主体の学びで見方・考え方を育てる ……102
　　　　自分にとって意味ある知を育む指導と評価を通して

[コラム 日々のわかる授業を創るために意識しておきたいポイント③]
ドラマとしての授業 ……104

第4章　愛知県豊川市立一宮南部小学校の実践
心豊かにふれ合い，共に高め合う子ども ……105
「伝える力」を育てる活動を通して

【実践概要】 心豊かにふれ合い，共に高め合う子ども ……106
　　　　「伝える力」を育てる活動を通して

【実践1】 1年 国語　ようこそ「なるほど！ じゃんけんやさん」へ ……108
　　　　大事なことを順序よく説明できる

【実践2】 2年 生活　ありがとう生活科！ ……114
　　　　生活科の学びを振り返り，発信し，成長を自覚する

【実践3】 3年 国語　音読でお話の魅力を伝えよう ～「モチモチの木」～ ……120
　　　　気持ちの変化や場面の様子が伝わるように音読する

【実践4】 4年 社会　学び舎にかくされた秘密 ～学校の創設にかける人々の願い～ ……126
　　　　先人の働きを理解し，地域の一員としての自覚をもつ

【実践5】 5年 算数　意地悪ショップ「日野商店」を攻略しよう ……132
　　　　線分図や面積図を活用して，分数の仕組みを理解する

【実践6】 6年 国語　宮沢賢治の世界へ ～「やまなし」～ ……138
　　　　優れた叙述をとらえ，想像を豊かにしながら読む

【実践の見どころ】 子ども主体の創発的コミュニケーションのある授業づくり ……144
　　　　「まなボード」による伝え合いを通して

[コラム 日々のわかる授業を創るために意識しておきたいポイント④]
指導に生かす評価とパフォーマンス評価 ……146

第5章　秋田大学教育文化学部附属小学校の実践
仲間と共につくる豊かな学び ……147
新たな価値を創造する「対話」を目指して

【実践概要】　仲間と共につくる豊かな学び ……148
　　　　　　　新たな価値を創造する「対話」を目指して

【実践1】　1年 算数　おしえてあげるよ，くらべかた ……150
　　　　　比較する活動を通して，量や測定の意味を明らかにする

【実践2】　2年 国語　つなげて読もう ～ことば・ばめん・ものがたり～ ……156
　　　　　言葉を関連づけて読む活動を通して，想像の世界を広げる

【実践3】　3年 国語　出来事に気をつけて読もう ……162
　　　　　複数の視点で読む活動を通して，伏線を捉える

【実践4】　3年 社会　しょうかいしよう　秋田市のおすすめの場所 ……168
　　　　　～ぼくも わたしも 秋田市はかせ～
　　　　　複数の条件を関連づけて考え，場所による様子の違いを表す

【実践5】　5年 国語　ようこそ 古典の世界へⅢ ……174
　　　　　作品の魅力を探る活動を通して，古典への親しみを深める

【実践6】　6年 理科　土地のつくりと変化を調べよう ……180
　　　　　ボーリング試料を活用して，土地の形成過程を推論する

【実践の見どころ】　学びを深め合う授業づくり ……186
　　　　　　　　　ゆさぶりと問いの展開のある対話を通して

［コラム 日々のわかる授業を創るために意識しておきたいポイント⑤］
教材研究の基礎・基本 ……188

編著者・執筆者一覧 ……189

第1章

アクティブ・ラーニングを超える授業とは

石井英真

1 アクティブ・ラーニングをどう受け止めるか

学習指導要領改訂のキーワード

　今回の学習指導要領改訂の議論では，現場からすれば聞き慣れないさまざまな言葉が踊っている。指導法について，「言語活動の充実」に代わりアクティブ・ラーニング（Active Learning：AL）が新たにキーワードとなっているのに加えて，学力観については，「活用」に代わり「コンピテンシー（資質・能力）」が，そして，多様な評価手法として「パフォーマンス評価（Performance Assessment：PA）」がキーワードとして注目されている。そして，これらは別々のものではなく，相互に密接に関係している。

　新しい学習指導要領では，各教科の知識・技能のみならず，問題解決，論理的思考，コミュニケーション，粘り強さ，メタ認知といった，非認知的能力も含む教科横断的な汎用的スキルを明確化し，その観点から各教科のあり方や内容の価値を見直すなど，「資質・能力」を意識的に育んでいくことが提起されている。内容ベースからコンピテンシー・ベースへのカリキュラム改革が進みつつあるのである。それに伴い，「何を教えるか」だけでなく「どのように学ぶか」（学習のプロセス）も重視されるようになり，ALの必要性が提起された。

　ALが生み出す学びの価値，そこで育つことが期待されている資質・能力は，ペーパーテストのみで評価することが困難である。PAとは，思考する必然性のある場面で生み出される学習者のふるまいや作品（パフォーマンス）を手がかりに，概念の意味理解や知識・技能の総合的な活用力を質的に評価する方法である。深く豊かに思考する活動を生み出しつつ，その思考のプロセスや成果を表現する機会を盛り込み，思考の表現を質的エビデンスとして評価していくのがPAである。このように，新しい学習指導要領は，「資質・能力」の育成に向けて，目標，指導，評価の一体改革を進めようとするものであり，まずはその全体像の中でALの意味も捉えられねばならない。

資質・能力の3つの柱とALの3つの視点

　新しい学習指導要領において，どのような形で資質・能力の育成やALに向けた授業改革のあり方が提起されているのかをまとめておこう。中央教育審議会が2016年12月に出した答申「幼稚園，小学校，中学校，高等学校及び特別支援学校の学習指導要領等の改善及び必要な方策等について」は，育成すべき資質・能力を3つの柱「何を理解しているか，何ができるか（生きて働く『知識・技能』の習得）」「理解していること・できることをどう使うか（未知の状況にも対応できる『思考力・判断力・表現力等』の育成）」「どのように社会・世界と関わり，よりよい人生を送るか（学びを人生や社会に生かそうとする『学びに向かう力・人間性等』の涵養）」で整理することを提起している。

　また，ALについては，特定の型を普及させるものではなく，現在の授業や学びのあり方を，子どもたちの学習への積極的関与や深い理解を実現するものへと改善していくための視点として理解すべきとし，①学ぶことに興味や関心をもち，自己のキャリア形成の方向性と関連づけながら，見通しをもって粘り強く取り組み，自己の学習活動を振り返って次につなげる「主体的な学び」が実現できているか，②子ども同士の協働，教職員や地域の人との対話，先哲の考え方を手がかりに考えること等を通じ，自己の考えを広げ深める「対話的な学び」が実現できているか，③各教科等で習得した概念や考え方を活用した「見方・考え方」を働かせ，問いを

図1 資質・能力の育成と主体的・対話的で深い学びの関係

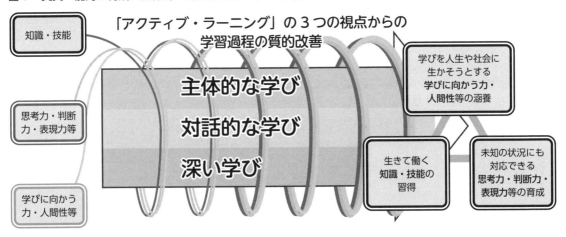

※基礎的・基本的な知識・技能の習得に課題が見られる場合においても,「深い学び」の視点から学習内容の深い理解や動機付けにつなげたり,「主体的な学び」の視点から学びへの興味や関心を引き出すことなどが重要である。

[出典] 中央教育審議会答申「幼稚園, 小学校, 中学校, 高等学校及び特別支援学校の学習指導要領等の改善及び必要な方策等について」2016 年

見いだして解決したり, 自己の考えを形成し表したり, 思いをもとに構想, 創造したりすることに向かう「深い学び」が実現できているか, という授業改善の3つの視点を挙げている(図1)。

資質・能力の3つの柱とALの3つの視点の意味は, 教科の学力の質の3層構造と, 学習活動の3軸構造をふまえて考えるとより明確になる。ある教科内容に関する学力の質的レベルは, 下記の3層で捉えられる。個別の知識・技能の習得状況を問う「知っている・できる」レベルの課題(例:その代名詞がだれを指しているかを答える)が解けるからといって, 概念の意味理解を問う「わかる」レベルの課題(例:登場人物の心情をテキストの記述から想像する)が解けるとはかぎらない。さらに,「わかる」レベルの課題が解けるからといって, 実生活・実社会の文脈における知識・技能の総合的な活用力を問う「使える」レベルの課題(例:自分の好きな物語の魅力を図書館の利用者に伝えるために紹介文を書く)が解けるとはかぎらない。そして, 社会の変化の中で学校教育に求められるようになってきているのは,「使える」レベルの学力の育成と「真正の学習(authentic learning)」(学校外や将来の生活で遭遇する本物の, あるいは本物のエッセンスを保持した活動)の保障なのである。

学力の質的レベルの違いにかかわらず, 学習活動は何らかの形で対象世界・他者・自己の3つの軸での対話を含む。そして, そうした対話をくり返す結果, 何らかの認識内容(知識), 認識方法(スキル)が形成され身についていく。スキルは, 対話の3つの軸(大きくは対象世界との認知的対話, 他者・自己との社会的対話)に即して構造化できる。さらに, 学習が行われている共同体の規範や文化に規定される形で, 何らかの情意面での影響も受ける。学力の階層ごとに, 主に関連する知識, スキル, 情意(資質・能力の要素)の例を示したのが表1である。

中央教育審議会答申で示された図1もふまえ

表1 教科の学力・学習の3層構造と資質・能力の要素

学力・学習活動の階層レベル(カリキュラムの構造)		資質・能力の要素(目標の柱)			
		知識	スキル		情意(関心・意欲・態度・人格特性)
			認知的スキル	社会的スキル	
教科の枠づけの中での学習	知識の獲得と定着(知っている・できる)	事実的知識,技能(個別的スキル)	記憶と再生,機械的実行と自動化	学び合い,知識の共同構築	達成による自己効力感
	知識の意味理解と洗練(わかる)	概念的知識,方略(複合的プロセス)	解釈,関連づけ,構造化,比較・分類,帰納的・演繹的推論		内容の価値に即した内発的動機,教科への関心・意欲
	知識の有意味な使用と創造(使える)	見方・考え方(原理,方法論)を軸とした領域固有の知識の複合体	知的問題解決,意思決定,仮説的推論を含む証明・実験・調査,知やモノの創発,美的表現(批判的思考や創造的思考が関わる)	プロジェクトベースの対話(コミュニケーション)と協働	活動の社会的レリバンスに即した内発的動機,教科観・教科学習観(知的性向・態度・思考の習慣)

[出典] 石井英真『今求められる学力と学びとは』(日本標準,2015年,23ページ)から一部抜粋

れば,資質・能力の3つの柱は,学校教育法が定める学力の3要素それぞれについて,「使える」レベルのものへとバージョンアップを図るものとして,ALの3つの視点は,学習活動の3軸構造に対応するもの(対象世界とのより深い学び,他者とのより対話的な学び,自己を見つめるより主体的な学び)として捉えることができよう。

資質・能力育成とALが提起していること

資質・能力の重視は,汎用的スキルを直接的に指導し評価することと捉えられがちであり,また,資質・能力の一部として非認知的能力が強調される中,ALについても,主体的・協働的であることのみを追求する傾向がみられる。教科内容の学び深めにつながらない,態度主義や活動主義に陥ることが危惧されるのである。

しかし,そもそも資質・能力重視の背景にある,「コンピテンシー」概念は,職業上の実力や人生における成功を予測する能力を明らかにするものである。コンピテンシー・ベースのカリキュラムをめざすということは,社会が求める「実力」との関係で,学校で育てるべき「学力」の中身を問い直すことを意味するのであって,汎用的スキルの指導と必ずしもイコールではない。むしろ,「社会に開かれた教育課程」というキーワードに注目し,子どもたちがよりよく生きていくことにどうつながるかという観点から,各教科の内容や活動のあり方を問い直していくことが大切だろう。

また,ALのような学習者主体の授業の重視も,伝達されるべき絶対的真理としての知識ではなく,主体間の対話を通して構成・共有されるものとしての知識という,知識観・学習観の転換が背景にあるのであって,対象世界との認

知的学びと無関係な主体的・協働的な学びを強調するものではそもそもない。何より、グループで頭を突き合わせて対話しているような、真に主体的・協働的な学びが成立しているとき、子どもたちの視線の先にあるのは、教師でもほかのクラスメートでもなく、学ぶ対象である教材ではないだろうか。ALが学びの質や深まりを追求し続けるための視点として提起されていることを再確認し、子どもたちがまなざしを共有しつつ教材と深く対話し、教科の世界にのめり込んでいく（没入していく）学びが実現できているかを第一に吟味すべきだろう。

2 日本の教師たちが追究してきた創造的な一斉授業の発展的継承

「わかる」授業の問い直しと学力の3層構造の意識化

こうした「子どもたちがよりよく生きていくことにつながる学びになっているか」「子どもたちが教材と深く対話する学びになっているか」といった問いかけは、「まえがき」で述べた日本の良質の伝統的な授業が正面から受け止めるべき問題提起と捉えることができる。

従来の日本の教科学習で考える力の育成という場合、基本的な概念を発見的に豊かに学ばせ、そのプロセスで、知識の意味理解を促す「わかる」レベルの思考（解釈、関連づけなど）も育てるというものであった（問題解決型授業）。ここで、ブルーム（B. S. Bloom）の目標分類学において、問題解決という場合に、「適用（application）」（特定の解法を適用すればうまく解決できる課題）と「総合（synthesis）」（論文を書いたり、企画書をまとめたりと、これを使えばうまくいくという明確な解法のない課題に対して、手持ちの知識・技能を総動員して取り組まねばならない課題）の2つのレベルが分けられていることが示唆的である。「わかる」授業を大切にする従来の日本で応用問題という場合は「適用」問題が主流だったといえる。しかし、よりよく生きることにつながる「使える」レベルの学力を育てるには、折にふれて、「総合」問題に取り組ませることが必要である（表2）。

多くの場合、単元や授業の導入部分で生活場面が用いられても、そこからひとたび科学的概念への抽象化（「わたり」）がなされたら、後は抽象的な教科の世界の中だけで学習が進みがちで、もとの生活場面に「もどる」ことはまれである。さらに、単元や授業の終末部分では、問題演習など機械的で無味乾燥な学習が展開されがちである（「尻すぼみの構造」）。すると、単元の導入で豊かな学びが展開されても、結局は問題が機械的に解けることが大事なのだと学習者は捉えるようになる。

これに対し、よりリアルで複合的な生活に概念を埋め戻す「総合」問題を単元に盛りこむことは、「末広がりの構造」へと単元構成を組み替えることを意味する。学習の集大成として単元末や学期の節目に「使える」レベルの課題を設定する。そして、それに学習者が独力でうまく取り組めるために何を学習しなければならないかを教師も子どもも意識しながら、日々の授業では、むしろシンプルな課題を豊かに深く追求する「わかる」授業を組織する。こうして挑戦的な「総合」問題を単元全体を貫く背骨として位置づけることで、単元単位での学びの必然性やつながりやストーリー性を考えていく。そして、「もどり」の機会があることによって、概念として学ばれた科学的知識は、現実を読み解く眼鏡（ものの見方・考え方）として学び直されるのである（表1）。

国語科であれば、PISAが提起したように、「テキストを目的として読む」のみならず、「テキストを手段として考える」活動（例：複数の意

表2　学力・学習の質的レベルに対応した各教科の課題例

	国語	社会	数学	理科	英語
「知っている・できる」レベルの課題	漢字を読み書きする。文章中の指示語の指す内容を答える。	歴史上の人名や出来事を答える。地形図を読み取る。	図形の名称を答える。計算問題を解く。	酸素，二酸化炭素などの化学記号を答える。計器の目盛りを読む。	単語を読み書きする。文法事項を覚える。定型的なやり取りをする。
「わかる」レベルの課題	論説文の段落同士の関係や主題を読み取る。物語文の登場人物の心情をテクストの記述から想像する。	扇状地に果樹園が多い理由を説明する。もし立法，行政，司法の三権が分立していなければ，どのような問題が起こるか予想する。	平行四辺形，台形，ひし形などの相互関係を図示する。三平方の定理の適用題を解き，その解き方を説明する。	燃えているろうそくを集気びんの中に入れると炎がどうなるか予想し，そこで起こっている変化を絵で説明する。	教科書の本文で書かれている内容を把握し訳す。設定された場面で，定型的な表現などを使って簡単な会話をする。
「使える」レベルの課題	特定の問題についての意見の異なる文章を読み比べ，それらをふまえながら自分の考えを論説文にまとめる。そして，それをグループで相互に検討し合う。	歴史上の出来事について，その経緯とさまざまな立場の声を紹介し，その意味を論評する歴史新聞を作成する。ハンバーガー店の店長になったつもりで，駅前のどこに出店すべきかを考えて，企画書にまとめる。	ある年の年末ジャンボ宝くじの当せん金と，1千万本当たりの当せん本数をもとに，この宝くじの当せん金の期待値を求める。教科書の問題の条件をいろいろと変えて発展的に問題をつくり，追究の過程と結果を数学新聞にまとめる。	クラスでバーベキューをするのに1斗缶をコンロにして火を起こそうとしているが，うまく燃え続けない。その理由を考えて，燃え続けるためにどうすればよいかを提案する。	まとまった英文を読んでポイントをつかみ，それに関する意見を英語で書いたり，クラスメートとディスカッションしたりする。外国映画の一幕をグループで分担して演じ，発表会を行う。

見文を読み比べてそれに対する自分の主張をまとめる）を保障することで，学校外や未来の言語活動を豊かにする学びとなっていくのである。一方で，社会と結びつけることを実用主義とイコールと捉えてしまうと，よいプレゼンの仕方について議論するといった職業準備的な国語教育に陥りかねない。4技能を総合するような活動（「使える」レベル）は，それに取り組むことでテキストのより深い読み（「わかる」レベル）が促されるような，ことばに関わる文化的な活動であることを忘れてはならない。図2で，「使える」レベルの円の中に「わかる」レベルや「知っている・できる」レベルの円も包摂されているという図の位置関係は，知識を使う活動を通して，知識の意味のわかり直し・学び直しや定着（機能的習熟）も促されることを示唆している。「使える」レベルのみを重視するということではなく，これまで「わかる」までの2層に視野が限定され

がちであった教科の学力観を，3層で考えるよう拡張することが重要なのであり，「使える」レベルの思考の機会を盛り込むことで，さらに豊かな「わかる」授業が展開されることが重要なのである。

練り上げ型授業の問い直しと知識構築学習

「子どもたちが教材と深く対話する学びになっているか」という点について，練り上げ型の創造的な一斉授業は課題を抱えている。もともと練り上げ型授業は，一部の子どもたちの意見で進む授業となりがちである。かつては教師のアート（卓越した指導技術）と強いつながりのある学級集団により，クラス全体で考えているという意識をもって，発言のない子どもたちも少なからず議論に関与し内面において思考が成立していた。しかし，近年，練り上げ型授業を支えてきた土台が崩れてきている。

教員の世代交代が進む中，知や技の伝承が難しくなっている。また，価値観やライフスタイルの多様化，SNSをはじめ，メディア革命に伴うコミュニケーション環境の変化によって，子どもたちの思考や集中のスパンは短くなっているし，コミュニケーションやつながりも局所化・ソフト化してきており，強いつながりで結ばれた学級集団を創るのが困難になってきている。クラス全体の凝集性を求める強い集団よりも，気の合う者同士の小さいグループの方が居心地がいいし，強いつながりの中で堅い議論をこってりとするのではなく，ゆるい関係性で行われるカフェ的な対話の方が居場所感や学んだ感をもてる。そうした「弱いつながり」をベースにしたコミュニティ感覚を子どもたちはもっており，学習者主体の授業が強調される本質的背景はそこにある。教師のアート（直接的な指導性）から，学習のシステムやしかけのデザイン（間接的な指導性）へ，そして，クラス全体での

図2 学力・学習の3層モデル

［出典］石井英真『今求められる学力と学びとは』（日本標準，2015年，22ページ）より抜粋

練り上げから，グループ単位でなされる創発的なコミュニケーションへと，授業づくりの力点を相対的にシフトしていく必要性が高まっているのである。

こうして学習者主体の創発的コミュニケーションを重視していくことは，日々の授業での学びを知識発見学習から知識構築学習へと転換していくことにつながる。練り上げ型授業は，教師に導かれながら正解に収束していく知識発見学習になりがちであった。だが，現代社会においては，「正解のない問題」に対して最適解を創る力を育てることが課題となっており，そうした力は実際にそれを他者と創る経験（知識構築学習）なしには育たない。ゆえに，知識構築学習をめざす上では，知識や最適解を自分たちで構築するプロセスとしての議論や実験や調査を学習者自身が遂行していく力を育成する視点や，そのプロセス自体の質や本質性を問う視点が重要となる。

多くの授業において「発見」は，教師が教材

図3　学習者，教材，教師の関係構造

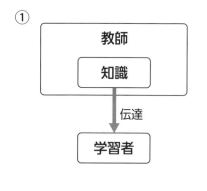
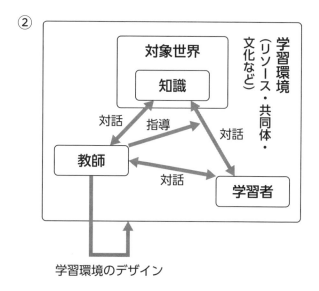

上図の②において，教師と学習者は，同じ対象を共有し，協同して活動している点で対等な関係にある。一方で，図の位置関係が示すように，教師は，いわば先行研究者として，学習者の学習活動を見通し導きうる位置にある。ゆえに教師は，学習者の対象世界との対話を深めるべく直接的な指導を行ったり，時には，教師自身も埋め込まれている学習環境をデザインする間接的な指導性を発揮したりするのである。

[出典] 石井英真「学力向上」篠原清昭編『学校改善マネジメント』ミネルヴァ書房，2012年，148ページ

研究で解釈した結果（教師の想定する考えや正解）を子どもに探らせるということになりがちであった（図3-①）。しかし，深い学びが成立するとき，子どもたちは教師ではなく対象世界の方を向いて対話しているはずである（図3-②）。国語の読解でいえば，子どもがまず自分でテキストを読み，ある解釈をもつ。そして，集団での練り上げで，ほかの子どもたちの解釈を聞く。そうして学んだ解釈をふまえて，もう一度テキストに戻って読み直してみると，最初に読んだときとは見え方が変わるだろう。しかも，テキストと直に対話することで，ただ他者から学んだ見方をなぞるだけでなく，多かれ少なかれ，その子なりの新しい発見や解釈が生まれうるのである。これが，子どもと対象世界が対話するということであり，学びが深まる（わかったつもりでいた物事が違って見えてくる）ということである。

教師は，テキスト（対象世界）と学習者とを出会わせ，それにのめり込むしかけづくりや対話のコーディネートに心をくだくのみならず，自ら学習者と同じくそのテキストと対話する学び手として，子どもが着目できていない掘り下げどころを指さしたり，掘り下げ方を背中で示したりして，学びの深みへと誘うのである。

知識発見学習では，授業内で一定の結論に至らせることにこだわり一般化を急ぐあまり，書いてきっちりまとめたものを発表し合って，それを教師がまとめる展開になりがちであった。これに対して，知識構築学習では，グループでの子ども同士のコミュニケーションをより大切にしつつ，そこで何か1つの結論を出すことを急がず，インフォーマルな雰囲気の下での対話とアイデアの創発を促すことが重要となる。たとえば，考えること，書くこと，話すことの3

つを分断せず，各自考えながら，話し合って，そこで出た意見や思いついたことをそのままメモ的にホワイトボードやタブレットに書き込んでいき，書いて可視化するからそれにさらに触発されて話し言葉の対話や個々の思考が促進される，といった具合に。それは，話し合い活動も書き言葉的な「発表」をメインに遂行されてきた，書き言葉優勢の教室のコミュニケーションに対し，即興性や相互に触発し合う偶発性を特長とする話し言葉の意味を復権することを意味する（ことばの革命）。

3 教科本来の魅力を追求することで新たな授業像を展望する

教科本来の魅力とは

末広がりの単元構造や知識構築学習をめざすことは，子どもたちにゆだねる学習活動の問いと答えの間を長くしていくことを志向していると同時に，それは教科の本質的かついちばんおいしい部分を子どもたちに保障していくことをめざした，教科学習本来の魅力や可能性，特にこれまでの教科学習であまり光の当てられてこなかったそれ（教科内容の眼鏡としての意味，教科の本質的なプロセスのおもしろさ）の追求でもある。

教科内容が現実世界を読み解く眼鏡であるということは，その内容を学んだ前と後で身のまわりの世界の見え方や世界との関わり方が変わるということである。たとえば，化学反応の「酸化」という概念一つとってもそこに眼鏡としての性質をみることができる。すなわち，酸化という概念を学ぶことによって，燃えることとさびることという，日常で普通に生活しているのでは結びつかない2つの現象が結びつくのである。

教科学習は生きることと結びつかないと思われがちであるが，潜在的には眼鏡として日常生活で機能し，じわじわと子どもたちの世界との関わり方やものの見方や行動に影響を与えている。しかし，そのポテンシャルに子どもたちはもちろん教師たちも気づいていないことが多い。そこで，子どもたちに見えていない教科の内容と生活との潜在的なつながりを自覚化させたり意識的に探ったりしていくことが重要となる。そして，「もどり」を意識することは，教科内容の眼鏡としての意味を顕在化することを意味するわけである。

教科本来の魅力に関わって，これまでの教科学習で見落とされがちであったのは，教科の魅力は内容だけではなく，むしろそれ以上にプロセスにもあるという発想である。たとえば，歴史の授業で，教師の多くが最も大切にしているのは，一つひとつの出来事やその年号を覚えることではなく，むしろそれらの出来事の間をつなぐストーリーであるとか，それぞれの時代のイメージをつかむことだろう。そのために教師は，教材研究の段階で，教科書やさまざまな文献資料をもとに，この時代はこのように流れを考えるとわかりやすいし，そのおもしろさも伝わるなと，物語をつくっている。そして，歴史の物語を紡ぐ，その思考過程こそ，「歴史学する」ことの本質の一つである。だが，教材研究で教師は歴史学するものの，授業では，教材研究（歴史学する経験）の結果を子どもたちに語りがちであり，歴史学するプロセス自体を経験する機会は，子どもたちに保障されていない。

さらに言えば，その教科の教師になろう，その教科を専門にしようと思ったその原点には，教科の内容がおもしろいということ以上に，その分野に固有の学び深めや追究のプロセスにおもしろさを感じたという側面の方が大きいのではないだろうか。そして，もしそこがおもしろ

表3 日本の伝統的な授業像の発展的継承

日本の伝統的な「教科内容を豊かに学ぶ」授業像	「教科する」授業の提起する授業像
教師に導かれた創造的な一斉授業（練り上げ型授業）による知識発見学習	子ども同士の創発的コミュニケーションによる知識構築学習
導入が豊かすぎる，「わたり」があって「もどり」のない，「尻すぼみ」の単元展開（科学的概念としての知識）	出口が豊かで「もどり」（生活への埋め戻し）がある，「末広がり」の単元展開（現実世界を読み解く眼鏡〈見方・考え方〉としての知識）
名人芸的な教師のアートと強い学級集団に依拠する授業	学びの場づくり（課題，学習形態，教具・メディア，時間や空間のアレンジ）とゆるやかなコミュニティで，学びを触発する授業
教科書で教える授業，1時間の終わりにすっきりわかる授業（内容の本質性）	（複数教科の）教科書を資料にして学ぶ授業，もやもやするけど楽しい授業（プロセスの本質性）
つまずきを教師が生かす授業	つまずきを子ども自身が生かす授業
「強いつながり（コミュニティ感覚）」と固くて重いコミュニケーション・大文字の自己，長いスパンで大きな物語で人生の意味を捉える心性，垂直的に体系化された共通の客観的真理という基盤	「弱いつながり」とコミュニケーション・アイデンティティ・知のソフト化・多元化，今ここの生を楽しむ心性と思考や集中力のスパンの短さ，水平的にネットワーク化され局所的に当事者によってつくられるものとしての知識，子どもたちの生活感覚や学び感覚の変化（居酒屋談義からカフェ的な語らいの形へ）

いと感じているのであれば，なぜそのプロセスを子どもたちにゆだねないのか，経験させてあげないのか。多くの授業で教師が奪ってしまっている各教科のいちばん本質的かつおいしいプロセスを，子どもたちにゆだねていく。ここ一番のタイミングでポイントを絞って，グループ学習などを導入していくわけである。知識発見学習から知識構築学習への転換は，学びのプロセスにその教科の本質や魅力を見いだす，教科学習観の転換を意味しているのである。

「教科する」授業というヴィジョン

　学ぶ意義も感じられず，教科の本質的な楽しさにもふれられないまま，多くの子どもたちが，教科やその背後にある世界や文化への興味を失い，学校学習に背を向けていっている。社会科嫌いが社会嫌いを，国語科嫌いがことば嫌い，本嫌いを生み出している。「真正の学習」の追求は，目の前の子どもたちの有意義な学びへの要求に応えるものなのである。

　ただし，有意義な学びの重視は，教科における実用や応用の重視とイコールではない。教科の知識・技能が日常生活で役立っていることを実感させることのみならず，知的な発見や創造のおもしろさにふれさせることも学びの意義の実感につながる。よって，教科における「真正の学習」の追求は，「教科の内容を学ぶ（learn about a subject）」授業と対比されるところの，「教科する（do a subject）」授業（知識・技能が実生活で生かされている場面や，その領域の専門家が知を探究する過程を追体験し，「教科の本質」を共に「深め合う」授業）を創造することと理解すべきだろう（表3）。「教科する」授業を創造するとは，教科本来の魅力を追求する先に，結果として資質・能

力やALを実現していくような，いわば汎用的なスキルに自ずと届く豊かな教科学習を構想していくことを意味し，それは，授業づくりの不易を追求することが改革（流行）を実質的に遂行していくことにつながる道筋を示すものでもある。

学びのプロセスに教科の本質を見いだす目

「教科する」授業とは，授業づくりのヴィジョンであって，これをすればいいという型を示すものではない。ただ，「教科する」授業というヴィジョンをめざして学びの質を追求していく際に実践の手がかりとなる手立てやしかけとしては，ここまでで述べてきたように，実践の組み立てにおいて，①末広がりの単元づくりと，②最適解創出型（知識構築型）の授業づくりをめざすこと，そして，単元レベルと授業レベルの両方で，思考する必然性と思考のつながりを重視しつつ，③"Do"の視点から授業での活動や思考の質（学習者が内的に経験している動詞）を吟味することを挙げることができる。

末広がりの単元構造や知識構築学習をめざすといった，「教科する」授業を創るポイントについては，少し発想を変えれば，単元や授業の形を変えることですぐに取り組める部分を含んでいる。「使える」レベルの課題を位置づけた末広がりの構造になるよう，教科書教材の中身や配列を工夫したりする，あるいは，知識構築学習を促すよう，学びの対象となる事象や一次資料やテキストや問題をグループの中心に1つ置いて，それをめぐって考えること・話すこと・書くことが一体のコミュニケーションを行う，といった具合である。

しかし，こうした形を作ったからといって，子どもたちが対象世界に没入し深く思考する経験が生じるとは限らない。授業における子どもたちの活動や思考のプロセス自体に，その分野の専門家や大人たちが行う知的活動のエッセンス（本質）を見いだし，ホンモノさを感じられる目を教師は磨かねばならない。

自分たちで話し合って創ったオリジナルのじゃんけんを説明し合う国語科「あたらしい『なるほどじゃんけん』をつくろう」という授業で，新しいじゃんけんのアイデアについて子どもたち同士がグループで話し合っている場面。子どもたちの意識としては，新しいじゃんけんを創りたいと思って，（国語科の学びであることも忘れて，）自由闊達に思考したりコミュニケーションしたりしているわけだが，教師としては，客観的にその活動を見たときに，意味のある質の高い言語経験があるかどうかを見極めることが求められる。そうして活動の中に意味（教科の本質）を見いだすことができてこそ，活動の振り返りなどを通じて，言語経験としての意味を価値づけし，国語科の学びとしてのクオリティを高めていくことができる。また，「実験すること」という一見科学的な活動があっても，それを子どもたちの内的プロセスからみると，「実験手順を正しく安全になぞること」になっていて，真に「科学すること」になっていない場合もある。問いや仮説をもって実験に取り組んでいるか，実験の結果にばらつきが生じたときに，教師が頭ごなしに結論を押しつけたりせず，ばらつきが生じた原因を考えてみるよう子どもたちに投げかけ，実験の手順や条件統制等に問題はなかったかどうかを考えさせたりする機会があるかどうかなど，「科学する」プロセスを成立させるための手立てを考えていくことが重要である。

column

日々のわかる授業を創るために
意識しておきたいポイント

アクティブ・ラーニング（AL）の落とし穴

　ALについては、「課題発見」「協働」「汎用的スキル」といったキーワードに過度に反応し、実践の形式化に陥ることが危惧される。「課題発見」という言葉を文字どおり受け止めると、授業の最初に子どもたち同士でその時間に追究するめあてや課題を話し合って決めたり、あるいは単元の最初に学習の計画を立てたりと、学習計画学習のような形をなぞる授業になりかねない。むしろ、「課題発見」という言葉に込められているのは、主体的な学びを実現すべく、教師から与えられた課題であっても、自分たちが追究したいものにしていくということであって、それは「課題発見」という形をなぞることよりも、子どもたちの追究心に静かに火をつける導入の工夫という授業づくりの不易を追求することによってこそ、可能になるものだろう。

　また、「協働」という言葉に過度に反応して、特定の学び合いやグループ学習の手法を取り入れなければならないと考えると、実践は形式化する。むしろ、現代社会で求められる、あるいは、目の前の子どもたちの学び感覚に合った、つながりやコミュニケーションのあり方を問うことが重要だろう。ICTの活用についても、タブレットなどをとにかく使えばよいのではなく、第1章で述べたような創発的なコミュニケーションを促進する上で、全体での情報提示よりも、思考とコミュニケーションのための個人やグループベースのメディアが有効だから使うというように考えていくことが肝要だろう。

　「汎用的スキル」の必要性が叫ばれる中で、思考スキルと思考ツールの直接的指導も広がりをみせている。ここで注意が必要なのは、思考スキルを教えたからといって、深く思考できるようになるとはかぎらないということである。思考スキルとは、深く思考できている人を分析して、その特徴を後から取り出したものである。自転車にうまく乗れている人ができていることのポイントを取り出して、まったく乗れない子どもにそれを教えても、自転車が乗れるようになるとはかぎらないということを想起するとよいだろう。

　真に思考力を育てていこうと思えば、深く思考する経験をくり返すしかない。そして、深く思考する経験は、思考の対象と思考したくなるような必然性があってこそ成立する。結局は、魅力的で挑戦的な教材や学習課題をどうつくるかといった教材研究の問題に帰着するのである。

　子どもたちが主体的で協働的で深く思考するような学びを実現するのに、近道や特効薬があるわけではない。流行の言葉の奥に授業づくりの不易の課題を見いだし、授業づくりの基本に立ち返って、地に足のついた授業改善を進めていくことが求められる。

（石井英真）

第2章 京都府京都市立高倉小学校の実践

自ら学び、すすんで表現し、共に学び合う子ども

教科の力をつける・引き出す・つなげる

「使える」レベルの学力に向けた，末広がりの単元を構想する上で，魅力的で挑戦的な課題をつくれるかどうかが鍵となる。そして，パフォーマンス評価はそのための有効な方法の一つである。パフォーマンス評価への取り組みを通して，単元を貫く学びのストーリーを，そして，子どもたちの学びの意欲と思考する必然性をどう生み出せばよいのか。高倉小学校の実践から学んでいこう。
　　　　　　　　　　　　　　　　（石井英真）

自ら学び，すすんで表現し，共に学び合う子ども
教科の力をつける・引き出す・つなげる

八木悠介

本校の概要と研究について

本校は，1995（平成7）年4月に5つの小学校を統合して開校した学校である。京都市の中心に位置し，京の台所錦市場や商店街，オフィス街，祇園祭の鉾町などを含む活気あふれる地域を校区としている。2016（平成28）年度の児童数は708名（育成学級2クラスを含む全24学級）であり，年々児童数が増加している。

本校では，2015（平成27）年度の研究主題を「自ら学び，すすんで表現し，共に学び合う子」と設定し，副題として「『生きる力』を培う読解力を基盤とした実践力の育成」を掲げた。ここでいう「読解力」とは，いわゆるPISA型読解力である。特に，本校では，読解力として「課題設定力」「情報活用力」「記述力」「コミュニケーション力」の4つの力を設定し，各教科・領域の中で効果的に身につけることができるように単元を計画したり，学習を進めたりしている。

また，これまでにつけたり，高めたりした力を評価するためにパフォーマンス課題（学習者のパフォーマンスを引き出し，実力を試す評価課題）の作成とその課題の評価が適切かどうかのルーブリック（活動のプロセスや成果物を評価すること）についても研究を重ねてきた。

教科の力をつけるために

本校では，算数科等を中心に校内研究を進めている。その中で，単元構成の工夫と授業展開の工夫を意識した授業づくりを行っている。教科の本質を見極めた単元構成や授業設計が子どもに真の力をつけることになるからである。

例として，算数科では，1時間の学習の流れとして，学習内容によって，課題設定・把握，自力解決，集団解決（全体，ペア，グループ），適応題，まとめ・振り返りなどを適切に組み合わせるようにしている。それぞれの場面では，主体的，協同的に学ぶ手立てを講じている。

課題設定・把握の場面では，子どもが課題に対して主体的に取り組みたいと思えるような課題を作り出すようにしている。

自力解決の場面では，図的表現，言語的表現，記号的表現などを用いてどのようにして考えたのかを説明するようにしている。

集団解決の場面では，他者の考えを解釈する場をつくっている。学年による系統性や内容に応じてペアやグループなどの学習形態をアレンジしながら交流をし，考えを深めている。他者の考えを自分事として読解・解釈する場を通して，自他の考えがよりいっそう明確になるとともに，共通点や差異点の検討からさらに広く活用できる数理を構成できるようにしている。

適応題の場面では，集団解決での考えをもとに，数や場面を変えた問題を設定して，帰納的・演繹的・類推的に考え，確実に習得できるようにしている。

まとめ・振り返りの場面では，学習した内容を文章にまとめている。この学習で学んだことは何か，考えの良さは何か，もっと調べたいことや新たな疑問は何か，などの視点を示し，そ

れらの視点を用いて文章を書くようにしている。

また、パフォーマンス課題・評価を取り入れることで、活用する力をつけるとともに、魅力的な単元構成を行っている。

教科の力を引き出すパフォーマンス課題・評価

本校は、より質の高い学習にするためにパフォーマンス評価を取り入れた授業実践に取り組んでいる。パフォーマンス評価とは多様な評価方法の一つとして、ペーパーテストでは測れないような思考する必然性のある場面で生み出される学習者のふるまいや作品を手掛かりに、概念の意味理解や知識・技能の総合的な活用を思考力・判断力・表現力に重点をおいて、質的に評価するものである。また、パフォーマンス課題とは、「単元を通して身につけた力を総合的・発展的に活用できる」「多様な考え方で問題解決することができ、さまざまな表現方法で説明することができる」「児童の日常生活と関連したり、ストーリー性をもっていたりして、単元を通して興味・関心・意欲が持続する」ような課題と考えており、単元を貫く課題と位置づけ、単元の中に組み込んでいる。

さらに、ルーブリックを作成し、成果物を評価し、検証しながら再考するというサイクルにより、校内での研究成果を積み上げている。これが、より教科の本質にせまる質の高い"教科の力"を引き出すと考えている。

教科の力をつなぐ「読解科」

本校では、それぞれの教科の基盤として読解力を育成している。そのために、独自の読解科の学習として系統立てて、読解力を育成している。また、それを教科の学習に活かし、カリキュラムマネジメントを行い、より質の高い教科学習につないでいる。

読解科とは、自らの課題を解決するために、テキストを解釈・評価し、情報を取り出して熟考する力を高め、実社会や実生活に活かす力を育てるための教科である。読解科では、次の3事項をカリキュラムの中に組み込んでいる。

(A) テキストの種類や働きに関する事項

感想文や意見文などの連続型テキストや図や表、グラフ、写真、動画、ポスター、看板などの非連続型テキストの構成要素や特徴、効果を捉える学習。

(B) 読解のプロセスに関する事項

テキストに出合い、自分の考えをつくり、それらを吟味・検討し合い、さらに良いものにするという読解プロセスについての学習。

(C) 思考操作に関する事項

比較・分類・関連づけ・総合・具体化・抽象化などの思考操作を行い、自分の考えをつくったり、またそれぞれの良さや効果に気づいたりする学習。

読解力を育成するために、これらの内容をふまえ、テキスト・プロセス・思考操作を系統的に捉えられるようにしたカリキュラムを作成し、次の4つの力を育むようにしている。これらの力が各教科の学習を支える基盤となっている。

〈課題設定力〉
課題を見つけたり、つくったりする力
〈情報活用力〉
課題解決のために、情報を取り出したり、活用したりする力
〈記述力〉
相手意識をもち、さまざまな表現様式で自分の考えをまとめたり、表したりする力
〈コミュニケーション力〉
互いに吟味、検討し合う中で、さらに自分の考えを深めたり、伝えたりする力

1年 算数 実践①

けいさん4コマまんがを つくろう
計算4コマまんがを作り，解答の方法を図や言葉で説明しよう

「ひき算（2）」『わくわく さんすう 1』（啓林館）

授業者 内藤岳士

全体の単元構想

◆教材について

　本単元のねらいは，（十何）－（1位数）で，繰り下がりのある場合の計算の仕方を理解し，計算できるようにすることである。また，加法や減法が用いられる場面を式に表したり，式を読み取ったりすることもねらいとしている。

　単元の終末では，計算紙芝居やひきざんクイズを行い，計算でお話を作ることに関心をもったり，算数の活用の場面を体験していったりする。そこで，本単元のパフォーマンス課題を「学習したことを活かして計算4コマまんがを作り，友だちと説明しあおう」と設定した。本単元を学習することで1年生の計算領域の内容を終えることとなる。そこで，これまでに学習したことを総合的に使いながら解き，パフォーマンスを評価することのできる課題を設定した。新聞に掲載されている4コマまんがを算数の場面として活かし，起承転結の4つに分けて4コマまんがを作る。さらに，解答の方法を図や言葉で説明できるようにする。このパフォーマンス課題を解決することで，加法や減法が用いられる場面を子どもが使い分けて，絵と言葉と式に表すとともに，友だちにわかりやすく説明するために，図を描いて説明する力を育てていく。そして，作った計算4コマまんがを友だちと交流する活動を通して，自分の問題の解答をうまく説明できるようにし，自信をもって算数的活動に取り組めるようにした。

◆子どもについて

　本校の1年生の子どもは，数と計算領域において，日常的に数図ブロックを使った操作活動や数を使ったゲームを楽しみながら算数学習に取り組んでいる。しかし，問題文を読んで課題を把握することが難しい子どももいるため，問題の提示の仕方を工夫してきた。絵カードや挿絵，プレゼンテーション用ソフトのアニメーション機能を用いた動画資料などを活用して，どの子どもも問題に興味をもって取り組むことができるようにしてきた。

　1年生では，算数の学習を通して，ペア学習を中心にした学び合い活動を取り入れている。自分の考えを自分なりの言葉で伝える力を育てていくことを大切にしているからである。自分で問題が解けて，友だちにも説明できたことに喜びを感じ，「わかる・楽しい」算数の学習をめざしている。そこで，本単元でも，問題場面のイメージをもつことができるように，数図ブロックによる操作活動を徹底して行う。数図ブロックを動かしながら，声に出して方法を唱え，単元の終末には，繰り下がりのある減法の念頭操作をできるようにしていきたいと考えた。

指導計画

●単元の目標
（1）（十何）－（1位数）で，繰り下がりのある場合の計算の仕方を理解し，計算できるようにする。
（2）加法や減法が用いられる場面を式に表したり式を読み取ったりする。

●単元の構想（総時数13時間）

時間	学習活動
1	【パフォーマンス課題を提示する時間】 （十何）－（1位数）で繰り下がりのある減法の仕方について，数図ブロックを用いて計算方法を見いだす。
2	（十何）－（1位数）で繰り下がりのある減法の仕方について減加法による計算方法を考える。
3	（十何）－（1位数）で繰り下がりのある計算について，減数が6以上の減法の計算ができるようにする。
4	（十何）－（1位数）で繰り下がりのある計算について，減数が5以下の減法の計算ができるようにする。
5〜9	「ひきざんかあど」を使って，繰り下がりのある減法を練習し，習熟する。 ゲーム①【こたえはいくつ】減法カードを使って繰り下がりのある減法の計算に慣れ親しむ活動 ゲーム②【かあどとり】示された数が差になる減法カードを見つける活動 ゲーム③【なかまあつめ】示された数が差になる減法カードを見つける活動 ゲーム④【かずあてげえむ】正しい計算問題を作ったり，計算の式の□に当てはまる数を考えたりする活動
10	加法，減法の式になる問題を作り，絵と合わせて紙芝居として表現する。
11	単元のまとめに取り組み，学習内容が定着しているかを確かめる。
12	【パフォーマンス課題を解決する時間①】 繰り上がりや繰り下がりのある加法や減法の場面を4コマまんがに表す。
13 本時	【パフォーマンス課題を解決する時間②】 計算4コマまんがに表した加法や減法の場面を，絵や図，式などを用いて説明できるようにする。

●パフォーマンス課題とルーブリック

パフォーマンス課題
ひきざん（2）のがくしゅうでは，がくしゅうのまとめとして，けいさん4コマまんがたいかいをします。けいさん4コマまんがをつくり，どんなけいさんになるのかをともだちとせつめいしあいましょう。

	ルーブリック
3	繰り下がりのある減法または繰り上がりのある加法を使って，2つの数の式と対応する4コマまんがを作り，図と言葉を結びつけて，問題の解き方をわかりやすく相手に説明することができる。
2	繰り下がりのある減法または繰り上がりのある加法を使って，2つの数の式と対応する4コマまんがを作り，問題の解き方を相手に説明することができる。
1	【1の子どもに対する支援】 学習したことを示した側面掲示を使い，繰り上がりのある加法・繰り下がりのある減法の仕方を想起できるようにする。

本時の学習

本時 13/13

●ねらい

・計算4コマまんがに表した加法や減法の場面を，絵や図，式などを用いて説明できるようにする。〈数学的な考え方〉

●展 開

学習活動 学習形態	学習活動	教師の支援（○）
課題把握 全 体	①4コマまんが大会をするために，作った4コマまんがを図や式や言葉で説明する文を作るという本時の学習課題を把握し，学習の進め方を確認する。 学習課題 4コマまんがをず・ことば・しきをつかってせつめいしよう。	○単元の導入に見せたパフォーマンス課題「森の動物たちからの4コマまんが」を提示し，本時の学習活動の見通しをもてるようにする。 ・4コマまんがを見ながら，解答を書けるように，本時では解答を書くワークシートを準備する。
自力解決 個 人	②4コマまんがを説明する解答を図・言葉・式で表現する。	○既習事項を側面掲示しておくことで，加減法や減減法の考え方を図で描けるようにする。 ・図やさくらんぼを使った計算で説明できるようにする。 ○問題の解き方を友だちにわかりやすく説明する活動を行うことを声かけすることで，相手意識をもって説明を書けるようにする。 ・文だけにならないように図や計算の方法を書くように声かけする。
集団解決 ペ ア	③2人組でお互いの計算4コマまんがクイズを出し合い，説明する。	○教師と子どもで見本を見せることで，活動の進め方がよくわかるようにする。 ・うまく説明できていたら，"にこにこシール"を貼ってもらい，次の友だちとクイズを出し合うことを伝える。 ・3人程度の友だちとクイズを出し合うことを目標にする。
適応題 全 体	④子どもが作った問題を2問みんなで解く。	・1つめの問題は，2つの数の計算を扱い，2つめの問題は3つの数の計算を扱うようにする。
まとめ 振り返り 個 人	⑤学習を振り返り，本時のまとめをする。 ・きょうはずやことばでせつめいする文をかきました。うまくせつめいすることができてよかったです。 ・たしざんやひきざんのもんだいをたくさんとけました。ひくたすほうでせつめいできてうれしかったです。 ・3つのかずのけいさんを4コマまんがにしていた○○さんのもんだいがとてもよかったです。	・振り返りを書くときは，本時のめあてに対しての学習内容を振り返るようにする。

●本時の評価

計算4コマまんがに表した加法や減法の場面を，絵や図，式などを用いて説明しているか。
【数学的な考え方】（活動の様子・ワークシート）

おおむね満足できる姿	十分満足できる姿
繰り下がりのある減法または繰り上がりのある加法を使って，2つの数の式と対応する4コマまんがを作り，図と言葉を結びつけて，問題の解き方を相手に説明することができる。	繰り下がりまたは繰り上がりのある加減法混合の式を使って，3つの数の式と対応する4コマまんがを作り，図と言葉を結びつけて，問題の解き方をわかりやすく相手に説明することができる。

授業の様子

▶ 課題把握（全体）〜今日の課題を知る〜

問題の解き方の見通しをもつ

単元の導入で見せたパフォーマンス課題「森の動物たちからの4コマまんが」を提示することで、子どもは、意欲的に学習に取り組もうとしていた。「このお話は、17－9だから、10から9をひいて1, 1と7をたして8。答えは8個です」と説明しながら発表することができた。

▶ 自力解決（個人）〜4コマまんがを説明する解答を図や言葉や式で表す〜

ワークシートに自分の考えた4コマまんがの説明を書いていった。書いていく中で、子どもからは、「ひくたす法で説明したいな」「よくわかるようにブロック図を描こう」「矢印も入れてわかりやすくしよう」などという声が聞かれた。また、「10からいくつとったのかがよくわかるように色をつけてみよう」と工夫しようとする姿も見られた。

▶ 集団解決（ペア）〜計算4コマまんがクイズをペアで出し合う〜

説明を自分なりの表現で表しているため、友だちに計算4コマまんがクイズをわかりやすく説明したいという気持ちが高まり、意欲的に活動することができた。また、うまく説明できると"にこにこシール"がもらえるという仕掛けも取り入れたので、たくさんの人とクイズを出しあおうとする姿も見られた。

▶ 適応題（全体）〜問題をみんなで解き合う〜

大型テレビを使いながら全体にわかりやすく説明をしていった。「17－8だから、8を7と1に分けます。17から7をひいて10, 10から1をひいて9です」など、詳しくわかりやすく説明する姿が見られた。

大型テレビを使って全体に説明する

▶ まとめ・振り返り〜学習をまとめ、振り返りをする〜

子どもからは、「けいさん4コマまんが大会をして、どうやって考えたのかを図を使ってうまく説明することができました」や「もっといろいろな問題にチャレンジしたいです」といった振り返りが聞かれた。

学習後の板書

子どもの変容と評価

▶パフォーマンス課題との出合い

　単元の導入時に、パフォーマンス課題を提示する際、「森の動物たちから4コマまんがが届いたよ」と子どもに投げかけて、とても大きな封筒から4コマまんがが出てくるという演出を取り入れた。「解いてみたいな」「4コマまんが作りをしたいな」とわくわくした気持ちを持続させながら学習を進めることができた。最後の4コマ目を「？」とし、問いの文を作成することで、クイズのようにすることができた。

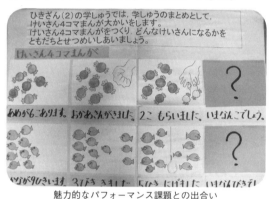

魅力的なパフォーマンス課題との出合い

▶パフォーマンス課題の解決に向かうまで

　これまでの学習で、減減法や減加法の計算方法をノートに何度も書いて表現したり、ブロック操作をくり返し行ったりしてきたことで、問題の式と答えを図に描く場面でも、スムーズに表現することができていた。友だちとクイズをするのを楽しみにしながら、問題を作成する子どもの姿が見られた。支援を要する子どももクッキーや花など、自分の好きなものに置き換えて問題を作ることができていた。

▶パフォーマンス課題の解決

　計算4コマのクイズ大会では、自分が友だちにうまく説明できていたら"にこにこシール"をもらえるようにした。そのことが、さらに子どものやる気を出した。8分間で5人程度の友だちとクイズを出し合うことができた。クイズを始める前にプレゼンテーション用ソフトで手順を画面上に映しながら説明を行うことで、どの子も学習の仕方に戸惑うことがなく、最小限の指示でのびのびと活動することができていた。

　本単元を学習すると、1年生の計算領域においては、ほぼすべての学習内容を終えることとなる。本単元をこれまでの学習内容の総括的な単元であると捉え、授業プランを立てていったことで、28名中5名の子どもが、3位数の問題作りに挑戦していた。教師が3位数の問題作りについて意図的に声をかけたわけではないのだが、子どもが自発的に3位数の問題を作成しようとしたことに本パフォーマンス課題がよいものであったと実感できた。さらに、全体の場でも3位数の問題を作った子どもがうまく説明をしたことで、数量関係の理解が深まった。

問題を作ったり、説明を記述したりしていく

互いに説明をし合う

▶パフォーマンス課題の成果物とルーブリックの例

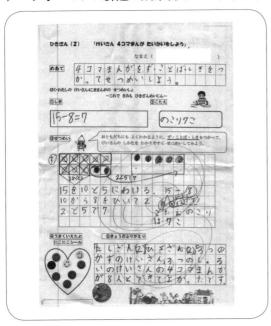

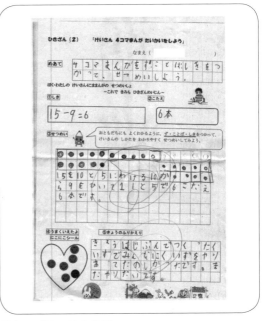

①ルーブリック3の例
　ルーブリック3の子どもは，図だけではなく，矢印でブロックの動きを表したり，数をどのように分解したのかがわかるように記述したりしている。
　また，図と言葉を結びつけながら，問題の解き方をわかりやすく相手に説明することができている姿が見られ，相手に説明することを楽しむ様子が見られた。

②ルーブリック2の例
　ルーブリック2の子どもは，図と説明がきちんとなされているが，一目でわかる図ではない。ただし，図と言葉を結びつけて問題の解き方を相手に説明することができた。自分の言葉で一生懸命伝えようとする姿が見られた。

③ルーブリック1の子への声かけ
　ルーブリック2に到達していない子どもへは，「お皿に10個，丸図を描いてごらん」「取ったものに×印をつけてごらん」「説明を一緒に考えよう」などの声かけを行った。初めは，自信をもつことができなかった子どもも一つひとつていねいに考えていくことで理解を深め，自分の言葉で説明しようとする姿が見られるようになった。

2年 読解科 実践②

ベン図を つかって まとめよう
ベン図のよさに気づき，自分の考えを表現する

授業者 井上宜子

全体の単元構想

◆教材について

　本単元では，ベン図を用いた思考の整理の仕方を知り，ベン図のよさに気づくことと，自分の考えをベン図に整理し，それをもとに文章に表現することをねらいとしている。

　ベン図とは，2つの円を用いて，複数の事実，考え，意見などを比較し，共通点と相違点の両方をリストアップして整理できる思考ツールである。AとBについて，ベン図を用いて比較する場合，AとBに共通する特徴，Aについてだけいえる特徴，Bについてだけいえる特徴というように共通点と相違点を見やすく分類することができる。また，より複数の物事について比較する場合には，3つの集合のベン図に表して，整理することもできる。さらに，ベン図に描き出したことをもとに考えをまとめ，文章をつくることもできる。そこで，この学習では，ベン図をもとに自分の考えを整理し，筋道立てて自分の考えを表現することができるようにしたいと考えた。

　また，2年生は，生活科の学習で稲を育てており，育ててわかったことを1年生に向けて「お米フェスティバル」で発表する。そこで，本単元では，お米のことを1年生にわかりやすく説明するために，お米と1年生で育てたアサガオの違いを説明できるようにすること，お米フェスティバルで話すときや聞くときに大切なことは何かをベン図を使って整理し，自分たちの考えをまとめるという単元構成にした。

◆子どもについて

　本校の2年生は，自分の考えや思いを言葉や文，図，絵，動きなどに表すことに意欲的な子どもが多い。その一方で，自分の考えをもって，相手に伝えることが苦手な子どもの姿も見られる。

　子どもはこれまでに何かと何かを比較する経験をしてきている。2つのものの違いを比べて，同じところや違いを見つけたりすることは，意識することなくしてきていると思われる。

　2年生の読解科の前単元「あつめて　わけて　見つけたよ」の学習では，物事の共通点に着目して分類ができることや，多様な分類ができるという視点に気づく学習をしてきた。友だちと交流することで自分では気がつかなかった分類の視点を知り，ものの多様な見方を深めたりすることもできた。

　本単元でも，ベン図を使って友だちと一緒に考えを整理する学習活動がある。そこで，自分の考えをすすんで話し合えるようにする。また，相手の意見を聞くことで，自分の考えを広げたり，深めたりできるようにした。

指導計画

●単元の目標
（1）ベン図について知り，ベン図のよさに気づけるようにする。
（2）自分の考えをベン図に整理し，自分の考えを表現できるようにする。

●単元の評価規準
・テキストを分類，比較することで，知識や経験をふまえて，自分の考えをつくること。

課題設定力	情報活用力	記述力	コミュニケーション力
自分の考えをベン図に整理するという学習課題を設定し，学習の見通しをもっている。	ベン図をもとに，2つの事柄の共通点と相違点を整理している。	ベン図から読み取ったことをもとに，自分の考えをまとめている。	自分の比較・分類の仕方を相手に伝えたり，相手の意見を聞いたりして，比較・分類の視点を広げている。

●単元の構想（総時数 2 時間）

時間	学習活動	教師の支援（○）	評価の視点（評価方法）
1 本時	○ベン図について知り，「稲」と「アサガオ」の共通点と相違点をベン図に整理することから見つけ出し，自分の考えを整理する。 **学習課題** ベン図を使って，「いね」と「あさがお」の同じところとちがうところをせいりしよう。 ・「稲」と「アサガオ」の特徴を付箋紙に書く。 ・ベン図の使い方を知る。 ・ベン図に付箋紙を貼りながら整理していく。 ・ベン図を見て，「稲」と「アサガオ」の共通点と相違点をペアの友だちに伝える。 ・ベン図を使って気づいたことや思ったことを振り返りに書く。	○「稲」と「アサガオ」の写真を用意することで，2つの特徴を想起できるようにする。 ・「稲」と「アサガオ」の付箋紙の色を変えておく。 ・「稲」と「アサガオ」の特徴を短い言葉で付箋紙に書くようにする。 ○書く視点をいくつか挙げることで，特徴を付箋紙に書くことができるようにする。 ○「稲」と「アサガオ」の特徴を比べ，共通しているものを重ね合わせて，ベン図の真ん中に貼るようにする。 ・共通点以外を相違点として，ベン図の外側に貼るようにする。	【課題設定力】 ・自分の考えをベン図に整理するという学習課題を設定し，学習の見通しをもっている。 （発言・ワークシート） 【情報活用力】 ・ベン図をもとに，2つの事柄の共通点と相違点を整理している。 （ワークシート）
2	○「よい話し方」と「よい聞き方」について，グループでの話し合いを通して自分の意見をつくる。 **学習課題** ベン図を使って，「よい話し方」と「よい聞き方」についてまとめよう。 ・「よい聞き方」「よい話し方」について，付箋紙に書き出す。 ・ベン図をもとに，グループで考えを整理する。 ・ベン図をもとに，共通点と相違点を個人で書きまとめる。 ・友だちと一緒にベン図に整理することで，思ったことを振り返る。	・グループで行うことにより，さまざまなアイデアが生まれるようにする。 ・グループに1枚，ベン図を用意する。 ・「よい聞き方」と「よい話し方」の付箋紙の色を変えておく。 ○ベン図に整理するときの手順を想起できるようにすることで，自分たちの力で整理できるようにする。 ○まず，「よい話し方」について，付箋を貼りながら話し，同じ意見や似ている意見は，上から付箋を重ねるようにすることで，意見を集約できるようにする。 ○文型を提示することで，共通点と相違点を書きまとめることができるようにする。	【記述力】 ・ベン図から読みとったことをもとに，自分の考えをまとめている。 （発言・ワークシート） 【コミュニケーション力】 ・自分の比較・分類の仕方を相手にわかりやすく伝えたり，相手の意見を聞いたりして，比較・分類の視点を広げている。 （発言・ワークシート）

本時の学習

本時 1/2

● **ねらい**
・ベン図の使い方を知り、2つの事柄の共通点と相違点をベン図に整理して、ベン図のよさに気づくことができるようにする。

● **展 開**

学習形態	学習活動	教師の支援（○）
全体	①「稲」と「アサガオ」の共通点と相違点を、ベン図をもとにまとめるという本時の学習のめあてと学習の進め方を確認する。 **学習課題** 　□□□□、「いね」と「あさがお」の同じところとちがうところをせいりしよう。	○生活科「お米フェスティバルをしよう」で1年生に説明するという目的を提示することで、学習の意欲につなげる。 ・ベン図を提示してから、□□□□に「ベン図を使って」ということばを付け足す。
個人	②自分たちが育ててきた「稲」と「アサガオ」の特徴を付箋紙に書く。 ・いねの葉は、緑色だ。 ・アサガオの葉は、緑色だ。 ・いねの葉の形は、細長い。 ・アサガオの花の色は、紫や青、ピンクなどがある。	○写真を用意し、「稲」と「アサガオ」の特徴を想起できるようにする。 ・「稲」と「アサガオ」の付箋紙の色を変えておく。 ・「稲」と「アサガオ」の特徴を短い言葉で付箋紙に書くようにする。 ○書く視点をいくつか挙げることで、特徴を付箋紙に書くことができるようにする。
ペア 全体	③付箋紙に書いたことを交流し、情報を増やす。 ・花の色のことを付け足そう。 ・実のことも書けそうだ。	・特徴を交流し、取り入れたい友だちの意見は、青鉛筆で付箋紙に付けたしをする。
個人	④ベン図に付箋紙を貼りながら整理していく。 ・いねの葉が緑色で、アサガオの葉も緑色だから、ふせん紙を重ねて、真ん中にはろう。 ・アサガオにはつるがあって、いねにはつるがないから、ベン図の外側にはろう。	○ベン図の使い方を全体の場で見せるようにすることで、見通しをもって自分でベン図に整理することができるようにする。 ・「稲」と「アサガオ」の特徴を比べ、共通しているものを重ね合わせて、ベン図の真ん中に貼るようにする。 ・共通点以外を相違点として、ベン図の外側に貼るようにする。
ペア 全体	⑤「稲」と「アサガオ」の共通点と相違点をペアの友だちに話す。 ・「いね」と「アサガオ」の同じところは、葉がどちらも緑だということです。違うところは、葉の形です。 ・「いね」の葉は細長いです。「アサガオ」の葉は、ギザギザしています。	○文の型を提示することで、共通点と相違点を話すことができるようにする。 ・いくつかある共通点と相違点のうち、1つか2つを選んで話すようにする。
個人	⑥ベン図を使って気づいたことや思ったことを振り返りに書く。 ・ベン図を使うと、いねとアサガオの同じところとちがうところがわかりやすい。 ・ベン図を使うと、1年生にいねとアサガオの同じところをせつめいしやすいと思った。	・次時は、お米フェスティバルで発表するときの「よい話し方」と「よい聞き方」についてベン図を使ってグループで整理することを伝える。

● **本時の評価**
・ベン図の使い方を知り、2つの事柄の共通点と相違点をベン図に整理し、ベン図のよさに気づくことができたか。

授業の様子

【1時間目の様子（本時）】
ベン図の使い方を知り、そのよさに気づく
▶全体学習〜学習課題を把握する〜

これまでの学習を振り返る

　まず、自分たちが育てている稲のことを、生活科の「お米フェスティバル」で伝えようと投げかけた。わかりやすく説明するために、1年生が育てている「アサガオ」と比較して共通点と相違点をまとめることにした。1年生に説明するという目的を示すことでより意欲的に取り組もうとする姿が見られた。

　また、読解科の授業であるが、この学習が他教科と関連していることを意識することで、この学習の必然性を感じさせることができた。

▶個人学習〜「稲」と「アサガオ」の特徴を付箋紙に書く〜

　自分たちが育てている稲やアサガオの写真を見ながら、実際に観察したときのことを思い出し、短い言葉で特徴を書き出していった。

　子どもたちは、「稲の葉は、緑色だ」「稲の葉の形は、細長い」「アサガオの葉は、緑色だ」「アサガオの葉は、ギザギザしている」「稲の花は、白い」「アサガオの花の色は、紫や青、ピンクなどいろいろある」などと書き出していた。

▶ペア・全体学習〜付箋紙に書いたことを交流し情報を増やす〜

　個人で書き出したものをもとに情報を増やすためにペア学習・全体学習を行った。交流する中で、「もっと花の色のことも書き出そう」「実のことについても書けそうだ」「ほかにも何かないかな」と話していた。本校では、友だちの意見を参考にしたものは青鉛筆で付け足している。どんどん付箋紙が増え、子どもは、さらに意欲的に活動を進めていた。

▶個人学習〜ベン図に付箋紙を貼りながら整理していく〜

　情報を増やした後、ベン図の使い方を知り、付箋紙を整理していくようにした。ベン図を使うと2つのものの同じところと違うところがわかりやすく整理することができる。子どもたちは、楽しみながら整理していた。「ベン図の使い方がわかってきた」「稲もアサガオも葉が緑で同じだから、付箋紙を重ねてベン図の真ん中に貼ろう」「アサガオにはつるがあるけれど稲にはないな。ベン図の重なっていないところに貼ろう」という声が聞かれた。

ベン図に付箋紙を貼りながら整理する児童

▶ペア・全体学習〜「稲」と「アサガオ」の共通点と相違点をペアの友だちに話す〜

　整理して見つけた共通点と相違点を交流していった。交流では、1年生と仮定したペアの友だちに話すようにした。子どもは、「稲とアサガオの同じところは、葉がどちらも緑だということです。違うところは、葉の形です。稲の葉

は細長いです。アサガオの葉は，ギザギザしています」といった発表をしていた。共通点，相違点を見つけるという考え方は，3年生の理科につながるものである。その基礎となる力を培うことができた。また，話型を提示することで，どの子どもも自信をもって発表することができた。

▶個人学習（まとめ）〜ベン図を使って気づいたことや思ったことを振り返りに書く〜

まとめでは，ベン図を使って気づいたことや思ったことを書くように視点を提示し，ベン図のよさについて振り返ることができるようにした。子どもは，「ベン図というのを使ってみて，ベン図は，同じところと違うところを分けるのにべんりだとわかりました」といった記述をしていた。

学習をして気づいたことや思ったことを書く

【2時間目の様子】
ベン図に整理したことをもとに，自分の考えを書きまとめる

第2時では，「お米フェスティバル」で話すときや聞くときに大切なことを，グループの友だちと一緒に話し合いをする中でベン図にまとめていった。

まず，「よい話し方」と「よい聞き方」について個人で付箋紙に書き出した後，グループで1つのベン図を使いながら話し合い，共通点と

自分の考えを付箋紙に書き出していく

相違点を整理していくようにした。

ベン図に整理した後は，グループのベン図を見ながら，個人でワークシートに文章で書いてまとめていった。その際，「よい話し方」と「よい聞き方」についての共通点と相違点を意識して記述するように声かけした。第1時で，ベン図をもとに自分の考えを話す活動をしていたので，子どもたちはスムーズにベン図から情報を取り出して書くことができた。

また，最後には，「ベン図をつかって　まとめよう」の学習を終えて，わかったことやもっとしたいことを記述していった。子どもたちは，ベン図の特徴を知ったり，ベン図を使うと考えや書き出したものが見やすくなり，整理することができること，ベン図を使って話し合いができ，自分たちの考えが深められたりすることができることなどを実感していた。また，「またベン図を使って話し合いたい」という子どももいた。

【本単元の成果と課題】

ベン図の使い方を知り，便利さに気がつくことができた。また，ベン図を使うことで，どの子どもも自分の考えを整理することができ，考えを書いてまとめることができた。今後は，さらに思考ツールを増やしていき，必要に応じて思考ツールを選択し，活用することができるようにしていくことが課題である。

子どもの変容と評価

▶本単元で使用した児童のワークシート例

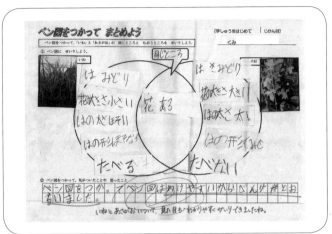

◎1時間目のワークシート

　ベン図の使い方を知り，その良さに気づくために使ったワークシートである。子どもは，初めてベン図を使ったが，スムーズに分類し，共通点，相違点を見つけていく姿が見られた。また，ペア学習での交流でもベン図を見せながら共通点，相違点をわかりやすく説明することができた。ベン図があることで視覚支援ともなり，わかりやすく伝え合っていた。子どもは，ベン図の特徴に気づき，ベン図の使いやすさやベン図を使うことで考えをわかりやすく整理することができることを実感していた。

　その後の学習である生活科の「お米フェスティバル」でも，アサガオと稲を比べたときの共通点と相違点をわかりやすく1年生に説明する姿が見られ，この学習を活かしていた。

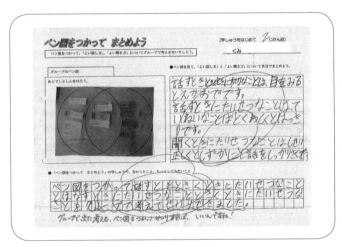

◎2時間目のワークシート

　2時間目は，「よい話し方」と「よい聞き方」についてベン図を使いながら話し合った。前時にもベン図を使っているので，スムーズにベン図から情報を取り出し，意見をまとめることができた。また，グループでの話し合いでは，同じ意見の付箋を重ねて貼っていった。付箋が重なっているところは，みんなの考えが重なっているところでもあり，大切なところであると気づいていた。

　その後の学習でも，ベン図や付箋を使った話し合いを行い，活発な交流を行うことができた。また，共通点や相違点を意識して物事を見るようになった。

「手の感覚王はだれだ！！」クイズをしよう
重さの量感を養い，重さの測定や加減計算に取り組む

「重さ」『わくわく算数3下』（啓林館）

授業者　井関隆史

全体の単元構想

◆教材について

本単元のねらいは，単位g（グラム），kg（キログラム），t（トン）と測定の意味を理解し，重さg（グラム），kg（キログラム）が混在した重さのたし算とひき算ができるようにすることや，適切に計器を選び，重さを正確に測定することである。

また，本単元では，パフォーマンス課題を「ものの重さを予想してから実際の重さを調べ，だれの誤差がいちばん少ないかを調べる『手の感覚王はだれだ！！』クイズをしよう」と設定をした。この問題を解くためには，おおよその見当をつけ，量るものに応じて適切に計器を選択して正確に重さを測定し，誤差を導くために加減計算をする必要がある。本単元で学習することを総合的に活用して取り組むことで解決することができるようにパフォーマンス課題を設定しているため，目的意識と見通しをもった学習が大切になると考える。

また，重さを量る活動は，3年生でのみ取り扱うものになる。そのため，このパフォーマンス課題を設定することで，重さを量る活動を十分に行い，量感を養って日常生活に活かすことができるのではと考えた。さらに，このパフォーマンス課題を解決する活動を通して，適切な計器の選択，正しい測定の仕方や重さの加減計算の仕方についてなど，既習事項のさらなる定着も図りたいと考えた。

◆子どもについて

本校3年生の子どもは，算数の学習に意欲的に取り組むことができる。一方で，解決に至るまでの過程を考えて書き表すことに苦手意識をもっていたり，全体で解決方法を考える際に誰かが発表をするのを待ったりする子どももいる。そのため，ノート指導を大切にしており，自力解決の時間には，自分の考えを図や絵，式，言葉などを使ってまとめることができるようにしている。見本となる子どものノートを教室内に掲示したり，紹介したりすることで，どのように考えを書いたらよいか視覚的にも捉えることができるようにしている。その結果，ノートに自分の考えが書けるようになり，友だちの良い考えをノートに付け足す姿も見られるようになってきた。

また，どの授業でもペアやグループ学習を取り入れ，お互いの考えや意見を交わす機会を多く設けていることで，友だちの意見から新たな考えをもつことができたり，友だちとコミュニケーションを取りながら学び合う喜びや楽しさを感じ，話すことへの抵抗を減らして自信をもったりすることができてきた。

指導計画

● 単元の目標
（1）重さを適切な計器を用いて量ったり，重さの加減計算をしたりできるようにする。
（2）重さの単位とその相互の関係，測定に用いる単位や計器の選び方を理解できるようにする。

● 単元の構想（総時数10時間）

時間	学習活動
1	【パフォーマンス課題を提示する時間】 重さについての日常場面を想起し，重さを量ることへの興味をもつ。
2	重さの単位「g」を知り，はかりの使い方や目盛りの読み方を理解する。
3	重さの単位「kg」を知り，重さの測定をする。
4	1kgの重さ作りの活動に関心をもち，重さについての量感を豊かにする。
5 6	いろいろな計器があることを知り，ものの重さの見当をつけて適切な計器を選んで測定する。
7	重さの保存性を理解し，重さを計算できることのよさに気づく。
8	長さ，かさ，重さの単位間の関係や，「m」と「k」の意味，重さの単位「t」の意味を理解する。
9 本時	【パフォーマンス課題を解決する時間】 重さの予想を立てて，単位や計器を適切に選択して身近なものの重さを測定したり，重さの加減計算をしたりする。
10	単元のまとめや「学びをいかそう」に取り組み，学習内容が定着しているかを確かめる。

● パフォーマンス課題とルーブリック

パフォーマンス課題
重さについての学習を進めていきます。たくさんのものの重さを量って手の感覚を身につけましょう。そして，ものの重さを予想してから実際の重さを調べ，誰の誤差がいちばん少ないかを調べる「手の感覚王はだれだ！！」クイズをしましょう。

	ルーブリック
3	適切な計器を紹介カードに記述し，同じ重さのものを複数紹介している。 実際の重さとの誤差が少なくなるよう，量感にもとづいて予想を立てることができる。 量るものに応じて計器を適切に選択して重さを正確に測定し，加減計算をすることができる。
2	適切な計器を紹介カードに記述し，同じ重さのものを紹介している。 量るものに応じて計器を選択し，重さを量り加減計算をすることができる。
1	【1の子どもに対する支援】 学習したことを側面掲示することで，重さの単位や計算の仕方を想起できるようにする。 教室内に，自由に重さを量ることができるコーナーを用意しておくことで，量感を養うことができるようにする。

本時の学習

本時 9/10

●ねらい

・直接比較や任意単位を用いた重さの測定にすすんで取り組むことができるようにする。〈関心・意欲・態度〉
・ものの重さを比べるための方法を考え，任意単位による重さの測定方法を考え，説明することができるようにする。〈数学的な考え方〉

●展　開

学習活動 学習形態	学習活動	教師の支援（○）
課題把握 全　体	①「手の感覚王はだれだ！！」クイズを解き合うという本時の学習課題を把握し，学習の進め方を確認する。 **学習課題** よそうと実さいの重さのちがいを調べよう。	・4人1組のグループを作っておき，机を合わせておく。
自力解決 個　人	②友だちの出題したものについて，重さを予想し，はかりを選択して測定し，重さの加減計算をする。 ・1kgの砂袋くらいだと思うから1kgと予想しよう。 ・予想は1kg実際は800gだから違いは 　1kg − 800g = 200gです。 ・3回分を合わせると， 　200g + 350g + 1kg = 1kg550gだ。	○重さの見当づけに困っている子どもには，1kgの砂袋や今までの学習で量ったものを用意することで，見当づけることができるようにする。 ・量り終わったら，出題者はクイズの答えの紹介文を見せて説明するようにする。 ・3人と問題の解き合いをし，量った重さや誤差をワークシートに記入するようにする。
集団解決 全　体	③誤差を確認し，「手の感覚王」を決め，計算の仕方や計器の選択の仕方について確かめる。 ・△△くらいだと上皿自動ばかりがよいと考えました。	○いちばん誤差の少ない子どもにどのように重さを求めたのか聞くことで，計算の仕方や，計器の選択の仕方などを再度確認できるようにする。
適応題 個　人	④友だちのクイズを解き合う。 ・今まで量ったものを根拠に予想できそうだ。 ・単位が違うと計算はできないね。	・机を2人で向かい合わせにして，前半に量っていない出題者のところへ移動する。 ・向かい合わせた人同士で出題し合うようにする。
まとめ 振り返り 個　人	⑤学習を振り返り，自己評価をする。 ・重さを量るには，重さを予想してから量るものを選ぶことが大切だとわかりました。 ・重さの計算をするには，単位をそろえなければいけないとわかりました。	・重さを測定するために大切だと思うことを振り返りに書くようにする。

●本時の評価

直接比較や任意単位を用いた重さの測定にすすんで取り組むことができたか。
【関心・意欲・態度】（活動の様子）
ものの重さを比べるための方法を考え，任意単位による重さの測定方法を考え，説明することができたか。
【数学的な考え方】（発表・ノートへの記述）

おおむね満足できる姿	十分満足できる姿
量るものに応じて重さの予想を立てて計器を選択し，重さを測定して加減計算をしている。	量るものに応じて根拠をもって重さの予想を立て，計器を適切に選択して正確に重さを測定し，加減計算をしている。

授業の様子

▶**課題把握（全体）〜学習課題を把握する〜**

"手の感覚王"に贈られる賞状を用意し，意欲的に学習に取り組めるようにした。学習の進め方などもていねいに説明し，「予想と実際の重さの違いを調べる」という学習課題を設定した。子どもは「手の感覚王はだれになるのかな」とわくわくした気持ちで学習に入っていった。

"手の感覚王"に贈られる賞状。意欲が高まる

▶**自力解決（個人）〜友だちの出題したものについて重さを予想し，実際に測定し，重さの加減計算をする〜**

子どもは，予想をした後，実際に測定するのに適した計器は何かを考えながら，測定を行っていった。「この前，持ってみた1kgの砂袋と同じくらいだな」など，これまでの経験をもとに話す姿が見られた。また，「目盛りは正面から見ないといけないよ」といった声も聞かれた。

▶**集団解決（全体）**
〜「手の感覚王」を決める〜

誤差のいちばん小さかった子どもを"感覚王"と認定した。模型のマイクを使いながら感覚王にインタビュー形式で感覚王になることができた理由（こつや気をつけたことなど）を聞いた。また，感覚王に近かった子どもにもインタビューを行った。「前に量ったものを思い出し，いくつ分か考えると予想と実際の重さが近くなりました」といった声が聞かれた。

感覚王にインタビューを行う

▶**適応題（個人）**
〜友だちのクイズを解き合う〜

これまでの学習をもとに，できるだけたくさんのクイズに挑戦できるようにした。「今までに量ったものをもとに予想できそうだな」「単位が違うと計算できないな」といったつぶやきが聞かれた。

▶**まとめ・振り返り〜学習をまとめ，振り返りをする〜**

子どもからは，「重さを計算するには，単位をそろえなければいけないことがわかりました」「重さを予想してから量るものを選ぶことが大切だとわかりました」などの振り返りが聞かれた。

重さの量感を養いながら，実際に測定する

子どもの変容と評価

▶パフォーマンス課題との出合い

単元の導入時に、子どもに鉛筆や消しゴムなどの文房具を2つ提示し、どちらが重い

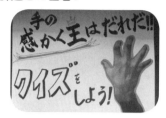

だろうと問いかけた。すると子どもは「実際に手に持って量ってみたい！」と興味を示した。そこで、2つの重さの予想をした上で、手で量ってみたものの、どちらが重いか判断しにくいものがあることに気づいた。そこで、ものの重さを正確に量る計器が必要であり、次時以降は、計器の量り方を学習し、正確な重さを調べていくという見通しをもたせた。その後、子どもに重さの学習でどんなことをしてみたいかを問うと、「手でもっと量りたい」「ピッタリ重さを当てたい」と、重さを量ることに対して意欲的な態度が見られた。そこで、パフォーマンス課題を『ものの重さを予想してから実際の重さを調べ、だれの誤差がいちばん少ないかを調べる「手の感覚王はだれだ！！」クイズをする』と設定した。子どもは課題に取り入れた「手の感覚王はだれだ」というフレーズや手の写真を気に入り、「感覚王になりたい」と意欲を高めていた。

▶パフォーマンス課題の解決に向かうまで

単元を通して、授業で使った計器を教室内に置いておき、いつでも計器で量ることができるようにした。「1kgばかり道場」「2kgばかり道場」「ばねばかり道場」と場を設定し、近くには4kgばかりや5kgばかり、目盛りのある体重計も置いておいた。1kgの量感をもたせるために、1kgの砂を量り袋に入れる活動を行った。その砂袋も、道場の近くにおき、いつでも袋を持って1kgの量感を養えるようにした。また、単元を通して、身のまわりのものの重さを記録しておくワークシートを用意した。休み時間になると、さまざまなものの重さを予想して計器に載せて量り、意欲的にワークシートに記録していく姿が見られた。「量感を養って感覚王になる修業をする」というような感覚で取り組むことができていた。

今まで量ったものの中から3つ選んで自分のクイズを作った際には、自分の家から量りたいものを持ってきて、楽しみながらクイズ作りをする姿が見られた。1kg上皿自動ばかり、2kg上皿自動ばかり、ばねばかりが使用できるようなクイズを考えるように声かけしたことで、どの計器も使えるクイズを作ることができた。

▶パフォーマンス課題の解決

クイズを解く場面では、クイズのやり方を事前に説明しておき、時間を十分に確保できるようにしたことで、子どもは時間内に養った量感をもとにクイズに答え、実際に重さを量ることができ

実際に重さを確認する

た。4人グループで活動することを決めたので、だれに対してクイズを出すのか、見通しをもって活動できていた。また、拡大した座席表に結果を記入させることで、子どもが重さを比べることができ、だれが感覚王かを見つけやすくなっていた。

▶パフォーマンス課題の成果物とルーブリックの例

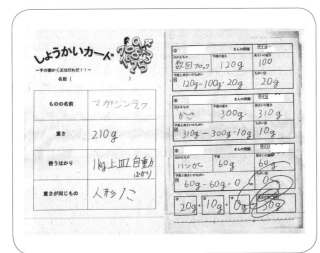

①ルーブリック3の例
　ルーブリック3の子どもは、使用する計器が適切であるとともに、誤差が小さい。また、加減計算が正確である。ルーブリック2と比べ、全体的に正確である。
　また、適切な計器を紹介カードに記述し、同じ重さのものを複数紹介している。さらには、量感にもとづいて予想を立てることができている。

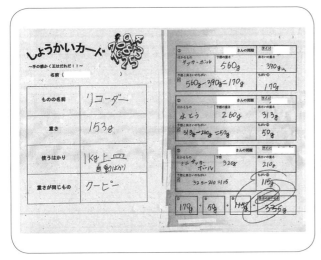

②ルーブリック2の例
　ルーブリック2の子どもは、正確に量ることのできる計器を選ぶことができているが、より適切な計器を選ぶこともできるものである。加減計算がおおむねできているが、部分的に正しくないところもあるという特徴をもっている。
　また、ルーブリック2の子どもは、適切な計器を紹介カードに記述し、ほかの同じ重さのものを紹介している。

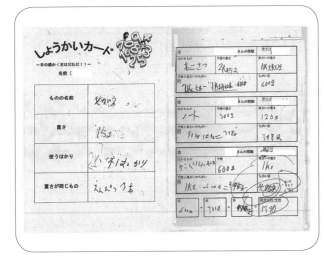

③ルーブリック1の子への声かけ
　ルーブリック2に達していない子どもへは、「先生と一緒に正確に計算していこう」と寄り添いながら指導を行ったり、「今までに量ったものを思い出して比べてみよう」「どのはかりを使うとよいかな。一度使ってみよう」などと声かけを行ったりしていった。そうすることで、はじめは自信をもつことができず、なかなか進めることができなかった子どもも自信をもって活動に取り組めるようになっていった。また、友だちとやり取りを行い、実際に計器を使って何度も測定を行うことで、量感を養うことができた。

発表名人になろう〜フリップ編〜
比較・分類を通して，フリップの特徴や効果を考える

授業者 市川菜穂

全体の単元構想

◆教材について

本単元は，複数のフリップを比較したり分類したりすることで，フリップの特徴や効果について考えることができるようにすることをねらいとしている。フリップとは，大型の紙に情報をまとめたものである。フリップはさまざまなテレビ番組で頻繁に使われており，子どもにとって目にする機会が多い。しかし，フリップの特徴やなぜフリップが使われるのか，フリップの効果について意識したことはあまりない。そこで，本単元では，複数のフリップを比較したり分類したりすることで，フリップの特徴や効果について考えていくことにした。

本単元では，フリップの特徴を「キーワードや図・表などを用いて簡潔に大型の紙にまとめてあること」とし，フリップの効果を「話す内容を一目で見ることができるため，聞く側の理解を助けることができること」とし，この特徴や効果を捉えられるようにしていく。

また，子どもは，3年生の読解科「心ひかれるキャッチコピー」で，キャッチコピーの表現の工夫や特徴を捉え，その効果について考える学習をした。その際に，キャッチコピーのリズムや韻など，キャッチコピーの共通点に目を向けて分類し，それぞれの特徴を捉えた。本単元でも，複数のフリップを条件に合わせて分類することで，フリップの特徴を捉えていきたい。さらに，今回の学習は，総合的な学習の時間などで発表することに活かすことができる。学習したことを活かす場面を見据え，フリップの特徴と効果を活かしながら自分の考えを効果的に伝える手段としてフリップを使った発表をすることができるようにしたいと考えた。

◆子どもについて

本校の4年生は，課題に対して真面目に取り組もうとするが，少し難しそうなことや努力が必要なことになると最初からあきらめてしまう子どもが多い。また，意見を発言することに戸惑う子どももいる。そこで，自信をもって自分の思いを伝え，考えを表現しながら学習を進めることができる姿をめざしている。また，グループ活動では，お互いに質問したり付け足したりして，よりよい意見をつくることができるようになってきたが，全体での発表の場面になると，自信がもてず，発表をためらう子どもも少なくない。また，発問しても，一つの答えで終わってしまったり，意見をつなげて発表したりという姿には至っていない。継続的に書くことや少人数の話し合いの機会を増やして，書くことや話すことへの抵抗を少なくするとともに，失敗しても大丈夫という環境をつくっていきたい。

指導計画

●単元の目標
・複数のフリップを比較したり分類したりすることで，フリップの特徴や効果について考えることができるようにする。

●単元の評価規準
・文や文章などの連続型テキスト，絵や図，表やグラフ，写真などの非連続型テキストの特徴を捉えること。

課題設定力	情報活用力	記述力	コミュニケーション力
フリップの特徴や効果について考えるという学習課題を設定し，学習の見通しをもっている。	フリップの情報量や色の用い方など，よりよいフリップの特徴を見つけている。	フリップの特徴や効果について，わかったことをまとめ，高倉学習ではどのようにフリップを活かしたらよいかを記述している。	フリップについて資料からわかったことを互いに交流し，考えを広げている。

●単元の構想（総時数2時間）

時間	学習活動	教師の支援（○）	評価の視点（評価方法）
1	○フリップの活用場面について話し合い，フリップを使用する目的について考え，効果的なフリップの特徴を捉えるための学習の見通しをもつ。 **学習課題** フリップは，なぜ使われるのか考え，学習の見通しをもとう。 ・フリップがどのような場面で使われているか話し合う。 ・映像を見て，どのような場面でフリップが使用されているか確認し，なぜフリップを使用するのか予想する。 ・動画を比較し，フリップの効果について話し合い，まとめる。 ・さらに2つのフリップを使った動画を比較し，わかりやすいフリップについて調べる計画を立てる。	○実際にフリップを見せることで，フリップがどのようなものか捉えることができるようにする。 ・ニュースやバラエティ番組など，身近にフリップが使われている映像を提示する。 ○フリップがあるときとないときを比較することで，フリップを用いる理由について考えやすくする。 ○情報量が過多なフリップを提示することで，フリップにはわかりやすいものとわかりにくいものがあることに気づけるようにする。	【課題設定力】 ・フリップの特徴や効果について考えるという学習課題を設定し，学習の見通しをもてている。 （発言・ワークシート） 【コミュニケーション力】 ・フリップについて資料からわかったことを互いに交流し，考えを広げている。 （ワークシート）
2 本時	○複数のフリップをわかりやすさで分類し，効果的なフリップの特徴を捉える。 **学習課題** わかりやすいフリップには，どのような特ちょうがあるのか考えよう。 ・複数のフリップをわかりやすさで分類する。 ・分類した根拠を話し合い，効果的なフリップの特徴について考える。 ・フリップの特徴と効果について話し合い，まとめる。 ・単元を振り返り，学習のまとめをする。	○第1時で用いたフリップを掲示しておくことで，フリップのわかりやすさの視点が確認できるようにする。 ・情報量や色のつけ方など，見た目のわかりやすさを考えるように指示する。 ○分類した根拠を箇条書きでワークシートにメモするようにすることで，根拠をもって話し合うことができるようにする。 ○ワークシートに児童用のフリップを表にして貼れるようにしておくことで，どのように分類したか一目でわかるようにする。 ○学習したことのキーワードを板書することで，この単元で学習したことを振り返ることができるようにする。	【情報活用力】 ・フリップの情報量や色の用い方など，よりよいフリップの特徴を見つけている。（ワークシート） 【記述力】 ・フリップの特徴や効果について，わかったことをまとめ，高倉学習ではどのようにフリップを活かしたらよいかを記述している。（ワークシート）

本時の学習

本時 2/2

●ねらい
・複数のフリップを分類し，効果的なフリップの特徴を見つけられるようにする。
・フリップの特徴や効果について，わかったことをまとめ，高倉学習ではどのようにフリップを活かしたらよいかを記述できるようにする。

●展　開

学習形態	学習活動	教師の支援（○）
全　体	1）本時の学習のめあてと学習の進め方を確認する。 **学習課題** わかりやすいフリップには，どのような特ちょうがあるのか考えよう。	○前時の学習で考えたフリップのよさを掲示することで，前時の学習を振り返り，学習を進められるようにする。
個　人	2）複数のフリップをわかりやすさで分類する。 ・1枚にたくさん文字が書いてあるものは見にくいし，わかりにくいな。 ・赤字で大切なポイントが書いてあるものはわかりやすいな。	○分類した根拠を箇条書きでワークシートにメモするようにすることで，根拠をもって話し合うことができるようにする。
グループ	3）分類した根拠を話し合い，効果的なフリップの工夫について考える。 ・このフリップは，図が小さくなっているから，わかりにくい方に分類しました。 ・このフリップは，色が多すぎてどこが大切なのかわからないから，わかりにくい方に分類しました。大切なポイントだけに色づけしてあった方がわかりやすいです。	○ワークシートに子ども用のフリップを表にして貼れるようにしておくことで，どのように分類したか一目でわかるようにする。 ○自分の意見と友だちの意見を比べ，相違点を見つけられるようにする。そして，良い意見は青鉛筆で付け足しができるようにする。 ・わかりやすいフリップ，わかりにくいフリップの特徴を表に書き，違いに気づくことができるようにする。
全　体	4）自分の考えやグループで出た意見を発表しながら，フリップを分類する。 ・（①と②） 班の全員が同じ意見でした。わかりやすい理由は，写真が大きくのっていて説明を聞くときにわかりやすいと思ったからです。 ・（③と④） わかりやすい理由は，表で書かれているので女子と男子の好きなスポーツがすぐわかると思ったからです。○○さんは，赤色を使って目立たせていることもいいと言っていました。 ・（⑤と⑥） わかりにくい理由は，たくさん色が使われているから見にくいからです。ほかにも，○○さんは，わかりやすい理由を考えていて表にまとめてあっていいという意見で私も納得しました。	○同じテーマのフリップごとに発表していくことで，分類した理由を比較したり整理したりしやすくする。 ○効果的な理由のキーワードにだけ下線や色をつけておくことで，効果的なフリップの特徴をまとめやすくできるようにする。
個　人	5）効果的なフリップの特徴をまとめる。 ・だれが見てもわかりやすく作られている。 ・見やすいように文字の量が少なくなっていて，内容にあった図がのっている。 ・大切なところにだけ色がつけられている。	○めあてに戻ることで，本時の学習内容の大切な部分を再度確認できるようにする。
個　人	6）単元を振り返り，フリップの特徴と効果をまとめる。 ・フリップを使うことで，難しい説明もわかりやすく説明することができることがわかりました。私がフリップを作るときには，図や写真などは大きく，文字は少なくしたいと思います。	○壁面や板書を見ることで，本単元で学習したことを振り返ることができるようにする。

●本時の評価
・フリップの情報量や色の用い方など，よりよいフリップの特徴を見つけることができたか。
・フリップの特徴や効果について，わかったことをまとめ，高倉学習ではどのようにフリップを活かしたらよいかを記述することができていたか。

授業の様子

【1時間目の様子】
フリップを使用する目的について考え，学習の見通しをもつ

　第1時では，フリップの活用場面について話し合い，フリップを使用する目的について考えた。導入において，フリップがどのような場面で使われているか自分の経験を振り返って想起し，実際にフリップが使用されている映像を見ることで，どのような場面でフリップが使用されているかがわかり，身近なところでフリップが使われていることを捉えることができた。

　さらに，2種類の動画を比較し，フリップにはどのような効果があるのかを考えた。しかし，フリップさえ使えば何でもわかりやすくなるわけではない。そこで，フリップにはわかりやすいものとわかりにくいものがあることを知り，わかりやすいフリップについて調べるという学習の見通しをもった。

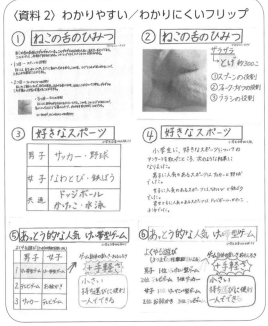

〈資料2〉わかりやすい／わかりにくいフリップ

〈資料1〉1時間目に使用したテキスト
　　フリップあり　　　　　フリップなし

【2時間目の様子（本時）】
複数のフリップをわかりやすさで分類し，効果的なフリップの特徴を捉える

▶全体学習〜学習のめあてと進め方を確認する〜

　第2時では，次の6枚のフリップ（わかりやすいフリップ3枚・わかりにくいフリップ3枚）を提示した。見た目のわかりやすさを視点として分類することで，効果的なフリップの特徴を考えていった。

▶個人学習〜複数のフリップをわかりやすさで分類する〜

　フリップは内容を説明しながら聞き手に見せるということが前提となる。そのため，説明しながらフリップを提示することで，子どもは聞き手の立場でフリップを見ることができた。

　子どもからは，「①は，話していることがそのまま書かれているからフリップとしてはわかりにくい」「⑤は，注目してほしいところに色

理由を明確にしながら分類していく

がつけられているからわかりやすい」といった意見を出していた。

▶グループ学習～分類した根拠を話し合い，効果的なフリップの工夫について考える～

個人で考えたことをもとに，グループで効果的なフリップについて考えた。「③は，話の内容が表になっていて，一目見てわかると思ったのでわかりやすいフリップに選びました」「その意見もいいと思います。付け足しで，共通の部分に色がついているから，さらにわかりやすいフリップになっていると思いました」など，考えを深める交流となった。

グループで分類した根拠を話し合う

▶全体学習～自分の考えやグループで出た意見を発表しながら，フリップを分類する～

自分の考えやグループで出た意見を発表しな

グループでの話し合いの結果を全体で発表し，深め合う

がら，フリップを分類していった。「②をわかりやすいフリップに選びました。理由は，大事なところがキーワードだけで書かれているからです。○○さんは，内容にあった部分の写真が大きく載っているのでそれもわかりやすいという意見でした。私はその意見に納得しました」と発表する子どもがいた。

▶個人学習～効果的なフリップの特徴をまとめ，単元を振り返る～

めあてに戻り，本時でわかった大切な部分を再確認しながらわかりやすいフリップの特徴をまとめていった。1時間の学習を通して，どの子どももフリップを分類することができた。また，分類したものを比較することで，わかりやすいフリップの特徴を捉えることができた。

わかりやすいフリップの特徴には，「適量の色使い・文字の量（キーワード化や大切なポイントのみの箇条書きなど）・内容がまとめてある図や表」が挙げられた。

また，「この学習を活かして総合的な学習で発表するときに上手に伝えていきたい」と振り返りに書く子どももいた。

【本単元の成果と課題】

本単元では，「フリップとは何か」「わかりやすいフリップの特徴とは何か」を学ぶことで，発表の仕方を習得することができた。今後，さまざまな場面で自分の調べたことを発表するという機会は増えると考えられる。本単元を通して学んだことを活かし，学習したフリップの特徴をもとに適切なフリップを作成し，効果的にフリップを使用できるように取り組んでいきたい。

子どもの変容と評価

▶本単元で使用した児童のワークシート例

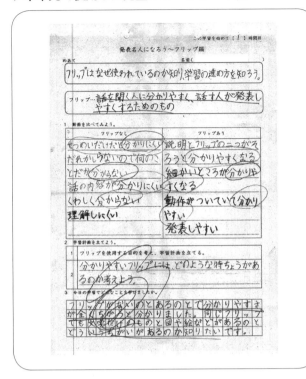

◎ 1時間目のワークシート

1時間目は,「フリップがなぜ使われるのか」を考える学習であった。「フリップあり」と「フリップなし」でどのような違いがあるのか考え,その特徴をまとめることができた。

この学習を通して,子どもは,言葉だけでは考えが伝わりにくく,フリップを使うことで相手に伝えやすくできるということに気づいた。

また,この後のほかの学習でも,話し合い活動の様子に変化が見られるようになった。自分のノートやプリントに書いた考えを発表するときに,自分のノートやプリントを相手に見せながら話す姿が見られたり,相手にわかりやすく説明するために指し示しながら話したりするなどの姿が多く見られるようになった。

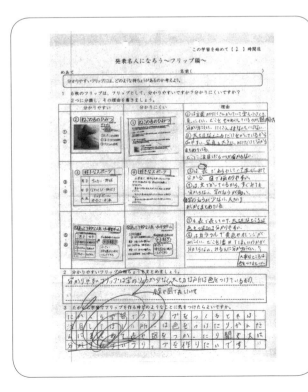

◎ 2時間目のワークシート

2時間目は,「わかりやすいフリップ」と「わかりにくいフリップ」を実際に見てワークシート上で分類していった。また,その根拠も自分の言葉でしっかりと書けるようにした。学習を通して,フリップについての知見を広げることができた。

この学習を終えたことで,フリップの効果的な使い方を身につけることができた。総合的な学習の時間にフリップ発表をするときにもこの学習を活かし,工夫した発表をする姿が見られた。また,フリップだけでなく,学習したことや考えをノートにまとめる際にも,色使いを工夫したり,表や図を使って説明をしたり,写真を効果的に使ったり,文字の大きさを意識して使ったりするようになった。

5年 算数 実践⑤

だまし絵を作ろう
同じ面積のだまし絵を作り，面積を求める工夫を考える

「面積」『わくわく算数 5』（啓林館）

授業者 吉川武彰

全体の単元構想

◆教材について

　本単元では，直線で囲まれた基本的な図形の面積について，必要な部分の長さを測り，既習の面積の求め方に帰着させ，計算によって求めたり，新しい公式を作り出し，それを用いて求めたりすることができるようにすることを主なねらいとしている。

　また，パフォーマンス課題を「面積が等しい図形でも，形によっては広さが違って見えることがあります。このことを使って，面積が等しくなるいろいろな形の『だまし絵』を作り，友だちや家族に紹介しましょう」とした。「だまし絵」とは，面積は等しいが，広さの見え方が異なる図形のことをいう。面積が等しくても形が異なると人間は広さが異なるように感じる。異なる広さに見える図形が実は面積が等しいという驚きを実感することで，「本当にそうなのか」「自分も作ってみたい」と面積を学習する意欲につながると考えたためである。

　また，だまし絵を作るためには，さまざまな図形の面積を求めることができなければならない。さらに，面積が等しく形の異なる図形を描くためには，底辺や高さなどさまざまな部分の長さと面積の関係を理解する必要がある。単元を通してつけた力がためされるのである。

　本単元では，毎時間の課題の提示や適応題もだまし絵を活用しながら学習を進めるようにする。そうすることで，面積を求める工夫を考える手助けになるようにしていくこととした。

◆子どもについて

　本校の5年生は，とても活発で学習課題に対して積極的に取り組む子どもが多い。年度当初は，授業中に発言する子どもは少なかったが，少しずつ自分の考えを発表する子どもが多くなってきた。

　しかし，問題が解けると満足してしまい，グループの場面で説明が不十分になってしまう子どもがいたり，全体の場面で数人の子どもの発言だけで授業が進んでしまったりすることが少なくない。そこで，算数の学習では問題を解決するだけでなく，図や言葉を使ったノートづくりをして，式や答え以外に図を描いたり，自分の思ったことや気づいたことやポイントだと思うことなどを吹き出しにして書き入れたりしている。そして，自分の考えが書かれたノートを使って友だちに説明することで，よりわかりやすく伝えられるようにした。

　そのような場面を設けて，自分の考えに自信をもったり，理解が深まったりすることで，全体交流のときでも積極的に発言できるようにしてきた。

指導計画

● 単元の目標
・既習の求積可能な図形の面積の求め方をもとにして,三角形や平行四辺形,台形,ひし形の面積の求め方や公式を筋道立てて考え,表現できるようにする。

● 単元の構想（総時数 14 時間）

時間	学習活動
1	【パフォーマンス課題を提示する時間】 長方形・正方形・三角形の広さ比べを通し,正確に面積を捉える必要性を感じ,その方法を考えようとする。
2	三角形の面積の求め方を考える。
3	三角形の面積を求める公式を考える。
4	四角形の面積を工夫して求める。
5	平行四辺形の面積の求め方について考える。
6	平行四辺形の面積の公式の導き方を考える。
7	公式を使って,さまざまな三角形や平行四辺形の面積が求められることを理解する。
8	台形の面積の求め方について考え,説明する。
9	ひし形の面積の求め方について考える。
10	三角形の高さや底辺と面積の関係について理解する。
11	三角形の求積の結果から,どのように求めているのかを考える。
12 本時	【パフォーマンス課題を解決する時間①】 だまし絵の工夫や作り方を考え,だまし絵を作る。
13	【パフォーマンス課題を解決する時間②】 だまし絵を友だちと試し合い,面積についての学習のまとめをする。
14	単元のまとめに取り組み,学習内容が定着しているかを確かめる。

● パフォーマンス課題とルーブリック

パフォーマンス課題
同じ面積の図形でも,形によっては広さが違って見えることがあります。このことを使って,同じ面積になるいろいろな形の「だまし絵」を作り,友だちや家族に紹介しましょう。

	アイデア	数学的推論
3	異なった面積に見えるように,等積変形をしたり,向きを変えたりといった工夫をして,2つの三角形や四角形を作成することができている。	2つの図形を求める式が書けており,面積が等しくなる理由を絵や図,矢印などを使って無駄なく,だれにでもわかるように筋道立てて説明することができている。
2	24㎠になる2つの三角形や四角形を作成することができている。	2つの図形を求める式が書けており,面積が等しくなる理由を説明することができている。
1	【1の子どもに対する支援】 単元を通して用いてきた「だまし絵」を提示することで,活動の見通しをもちやすくする。	【1の子どもに対する支援】 前時までに2つの「だまし絵」が等しくなる理由を掲示しておき,書き方の見本になるようにする。 図形の公式を掲示しておき,公式を使って説明をするとよいことを助言する。

本時の学習

本時 12/14

●ねらい
・2つの図形を求める式を書いたり，2つの図形の面積が等しくなる理由を説明したりすることができるようにする。〈数学的な考え方〉

●展 開

学習活動 学習形態	学習活動	教師の支援（○）
課題把握 全体	①友だち同士で行うだまし絵を作るという本時の学習課題を把握し，学習の進め方を確認する。 **学習課題** 「だまし絵」の工夫や作り方を考えて，みんなに試す「だまし絵」を作ろう。	○面積の求め方の公式や等積変形させた図形を側面掲示しておくことで，さまざまな図形の面積の求め方を確認できるようにする。
自力解決 全体	②だまし絵を作るのにどのような工夫ができるのかを話し合う。 ・三角形と五角形のように形が違う図形にすればいい。 ・片方の図形を細長くすると面積が違うように見えると思う。 ・図形の向きを変えると面積がわかりにくくなるはずだ。	・子どもが等積変形に目を向けられるように，ひし形やくさび形の図形を振り返るようにする。 ・面積が等しくなる理由について，これまで学習した方法や公式を活用できるように言葉かけをする。 ・工夫しただまし絵にするためにどうすればよいかを考える時間をとり，既習事項を振り返るようにする。
集団解決 全体	③2つの等しい図形を作成する方法を確認する。 ・面積の公式を使えば，複雑な図形でも等しい面積に作ることができる。 ・三角形を組み合わせるといろいろな形にできる。 ・台形を2つ組み合わせると六角形になるし，面積も簡単に求められる。	・側面掲示を確認することで既習の公式を振り返られるようにする。
自力解決 個人	④だまし絵を作り，2つの図形の面積が等しいのかを記述する。 ・1つめの図形は三角形を作りたいから，底辺×高さが48になるように計算しないといけない。 ・2つめの図形は四角形にしたいから8cm²と16cm²の三角形を組み合わせよう。 ・1つめのひし形を等積変形させて違った図形を作ろう。 ・2つめの図形はもっと細長くしたい。	○かけると48になる数字，24になる数字の組み合わせを書いたヒントカードを配布することで，数字の組み合わせがわかるようにする。 ・ワークシートにマス目をつけておき，なぜ2つの図形の面積が等しいといえるのかを式や図を使って説明できるようにする。
まとめ 振り返り 個人	⑤学習を振り返り，まとめと振り返りを書く。	・だまし絵を作るときに工夫した点や難しかった点などを書くように声かけする。

●本時の評価

2つの図形を求める式を書いたり，2つの図形の面積が等しくなる理由を説明したりすることができたか。
【数学的な考え方】（ワークシートへの記述）

おおむね満足できる姿	十分満足できる姿
2つの図形を求める式を書いたり，2つの図形の面積が等しくなる理由を説明したりしている。	2つの図形を求める式を書いたり，面積が等しくなる理由を絵や図，矢印などを使って誰にでもわかるように説明したりしている。

授業の様子

▶課題把握(全体)〜学習課題を把握する〜

単元を通してパフォーマンス課題を常に意識した学習を進めてきたため,「ついにだまし絵を作るときがきた」と意欲的に学習に入っていくことができた。

学習の進め方を確認する

▶集団解決①(全体)〜「だまし絵」を作るにはどのような工夫があるかを話し合う〜

等積変形に目を向けられるようにひし形やくさび形の図形を振り返りながら学習を進めた。子どもは,「図形の向きを変えると面積がわかりにくくなると思う」「片方の図形を細長くすると面積が違うように見える」などこれまでの学習を活かしながら,だますためにどのような工夫ができるかを考えていた。

意欲的に工夫を話し合う

▶集団解決②(全体)〜2つの等しい図形を作成する方法を確認する〜

側面掲示を使いながら,面積の公式を確認していった。三角形を組み合わせて図形を作るといろいろな形を作ることができることや学習した面積の公式を使うと複雑な図形でも等しい面積のものができることに気づくことができた。

▶自力解決(個人)〜だまし絵を作る〜

実際にだまし絵を作り,2つの図形の面積が等しいのかを記述していった。子どもからは,「三角形を作りたいから,底辺×高さが48になるようにするといいな」「底辺が同じで,高さが違う三角形を組み合わせて四角形を作ろう」「台形の面積の公式は(上底+下底)×高さ÷2なので,(8+4)×4÷2=24です」など,これまでに学習したことを総合的に使いながらだまし絵を考えていくことができた。

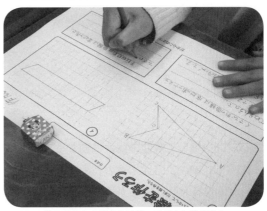
学んだことを総合的に使ってだまし絵を作る

▶まとめ・振り返り〜学習をまとめ,振り返りをする〜

子どもからは,「図形を作るために,学習したひし形の公式を使って細長いくさび形を作ることができた。面積が違うように見せるために,図形の向きを工夫した。みんながだまされるか楽しみだ」という振り返りが聞かれた。

子どもの変容と評価

▶ **パフォーマンス課題との出合い**

単元の導入時に、同じ面積だが、形が違うために面積が違って見える2つの図形を提示し、「どちらの図形の面積が大きいか考えてみよう」と子どもに投げかけた。子どもはどちらが広いのかを量感をもとに考えたが、学習を進めると2つの図形の面積が等しいことがわかる。そのときに子どもは、「同じ大きさなのに、面積が違って見えるんだ」と興味を示した。こうして、「だまし絵を作ろう」というパフォーマンス課題を提示していった。

また、授業で扱う図形の面積をすべて24cm²にしたことで、パフォーマンス課題で作成する24cm²のだまし絵の量感を育てることができた。

子どもの言葉での説明を大切にする

興味深い形を提示し、学習に入っていく

▶ **パフォーマンス課題の解決に向かうまで**

本単元では、毎時間学習の初めに同じ面積だが、形が違うために面積が違って見える2つの図形を用意し、提示してきた。また、そのうちの1つはその時間の学習で公式を導き出す図形を用意した。そうすることで、子どもが「どうしたらこの図形の面積を求めることができるのかな」と興味を継続させることができた。また、面積が同じだとわかったときには「こんなに形が違うのに面積が同じなんだ」と、だまし絵を作るための新たな手助けにすることができた。毎回のこの投げかけは、パフォーマンス課題への意識づけとして、とても有効であったと考えられる。

▶ **パフォーマンス課題の解決**

子どもはだまし絵の問題を意欲的に作成することができていた。特に図形の面積を24cm²という底辺や高さ、対角線などを決定する数字のバリエーションが多い数字を指定したことで、作成する意欲が増したように感じる。

本単元では、三角形や四角形の面積の求め方を作り出したり、面積の求め方を考えながら、面積についての理解を深めたりすることをねらいとしている。つまり、決まった面積の図形を作図するという学習事項はない。しかし、パフォーマンス課題を設定し、子どもたちが図形を考えて作ることで、面積の公式についてより深く考えることができたと考えられる。

使ってほしい言葉やこれまでの学習の足跡を掲示する

▶パフォーマンス課題の成果物とルーブリックの例

　5年生のルーブリックでは，「アイデア」と「数学的推論」の2つの観点を挙げている。以下の成果物は，その例である。

◎アイデアの例

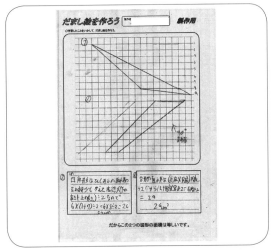

①ルーブリック3
　簡単には問題が解けないような工夫がある。特に上の例の㋐の三角形のように三角形を組み合わせて図形を考えている。

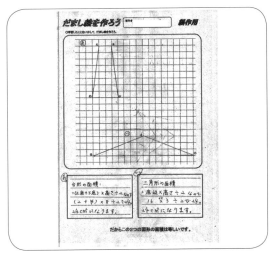

②ルーブリック2
　ルーブリック2の成果物は，上の例のように図形として正確であり，公式どおりに問題が解ける図形を描いている。
　なお，ルーブリック1の子どもについては，単元を通して用いてきただまし絵を振り返りながら作成するように声かけを行った。

◎数学的推論の例

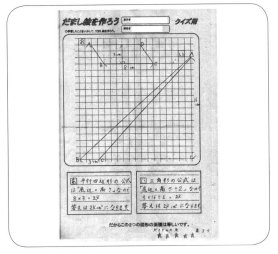

①ルーブリック3
　ルーブリック3の成果物は，上の例のようにわかることを図に書き込み，公式を使いながらわかりやすく説明している。

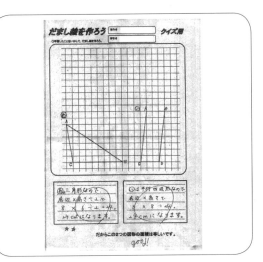

②ルーブリック2
　ルーブリック2の成果物は，上の例のように公式と言葉を使って，正しく説明している。
　ルーブリック1の子どもについては，提示している公式を使って説明するように声かけを行った。

これからの生活に向けて
～わたしの BENTO ～
2年間の学習の成果を活かして BENTO ブックを作る

6年 家庭 実践⑥

授業者 向井文子

全体の単元構想

◆**教材について**

本題材は，小学校の家庭科学習の最後に位置づけられている。また，自分の生活の自立をめざす中学校家庭科へのつなぎとなる題材でもある。小学校2年間の家庭科の学習をもとに，自分の成長を支えてくれた家族や親戚，地域の人たちのためにできることを考え，実践し，成長した姿を見てもらうことをねらいとしている。

また，本題材のパフォーマンス課題は，「6年生のBENTOブックを作ろう」である。1食分の献立作りにもとづき，単に好きなものを入れるのではなく，これまでの学習をもとに五味・五色，旬や季節感を考えられるようにした。弁当はグループで同じおかずをつめても，そのつめ方の工夫でまったく違った「わたしのBENTO」ができあがる。一人ひとりが「わたしのBENTO」を1枚の台紙にまとめ，6年生全員で1冊のBENTOブックを作り上げることで，同じ小学6年生が作ることのできる弁当のサンプルとなり，また別の弁当も作ってみたいという意欲を生じさせると考えた。このことが中学校生活で必要になる弁当作りを家族まかせにするのではなく，できるときは自分で作ってみようとする実践につながり，自立への一歩となると考えた。また，本題材では，国際BENTOコンクールの要項や入選作品を弁当作りの参考として提示した。そうすることで，京野菜や五味，だしのうまみ，温度による味の変化，地産地消の良さ，器と盛り付けによる見た目の味わいの変化，日本料理の飾り切りなどの学習を活かせるようにしたいと考えた。

◆**子どもについて**

本校6年生の子どもは活発で，さまざまな意見を出しあえる力がある。家庭科の学習にも熱心で，意欲が高い。「まかせてね 毎日の食事」で給食に合う1品を調理した際も，それぞれの班が多様なレシピを調べ，彩りや旬，栄養バランスを考え，班で話し合いを重ねて工夫する姿が見られた。「なぜこの具材を入れたのか」という教師の問いかけにも班の全員が理由をしっかりと答える姿から，一部の子どもだけで進めた実習ではなく，班の全員で共通理解をして実習を進めていたことがうかがえる。

5年生時には「味覚の授業」でだしについて学習し，温かいものと冷えたものでは味の感じ方が変わることを学んできている。6年生の総合的な学習の時間には，国立近代美術館による出張授業で北大路魯山人について学び，実際に器選びや盛り付けの効果についても学習している。総合的な学習の時間「受け継ごう伝統文化」で日本料理の達人からだしの話も聞いている。

指導計画

●単元の目標

（1）自分の成長や家庭生活，家族の大切さに関心をもつとともに，自分を支えている家族の大切さを理解できるようにする。

（2）2年間の学習を活かして，栄養バランスのよい弁当を考え，材料の選び方，買い物の仕方を工夫し，弁当を作るようにする。

●単元の構想（総時数 10 時間）

時間	学習活動
1	【パフォーマンス課題を提示する時間】 今までの学習を振り返り，できるようになったことを見つけ，中学生に向けて自分でお弁当を作るという学習の見通しをもつ。
2	弁当作りに必要なことを整理し，学習計画を立てる。
学級活動	（栄養教諭による食に関する指導） 弁当箱に詰める主食・おかずの割合を知り，わたしの BENTO 作りを構想する。
3	国際 BENTO コンクールのおかずを調べる。
4 本時	弁当に入れるおかずを話し合って決める。
5	おかず作りの手順を話し合い実習計画を立てる。
6	実習に必要な材料を買い物に行く。
7・8	【パフォーマンス課題を解決する時間①】 自分たちの立てた計画をもとにお弁当作りの実習をする。
9	【パフォーマンス課題を解決する時間②】 実習を振り返り，中学生での弁当作りに活かそうとする。
10	家族やお世話になった人へ感謝の気持ちを伝える手紙を書く。

●パフォーマンス課題とルーブリック

パフォーマンス課題
みなさんはもうすぐ中学生になります。中学校では給食がないので毎日お弁当が必要になります。自分のお弁当を作れるようになって家族に成長した姿を見てもらいましょう。そこで，小学校で学んださまざまな学習を活かし，国際 BENTO コンクールの入賞作品を参考にしながら，わたしの BENTO を作りましょう。それぞれの BENTO を 1 冊にまとめ，みんなが中学校でのお弁当作りに活かせるように 6 年生の BENTO ブックを作りましょう。

	ルーブリック
3	主食とおかずのバランスや，栄養バランスだけでなく，旬の食材や京都ならではの食材を用いたり，見た目や彩りを工夫したりしながら，さまざまな味のおかずを入れたお弁当を作れた。
2	主食と，栄養バランスを考えたおかずをバランスよく入れた弁当を作れた。
1	【1 の子どもに対する支援】 主食とおかずのバランスや，栄養バランスを考えるように助言する。

本時の学習

本時 4/10

● ねらい
・弁当に合った栄養バランスのよいおかずについて考え，工夫することができるようにする。〈創意工夫〉

● 展開

学習形態	学習活動	教師の支援（○）
全 体	①本時の学習課題を把握し，学習の進め方を確認する。 **学習課題** わたしのBENTOに入れるおかずを考えよう。	○前時に調べておいたワークシートを確認し，活動の見通しがもてるようにする。
個 人	②調べたおかずの特徴を確認する。	・調べたおかずの写真を用意しておく。
グループ活動❶	③おかずグループに分かれ，調べたことをもとにどんなおかずが作れるかを話し合う。 ・豚肉はベーコンに変えられるね。 ・さまざまな調理法でのおかずを考えると実習グループの話し合いでも活かせそうだ。	○たくさんのおかずを出し合えるように別の弁当を調べた者同士のグループにする。 ・ジグソー法を取り入れることで，一人ひとりの役割を明確にし，責任をもって話し合いに参加できるようにする。
グループ活動❷	④実習班で主菜・副菜①・副菜②を話し合い，決める。 ・主菜が焼いて作るものなら，副菜は炒めたり，煮たりするものにしよう。 ・栄養バランスだけではなくて，彩りのバランスも考えてみよう。 ・京都産のものをたくさん使えるとテーマに合うね。	○具体的にイメージしながら話し合えるようにおかずの写真を用意し，弁当箱のワークシートにつめられるようにする。
全 体	⑤それぞれのグループごとに作るおかずを発表する。	○弁当の多様性に気づかせることで，BENTOブックへの期待感をもたせる。
個 人	⑥学習のまとめをし，学習を振り返る。（次時の学習を確認する）	

　本時では，構想の段階でジグソー法を取り入れた学習の形態を取り入れる。この学習形態は，メンバー構成の異なる2つのグループを編成し，それぞれで課題の解決法を探ることにより多角的に物事を考えることができ，視野を広げることができる。本時では，グループ活動❶で主菜・副菜①・副菜②と同じおかずを担当するもの同士で話し合いを行う。このグループは同じおかずの担当同士ということで，おかずの構想から実習まで責任を負うという課題を共有する仲間になる。一方，グループ活動❷では実習班での活動を行う。実習班は同じ弁当を作るという共同体になる。そこで自分たちの弁当のコンセプトや重視したいポイントを弁当全体で見て考えるグループになる。この学習形態をとることで，より広い選択肢の中で自分たちの弁当を構想できると考えた。

　また，本時では，グループでの話し合いを通してより良い弁当になるように考えを深めていきたいと考えている。そのために，前時までに，自分たちの弁当作りのコンセプトを話し合わせ，その観点で入れるおかずを調べたり，構想したりしておく。そして，前時におかずを分析したシートをもとに，自分たちのコンセプトにより適しているものを話し合って決められるようにしていきたいと考えている。

● 本時の評価

・弁当に合った栄養バランスのよいおかずについて考え，工夫している。

学習活動における本時の評価規準と評価の方法	具体的な評価の指標と支援
〈評価規準〉 ・栄養バランスなどを考え，弁当につめるおかずを決めることができる。【創意工夫】 〈評価の方法〉 ・学習中の発言とワークシートに記入した内容によって見取っていく。	**十分満足できる（A）と判断する子どもの具体の姿** ・栄養バランスや彩りだけでなく，食材・調理法やグループで重視するポイントなどを，おかずを決めた根拠に挙げている。 **おおむね満足できる（B）と判断する子どもの具体の姿** ・栄養や彩り・味のバランスをおかずを決めた根拠に挙げている。 **規準に到達していない場合の手だて** ・話し合いをもとにおかずを決めた根拠を記すように声をかける。 ・食事作りに大切なポイントを振り返るように声をかける。

授業の様子

▶全体学習〜学習課題を把握する〜

前時のワークシートやパフォーマンス課題を振り返りながら，本時の学習課題を把握した。また，学習の進め方を確認し，見通しをもって進めることができるようにした。

▶個人学習〜調べたおかずの特徴を確認する〜

調べた国際BENTOコンクールのおかずの写真を見ながら，特徴を確認し，次の活動に備えた。

子どもがおかずを分析したシートの一部

▶グループ活動❶〜おかずグループに分かれ，調べたことをもとにどんなおかずが作れるかを話し合う〜

まずは，おかずグループである主菜グループ，副菜グループというグループで交流した。この後，実習班での交流になるため，一人ひとりがしっかりと話し合いをしていた。この活動で情報を収集しておかなければ次の活動が進まないという緊張感が生まれ，活発な交流となっていた。子どもからは，「親子丼風煮の鶏肉は，ウインナーに代えてもいいかな」「ほかにもこんなおかずがあるんだ。自分たちの班でも使えそうだ」といった声が聞かれた。

▶グループ活動❷〜実習班で主菜・副菜①・副菜②を話し合い，決める〜

グループ活動❶で交流した内容をもとに，実習班で自分たちの作るおかずを考えていた。交流の中で子どもは，「このおかず同士だと彩りが偏るね」「味の偏りはないかな」など，好みやおいしさ，栄養についてだけでなく，五色・五味・五法などにも着目したおかず作りをしようとしていた。また，「野菜嫌いを克服」「京都らしさ満載」などグループの弁当作りのコンセプトにも立ち戻りながら話し合いをしていた。

▶全体学習〜それぞれのグループごとに作るおかずを発表する〜

それぞれのグループで作るおかずの発表をしていった。発表の後には，「主菜が同じでも副菜が違うとだいぶ感じが変わるな」といった感想が聞かれた。

▶個人学習〜まとめ・振り返りをする〜

いろいろな弁当を作ることができることに気づき，BENTOブック作成への期待が膨らんだ。子どもの振り返りには，「栄養やみんなの好みを考えておかずを選べた」「いろいろな色や味を入れた弁当を考えるのは難しい」「味つけを少し変えるだけでコンセプトに合うようになった」といった声が聞かれた。

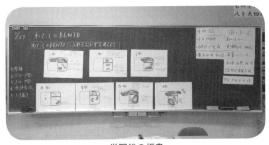

学習後の板書

子どもの変容と評価

▶パフォーマンス課題との出合い

導入では，小学校での家庭科の学習でできるようになったことを振り返った。同時に，中学生になると自分に関わる家庭の仕事として「弁当作り」が増えることに目を向けることで，弁当を作ってみたいという意欲につながった。また，国際BENTOコンクールが開かれていることを紹介することで，弁当は世界に誇れる日本の食文化であることを伝えた。さらに本題材の副題を「わたしのBENTO」とし，自分のための弁当を自分で作り，みんなの作品をBENTOブックにまとめることを学習のゴールに据えた。コンクールの要項を参考にし，五味を入れること，食材をむだなく使うこと，予算・制限時間内で仕上げることを伝えることで，活動の見通しをもつことができた。

▶パフォーマンス課題の解決に向かうまで

まず，子どもがこれまで何気なく食べてきた弁当について普通の食事と比較しながらその特徴を探った。また，栄養教諭による食の指導で「体に良い弁当・成長にあった弁当」について学習し，自分自身の作る弁当のイメージを広げていった。次に，弁当コンクールの入賞作品を参考に，実際に作りたいおかずを調べた。栄養・五味・五色・五法を意識できるように，ワークシートに調べたおかずを分析し整理していった。その後，本時で2つのグループ活動を通して自分たちの弁当に詰めるおかずを話し合って決めた。弁当作りの基礎知識が定着していたので，栄養バランス，彩り，味，調理法などが偏らないように話し合う姿が見られた。また，おかずを決めることの難しさにも気づいていた。その後調理計画を立て，材料の買い物に行った。予算の制約があり，話し合ったおかずを変更せざるを得なくなる場面もあったが，同じ色の野菜に代えるなど，学習したことを活かして活動していた。

▶パフォーマンス課題の解決

調理実習では，それぞれが担当したおかず作りを進めていた。主食（ご飯）の調理と弁当箱に詰める工程では，一人ひとりが工夫し，計画にそって思い思いの「わたしのBENTO」を作っていた。なお，主食の調理でも，異なる味のおにぎりを作ったり，おかずで入れられなかっ  た味や色を意識して工夫したりする姿も見られた。実習後は写真に撮ったそれぞれの「わたしのBENTO」をBENTOブックにまとめた。実際に作ったものを振り返ることで，計画したものとは変わってしまっても，栄養バランスや主食とおかずの量のバランス，彩りなどを客観的に振り返る機会となり，今後の生活での弁当作りにつなげたいという感想も見られた。一人ひとりのBENTOブックの1ページを掲示すると，互いに見合い，「この弁当おいしそう」「こんな弁当作ってみたい」と，また弁当を作りたいという実践に向けての意欲がさらに高まったようだった。

▶パフォーマンス課題の成果物（わたしの BENTO ブックの一部）

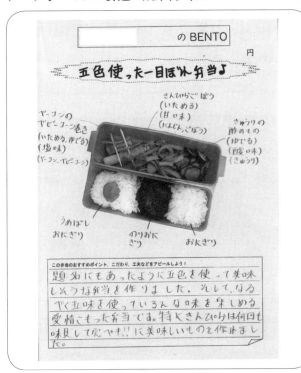

◎ルーブリック3の作品例
　主食とおかずのバランスや栄養バランスだけでなく，見た目や彩りを工夫している。また，五味を考えながら，さまざまな味のおかずを入れた弁当になっている。さらには，五法にもふれられているのも特徴である。
　これらのアイデアは，グループでの話し合いで深まったものであり，学習したことを活かしている。また，国際BENTOコンクールのおかずも意識しておかず作りをしており，自分たちのおかずに活かしている。
　主食とおかずの盛り付けにも工夫が見られ，食べておいしい，見ておいしいものになっている。

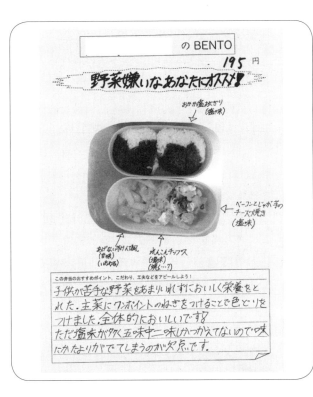

◎ルーブリック2の作品例
　グループで話し合ったことをもとに，弁当を作っている。主食と栄養バランスを考えたおかずをバランスよく入れた弁当を作っている。グループの弁当コンセプトも大切にしながら作ることができている。また，おおむねよい弁当になっているのだが，彩りにもう一工夫できたり，味つけに偏りが出てしまったりと，全体的にもう少し改善点がみられるような弁当もルーブリック2にしている。
　また，ルーブリック2に到達しない子どもについては，主食とおかずのバランスをもう一度考え直すように声かけしたり，栄養バランスの大切さを伝えたりしながら，よりよい弁当となるように支援していった。

第2章｜京都府京都市立高倉小学校の実践　59

京都府京都市立高倉小学校の実践の見どころ

魅力的・挑戦的な課題で単元を貫く学びを創る

パフォーマンス評価を生かした指導と評価を通して

石井英真

　学校として新しいことに研究的に取り組むという場合，ともすれば日常の授業とのつながりが感じられず，イベント主義的になったり，やらされている感をもったりしがちではないだろうか。しかし，新しいことに取り組むことは，「教科書を教える（こなす）」ことに陥りがちな日常に対して，教材づくりを工夫してみようか，こんなこともできるかもと，既存の枠にとらわれない新しい挑戦とそれに伴うわくわく感を生み出すきっかけともなりうる。

　まず，高倉小学校において，教科横断的な視野をもった読解プロセスや思考操作（汎用性のある思考やコミュニケーションのスキルやツール）を活動的・協働的に学ぶ「読解科」での経験は，各教科の学びのプロセスを，その教科の固定観念にとらわれずに見ていくことを促しているように思われる。「読解科」のような形で，思考やコミュニケーションのスキルを直接的に指導することについては，コラム①で述べたように，学びの形式化のリスクがある。これに対して，高倉小学校の読解科では，思考やコミュニケーションのスキルの指導は，他教科や総合的な学習の時間などでの豊かな活動を遂行し深めていくことと常に結びつけられて，教科・領域横断的な活動として構想されている。

　本章で紹介した2年生の実践では，「お米フェスティバル」で，稲を育てた経験を1年生にわかりやすく説明するという目的意識をもって，自分の考えを整理する道具としてベン図が学ばれているし，4年生の実践では，総合的な学習の時間などでの発表をわかりやすくするという目的意識をもって，フリップというツールの特徴やその効果的な活用の仕方が学ばれている。こうして，スキルやツールを生かす先や，それらを使って考える必然性が保障されることで，学びの形式化を防ぐとともに，カリキュラム横断的に単元構成や学習課題を設計する視野は，パフォーマンス課題の実践でも，教科の固定観念にとらわれない学びをデザインする素地になっていると思われる。

　また，パフォーマンス課題への取り組みは，教科書教材をマイナーチェンジしたり，それに代わる課題を考えたりすることを求めることで，「教科書を教える」という発想ではなく，「教科書で教える」という発想からの単元づくりや教材づくりを実践的に経験し理解することを促す意味をもっている。

　パフォーマンス課題とルーブリックの実践では，「あなたは○○です……」といったシナリオづくりをしても，子どもたちが前のめりにな

るとはかぎらない。子どもたちを引きつけつつ教科の本質に迫るような魅力的かつ挑戦的な課題をつくるにはどうすればよいのか。また，よい課題をつくっても，それを単元の中に自然な形でどう位置づけていけばよいのか，何より，教師の作った文脈を押しつけるのではなく，子どもたちの側に思考する必然性や学びのストーリー（真の学びの文脈）が生じるには，どうすればよいか，といった点が課題となるのである。

高倉小学校の算数科のパフォーマンス課題は，1年生の「けいさん4コマまんが大会」，3年生の「『手の感覚王はだれだ!!』クイズ」，5年生の「だまし絵づくり」といった具合に，子どもたちの遊び心をくすぐるゲーム的なものであるのが特徴である。「手の感覚王」を競う文脈は，教室に量感を鍛える道場まで出現することで，子どもたちの「ピッタリ重さを当てたい」という気持ちをかきたて，ペンケースやハンガーなど軽めのものの重さを，50g未満のずれで予測する子も現れた。

教材研究の際には，「この課題設定だと，教科書と変わらないし，おもしろくないですよね」といった感じで，新しいことに取り組むなら，授業がおもしろくならないと，教師がわくわくするようにならないと，といった発想で，話し合いを進めていった。そうして，魅力的でダイナミックな課題を考える一方で，それが算数としての認識や思考を試す課題として妥当かどうかという点も検討された。計算技能など，単元や授業で指導されテストで評価できる個別の内容のみならず，むしろ，パフォーマンス評価だからこそ評価できる授業や単元を超えた育ちを意識することで，大胆に課題を設計することができる。たとえば，「ひきざん（2）」の単元（繰り下がりのある計算が指導のポイント）の課題を考えていて，計算紙芝居ではこれまでと同じでおもしろくないと話しているときに，次のような形で「けいさん4コマまんが」という課題が生まれた。「ひきざん（2）」の単元は1年生の加減の演算のほぼ最後の単元であり，よって数と計算の領域を総括する単元とみることができる。そのように考えると，その単元末では，繰り下がりだけにこだわらず，加減の複合計算，さらには3つの数の加減を扱ってもよいと発想できるし，それにより演算決定のプロセスも課題にもりこむことができる。特に，3つの数の加減を扱えると考えたときに，物語性を楽しめる4コマまんがというアイデアが生まれた。

内容習得に縛られず子どもがのびのびと思考し，学びがいを感じられるような課題になっているかを問うのみならず，「五角形の内角の和の求め方」を学んだ経験を，「多角形の内角の和の求め方」を学んだ経験としても意味づけるなど，授業や単元を横断するメタな目標を意識化するとよいだろう。

さらに，高倉小学校においてパフォーマンス課題は，単元末の総括的な課題であるとともに，単元レベルの導入の課題として，単元のはじめに，単元への目的意識や期待感や学びの意欲を喚起するような形で軽く提示される。そして，「だまし絵」の単元で，毎時間の授業がさまざまな図形を用いた24㎠のだまし絵を軸に展開するなど，単元末の課題に向けた足場がていねいに組織される。

こうして，教科書教材の枠を一歩超える魅力的で挑戦的な課題をつくってはいるものの，算数を生活に埋め戻してその眼鏡（ものの見方・考え方）としての意味を実感させるような課題づくりも考えられてよいだろう。6年生家庭科の「BENTOブックづくり」の単元のように，学校での学びが子どもたちの明日の生活を豊かにするような，「使える」レベルの学力をより意識した課題づくりを，算数科においても展開していくことが期待される。

column

日々のわかる授業を創るために
意識しておきたいポイント

目標と評価の一体化

　わかる授業を創るためには、「目標と評価の一体化」と「ドラマとしての授業」の2つの発想を日々大事にするとよい。これらは共に、近年の教員の世代交代の中で忘れられがちな部分であり、アクティブ・ラーニングなどの学習者主体の参加型授業において見落とされがちな部分でもある。

　「目標と評価の一体化」とは、毎時間のメインターゲット（中心目標）を1つに絞り込んだ上で、それについて授業後に生じさせたい出口の子どもの姿（新たに何ができるようになったら、もともとの見方・考え方がどう変わったら、行動や態度がどう変わったらその授業は成功といえるのか）を、実践に先立って考え、具体的な学習者の姿で目標を明確化することを意味している。

　よく指導案で見かけるような「乗法の交換法則を理解する」といった形で目標を記述しても、それだけでは指導のポイントは明確にならない。そこから一歩進めて、「乗法の交換法則を理解できた子どもの姿（認識の状態）とはどのようなものか」「そこに至るつまずきのポイントはどこか」と問い、それに対する自分なりの回答を考えることが必要である。指導案で詳細に記述しなくても、仮にそうした問いを投げかけられたときに、「たとえば、縦長の用紙に書かれた6×3のマス目を見せながら、『紙を横にしたら3×6になる』といった説明ができたらいい」といったようなことを、授業者は答えられる必要があるだろう。すなわち「それをどの場面でどう評価するのか」「子どもが何をどの程度できるようになればその授業は成功といえるのか」と、事前に評価者のように思考するわけである。毎時間の授業の「まとめ」を意識し、それを子どもの言葉で想像してみてもよいだろう。

　そうしてあらかじめ目標を精選し明確化するからといって、目標にとらわれて目標に追い込む授業にならないよう注意が必要である。本当に教えたいものは教師からは教えないという意識が大切である。何を教えるかよりも、何を教えないか（子どもたち自身につかませるか）を考えるわけである。また、計画は計画すること自体に意味がある（実践の見通しを得るために綿密に計画を立てる）のであって、授業では子どもたちの思考の展開に沿って臨機応変に授業をリデザインしていくことが重要である。計画どおりに進む授業が必ずしもよい授業ではないのであって、事前に「まとめ」を明確化しても、教師の想定を超える「まとめ」が生まれることをめざすとよいだろう。

　目標と評価を一体のものと考えることは、学習者の視点から事前の計画を眺めることを意味する。目標は評価と、指導言は子どもの反応（思考と行動）と、板書はノートと一体という視点を意識することで、授業をリアルに想像する力や臨機応変の対応力が育っていくのである。

（石井英真）

第3章 香川大学教育学部附属高松小学校の実践

自分にとって意味のある知を創造する学び

見方・考え方を育てるプロセス重視の指導と評価、学習としての評価

単元や授業での学びを真に教科の本質に迫る深いものとする上では、学習課題や学習活動の質を問うことが重要である。そして、新学習指導要領では、教科の本質に迫る深い学びを構想する鍵として、「見方・考え方」という概念が提起されている。教科の本質や「見方・考え方」といったものをどう考えればよいのか、学習者が自分たちで主体的に教科の本質を突き詰める授業をどう構想していけばよいのか。高松小学校の実践から学んでいこう。　　　（石井英真）

実践概要

自分にとって意味のある知を創造する学び
見方・考え方を育てるプロセス重視の指導と評価，学習としての評価

黒田拓志

資質・能力と教科内容の関係

　資質・能力を重視しすぎると教科の本質が失われ，内容を重視しすぎると知識偏重に陥ってしまう。私たちは両者の関係を「目的」と「目標」の2つで整理した。すなわち，資質・能力を学校教育の目的，教科内容を目的へのプロセスで設定される複数の目標と設定した。陸上競技のハードルで例えるなら，ゴールは「目的」（資質・能力），ハードルが「目標」（教科内容）である。この捉え方は，教科の学習が一足飛びに資質・能力に結びつくという発想を抑制すると同時に教科内容をしっかり理解さえすればよいという発想をも抑制することができる。つまり，資質・能力は，各教科や領域の質の高い目標達成のプロセスで育成されるという捉え方である。だからこそ，今，教科や領域の本質を見極めた「目標」設定が重要なのである。

観点別評価の規準の問い直し

　各教科の単元の目標を設定する際「観点別評価規準」を作成する。資質・能力と内容をつなげる上で，観点別評価のあり方を再考することが必要である。本校では，まず従来の4観点を資質・能力に関連づけた観点に修正した。評価規準をつくる際には，内容だけでなく「その教科を通してどのような人間を育てたいのか」という資質・能力も意識すると，各観点で求める質が変容してきた。新旧比較をする（表1）。
　旧規準が単元の内容に限定されているのに対

（表1）観点別評価規準の新旧比較

（旧）関・意・態	（新）主体的な態度
農業問題に関心をもち，意欲的に問いをつくり，意欲的に調べをしている。	農業問題を解決するために，意欲的に問いをつくり，意欲的に調べている。さらに，学んだことを活かして実社会を捉え直したり，新たな問いをつくったりし，自分なりの関わり方を考えている。

して，新規準では，本校が設定する資質・能力である「学び続ける力」を意識した文言が付け加えられた。この評価規準を用いて，子どもを見取ることで，日々の授業での目標達成が自然と目的である資質・能力の育成につながっていく。観点別評価規準を作成するには「そもそもどうして〇〇科を学ぶのか」「〇〇科の存在意義は何か」という教科の本質を突き詰めていくことが重要である。

教科の本質とは

　「〇〇科を学ぶ意味は何？」これに答えられない教科は教科再編の憂き目にあう。短い言葉で，簡潔に答えられるレベルまで凝縮する（たとえば，社会科は，社会的な認識と公正な判断をくり返し，公民的資質の基礎を養う）。本質はその教科しか担えないものであり，本質に迫る子どもは，〇〇科的な見方・考え方で世の中を捉え直すことができ，学びの意味を実感することができる。

本質的な見方・考え方

　4観点の中でも，特に注視しているものは，知を構造化するプロセスで必要な見方・考え方

である。教科特有のものの捉え方や，ものの考え方を明らかにしたものである（たとえば，社会科の見方・考え方は「時間的，空間的，関係的に捉え，事象同士を比較，関連づけ，総合して考える」）。学習内容は数多くあるが，どの内容でも，くり返し巻き返し，見方・考え方が発揮される状況をつくる。見方・考え方は子どもたちが，物事の本質を理解し，さらに，世の中を捉え直し，自分にとって意味のある知を生み出すことに寄与する重要なものである。

自分にとって意味のある知

　教科の本質に迫るために，「知る」「理解する」「捉え直す」の3段階で知の構造化を行った。「知る」は問題解決のために，基礎的・断片的な知を習得する段階である。単元を構想する際，教師は問題解決に必要な知を洗い出し，子どもが自ら習得する状況をつくりつつ，しっかりと問題解決の道具としての知をもたせる。「理解する」は，基礎的・断片的な知を比較，関連づけながら構造化していく段階であり，従来の各教科のゴールである。本校はさらに「捉え直す」段階を設定し，単元を通して学んだことを実社会・実生活に戻し，育まれた見方・考え方で世の中を捉え直していくことを大切にした。この捉え直しによって新たに生まれた気づきや再構成された知や問いを「自分にとって意味のある知」と設定した。教科の本質は，内容理解だけでなく，個々が得た見方・考え方で世の中を捉え直し，自分にとって意味のある知を生み出すことである。教科の本質に迫るには，やはり問いが重要である。

単元の問いと再構成の問い

　「知る」「理解する」「捉え直す」段階を経るには，「知りたい」というスタート時の意欲を高める問いが必要である。また「理解する」「捉え直す」段階に到達するには，「本当かどうか」という再構成を促す問いが必要である。単元の問いづくりは，対象の概要を知らなければできない。そのため第1次で数時間かけて概要を知り，素朴な疑問をつなぎながらつくる。再構成の問いは，徐々に知識が構造化され，対象世界が明らかになったときに自然と生まれてくる。「本当か」「これでいいのか」という吟味や判断を迫るものが多い。これらの問いによって，見方・考え方が育まれ，世の中を捉え直し，自分にとって意味のある知を創造できるようになる。

学ぶ姿を豊かにする「しかけ」

　本校は，授業づくりをする際，子どもの学ぶ姿（感受・想像・意味づけ）を明らかにした上で，それを豊かに表出させる教師の状況づくり（しかけ）を大切にしてきた。感受とは，感覚・感性を働かせて事象を捉えることであり，授業中，子どもが発する「あ！」「い！」「う！」「え！」「お！」はまさに感受場面である。そこから豊かに想像を広げ，問いと関連づけて学びを意味づけていく。学ぶ姿を多様に表出させる「しかけ」は，自己決定理論の3つの欲求をもとに考案した。人間は本来，自分の行動を自分で決めたいという自律性の欲求，人と関わっていたいという関係性の欲求，自分の力を認められたいという有能性の欲求の3つの欲求があり，それらの欲求が満たされたとき，内発的動機が高められ，積極的な学びや行動を展開させるという。本校は単元を通して，自律性の欲求を満たす「志向」，関係性の欲求を満たす「共感や協同」，有能性の欲求を満たす「有用」の3つの「しかけ」を行い，子どもの感受・想像・意味づけを豊かに表出させている。

　このような理論のもと，各教科では，教科の本質を大切にした地に足の着いた実践が多く見られるようになってきた。その一部を紹介する。

1年 **算数** 実践①

0のたしざん・ひきざんって いみあるの？
「0という数や計算」を学ぶ意味に迫る算数科の授業づくり

「0のたしざんとひきざん」『さんすう1』（啓林館）

授業者 **玉木祐治**

全体の単元構想

　本単元は，第1次「0ってべんきょうするいみあるの【0という数】」，第2次「0のたしざん・ひきざんっていみあるの【0のたし算・ひき算】」から構成している。

　子どもは，本単元の学習に入る前から，0という数を見たり，使ったりしてきている。そこで，導入時に「0って勉強する意味あるの？」と大胆な問いを1年生に向かって投げかけた。1年生の子どもにとっては考えづらい問いであるが，子どもは主体的かつ柔軟に考えはじめる。その際の手立ては「意味あると思う」「意味ないと思う」という明確な立場選択である。これにより，立場の根拠を主体的に考えようとする。さらに，この立場の根拠を交流しあうことで，さらに子どもは主体的に考えようとする。

　本校の教科学習では，「生き方・在り方」の深化をめざしている。

> **生き方・在り方の深化**
> 学びの意味を考え，学びを自分の生活や行動につないでいくこと，また，それらを通して，自分の人生や将来について考えていくこと，つまり，学びを常に自己との関係で見つめ，問い続けること

　「学びの意味を考える子ども」「学びを自己との関係で見つめ，問い続ける子ども」を育てるためには，自分と内容の関係から，学びの意味を考える手立てが必要であると考えた。その手立てが，「0って勉強する意味あるの？」「0のたし算・ひき算って意味あるの？」という問いかけである。

　子どもは，0には「何もない」というイメージをもっている。しかし，生活で使っている。また，計算しても答えが変わらないから意味がないという意識をもっている子どももいる。

　第1次では，「0って勉強する意味あるの？」と問うことから始め，0が身のまわりでどのように使われているかを見つけ，そこから考えていく。特に，何もないというイメージから意味がないというのではなく，たとえば，「欠席0人」とか「虫歯0本」とかの例をもとに，子どもにとってうれしい0も取り上げていき，0に対するイメージを膨らませていく。

　第2次では，0のたし算・ひき算を扱う。答えの変わらない計算に意味はないという子どもがいる。そこで，「＋0」「－0」にも，式の中にも意味があり，答えは変わらないがそれぞれの意味があるという意識がもてるようにするために，「じゃんけんブロックとりゲーム」という教材を開発し，それをもとに，0のたし算・ひき算の学習を進めていく。

指導計画

●単元の目標
・0が使われている意味，式の中に「＋0」「－0」がある意味を学ぶ。

●単元の構想（総時数6時間）

次	時間	学習活動	課題を解決する過程における子どもの意識の流れ
1 0ってべんきょうするいみあるの？	1	(1)「0って勉強する意味あるの？」を考えることを通して，単元の課題をつかむ。	・0はよく使うし，勉強でも使うから勉強する意味あるよ。 ・0のことをもっと知りたいから，勉強する意味あるよ。 ・0は何もないってことだから，勉強する意味ないよ。 ・たしてもひいても答えはそのままだから，勉強する意味ないよ。 ・0の計算は簡単だから，勉強する意味ないよ。 ・まず0って何？　それがわからなければ勉強する意味がわからない。
	2	(2) 0の意味，身のまわりにある0は何を表しているのか，ないと困るのかを考える。	・りんごが0こあるというのは，りんごがないという意味。 ・0がないと，10が書けないから困る。 ・保健室の前の出欠ボードに保健係が0を書いていないと，お休みがいるのかいないのか，保健室の先生は困る。
	3	(3) おうちで見つけてきた0を紹介しあう。じゃんけんすごろくゲームをして，0について話し合う。	・グーを出したら進めない。「0」って嫌な数，うれしくない数。 ・でも，虫歯「0」，わすれもの「0」はうれしい数だよ。
2 0のたしざんひきざんっていみあるの？	4	(4) じゃんけんブロックとりゲームのルールを知り，ゲームをする。片方のじゃんけんの結果情報から，勝ち負けを判断する。	・グーで勝ったら10＋0＝10。グーで負けたら10－0＝10。どっちも変わらない。負けても，へらないっていうのはうれしいルールだ。 ・I君は，①グーまけ，②グーかち，③パーかちだったんだね。これから，Tさんとのかちまけがわかったよ。 ・片方のことがわかるだけで，ゲームのかちまけがわかるって面白い。
	5	(5) 2回目がパーまたはチョキの場合の，1回目・3回目の式についての情報から，増減に着目し，ゲームの勝ち負けを判断する。	・Iさんは1回目12個，3回目のはじめは10個。2個へっているから，2回目はチョキで負けたんだな。U君は1回目10個，3回目のはじめは15個。2回目はパーで勝ったんだな。それがわかれば，かちまけはわかるよ。 ・Iさんのゲームを1つの式に表すと，10＋2－2－0＝10。U君は10－0＋5＋0＝15。「－0」「＋0」を書くって変な感じもする。
	6 本時	(6) 2回目がグーの場合の，1回目・3回目の式についての情報から，増減に着目し，ゲームの勝ち負けを判断する。	・グーで勝ったのか，負けたのかによって，ゲームの勝ち負けは変わってくる。2回目がグーだけでは，勝ったか負けたかわからない。 ・10－0＋0＋5＝15，10＋5＝15と表したらよいのかな。10＋5＝15の方が簡単でわかりやすいのかな。10－0＋0＋5＝15の方が，1回目はグーで負けたとか，2回目はグーで勝ったとかがわかるよ。 ・答えが変わらないから意味ないと思っていたけど，すごく意味があるね。

本時の学習

本時 6/6

●ねらい
・式に着目して,「＋0」「－0」の意味について考える。

●展　開

学習活動	課題を解決していく過程	教師の指導
	単元の課題 「0」ってなにもないってことだよね。「0」をたしたり,ひいたりしても,答えはそのまま。こんな計算に意味はあるのかな。「0のたし算・ひき算って意味あるの？」じゃんけんブロックとりゲームをして,0のたし算・ひき算って本当に意味があるのかどうか考えていこう。	・本時までに,じゃんけんブロックとりゲームのルールを理解し体験してきている。また,式に着目して勝ち負けを判断する学習をしてきている。
①本時の課題を把握する。	2回目がパーやチョキだったら,2回目の式がわからなくても,かちまけがわかるよ。 今日は2回目がグーだ。1回目の答えと3回目のはじめの数が10で変わっていないから。 **2回目がグーでも,勝ち負けがわかるか考えよう。**	・前時の課題と比較し,どこが変わったかを話し合い,2回目がグーであることが共有できた段階で,学習課題につなぐ。 ・机間巡視で,なぜ「グー勝ち」を考えたのか,なぜ両方考えたのかなどを個別に問いかける。
②本時の課題を解決する。	2回目はグーで勝ちだと考えよう。 ／ どっちでも3回目が10なんだから,いいんじゃないの。 ／ 迷うな。どっちにしたらいいんだろう。 ／ これはわからない。勝ちと負けと両方考えていこう。 2回目がグーで勝ちだったら ／ 2回目がグーで負けだったら 10＋0でも,10－0でも,答えは10で変わらないから,勝ち負けも変わらない？ 2回目が10＋0か10－0かによって,勝ち負けが変わってくる。 2回目がグーだけでは,勝ち負けはわからないよ。	☑ **評価** 本時の課題に対して,根拠をもって,解決を進められているかを,評価指標にもとづいて評価する。 ・「10＋0」「10－0」のどちらを入れても,答えが変わらないことから勝ち負けは変わらないのではと揺さぶることで,与えられている情報だけでは,0の計算であることはわかっても,たし算なのか,ひき算なのかわからなくて,それによっては勝ち負けが変わるということを共有する。
③本時の課題を深める。	はじめから終わりまでを1つの式に表すと,どっちが合っているといえる？ ①：10－0＋0＋5＝15 ／ ②：10＋5＝15 ①の方が合っているよ。「－0」や「＋0」は答えは変わらないけど,グーで負けたとか,グーで勝ったということを表しているよ。②だったら,3回目のジャンケンしかしてないみたい。 ／ ②の方が式が簡単でいいのでは。簡単な計算の方がわかりやすい。	・「＋0」「－0」の意味に迫るために,4つを組み合わせた1本式と,0を省いた式を比較し,どちらがこの対戦に合っているかを問い,その根拠を話し合う。
④本時のまとめをする。	・「－0」や「＋0」がついても,答えは変わらないけど,グーで負けたとか,勝ったとか意味があるね。 ・答えのことだけじゃなくて,式のことを考えると面白いね。	・単元を通しての問いに対する自分の立場と,その理由を書くようにする。個々が単元での学びを意味づけられるようにする。

授業の様子

▶式に着目して,「＋0」「－0」の意味について考える

第2次の「0のたし算・ひき算」を学ぶにあたって,開発した教材「じゃんけんブロックとりゲーム」のルールは以下である。

【ルール】
・2人ペアで対戦する。
・はじめはそれぞれ10個のブロックを持つ。
・2人でじゃんけんをして勝ったら,ブロックを増やす。負けたらブロックを減らす。
・出したものによって数が異なる。
　　パーで勝つ ……… 5個ふえる
　　チョキで勝つ ……… 2個ふえる
　　グーで勝つ ……… 0個ふえる
　　パーで負ける ……… 5個へる
　　チョキで負ける ……… 2個へる
　　グーで負ける ……… 0個へる
・3回終わったときに,持っているブロックの数が多い方が勝ち。
・持っているブロックの数が0個〜4個になってしまったら,その時点で負け(3回目の立式ができないため)。

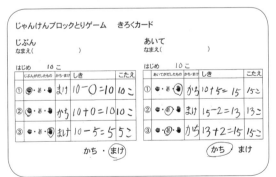

この教材の価値は,グーで勝つと0個ふえる,グーで負けると0個へるというルールにある。グーで勝っても,グーで負けても,自分のブロックの増減はない。しかし,グーで勝つか,グーで負けるかによって,相手のブロックの数は大きく変わる。自分がグーで勝つということは,相手がチョキで負けるので,相手のブロックは2個へる。また,自分がグーで負けるということは,相手がパーで勝つので,相手のブロックは5個ふえる。同じグーでも,グーで勝つのと,負けるのとでは,ゲームの状況が大きく変わるように意図的にルールをつくった。それにより,式に表れる「＋0」「－0」は,答えは変わらないが,意味は違う。ただゲームをするだけではなく,このカードを「きろくカード」として教材化し,「＋0」「－0」のあるたし算・ひき算について答えは変わらないが,それぞれの意味について理解が深まるようにした。

左下の「きろくカード(じぶん)」では,1回目から3回目までを1つの式に表すと,10－0＋0－5＝5となる。また,(あいて)では,10＋5－2＋2＝15となる。子どもはこれまでの計算学習で,「3つの数のけいさん」という計算をしてきている。それを発展させてここでは,4つの数のたし算・ひき算を表すようにした。

このカードは,一方の情報だけで,そのゲームの勝ち負けを判断することができる。たとえば,一方が,①グー負け,②グー勝ち,③パー負けという情報から,10－0＋0－5＝5という式がつくれ,相手が①パー勝ち,②チョキ負け,③チョキ勝ちと判断でき,10＋5－2＋2＝15という式がつくれ,ゲームの勝ち負けも判断できる。【第4時】

また,2回目の式がわからなくても,ゲームの勝ち負けを判断することもできる。左のカードの(あいて)の場合,1回目の終わりが15,3回目のはじめが13というのが式からわかっていれば,2回目の式がわからなくても判断できる。15から13になっているということは,2

へっていることから，チョキで負けたということが判断でき，それをもとに，ゲームの勝ち負けがわかる【第5時】。本時【第6時】は，前時をふまえ，以下のようなカードを提示する。

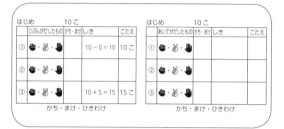

この情報から，ゲームの勝ち負けを判断できるのかを考えるのが，本時の課題である。1回目の終わりが10，3回目のはじめが10から2回目はグーであることが判断できる。

しかし，3つのパターンの子どもがいた。グーで勝ちと判断している子ども（A児），グーで負けと判断している子ども（B児），勝ちとも負けとも判断できない子ども（C児）。A児のつくった式とB児のつくった式を交流してみると，ずれが生まれていることがわかる。そこで，C児の考えを広げると，この情報だけでは判断できないことがわかる。

この結果より，勝ちと判断するか，負けと判

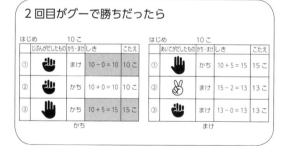

断するかによって，ゲームの結果も変わってくるということがわかった。

次に，勝ちの場合の結果を式に表してみた。

①：$10 - 0 + 0 + 5 = 15$

これと，答えに影響しない「－0」「＋0」を省いた式と比較した。

②：$10 + 5 = 15$

このとき，はじめは子どもの発言はなかなか出なかった。「②の方が簡単でいいのでは？答えも合っているし」と問いかけたところ，子どもが混乱しているような感じであった。何を観点に比べたらよいのかについて，とまどっているようであった。そこで，「1回目から3回目までのゲームのことを表しているのはどっち？」と発問したところ，①の式に多く手が挙がった。そのあたりから，何を観点に比べたらよいかがわかってきたようで，理由を少し言いはじめた。「②では，10＋5なので，10個から5個ふえただけで終わっているので，パーで勝ったということだけしかわからない。1回目グーで負けた，2回目グーで勝ったということが表せていない」という意見が出た。この説明に対して，はじめは理解できなかった子どもも，式とじゃんけんをつなげながら，説明していく子どもの発表からだんだんと理解していった。

「＋0」「－0」が式の中にあっても，答えは変わらない。これは，第3学年で学習する0のかけ算や第5学年で学習する平均（0を含む平均）などでも活かされる考えである。答えは変わらないが意味がある。もっと統合的に考えれば，0も数の仲間である。0をたすことも1をたすことも，たすことには変わらない。結果として答えが変わらないというように考えることができる。その素地としての，本時であるといえるのではないか。

子どもの変容と評価

▶ 0という数や0の計算を学ぶ意味を考える子ども

本単元では，0という数や0の計算を学ぶ意味を追究する子どもを育てたいと思い，このような実践を行った。

本校の教科学習では，「主体的な態度」「共感・協同的な態度」「知を創造していく過程での見方・考え方」「知識・理解・技能」の4観点で評価をしている。本単元の観点別評価は以下である。

主体的な態度	0という数や0を含むたし算・ひき算の式を学ぶ意味について問いをもち，自分なりに意味づけようとしている。
共感・協同的な態度	0という数や0を含むたし算・ひき算の式の意味について，友だちと共感・協同しながら，自分なりに意味づけようとしている。
知を創造していく過程での見方・考え方	0という数や0を含むたし算・ひき算の式に着目し，それらの意味について数学的に考えている。
知識・理解・技能	0という数の必要性について理解し，0を含むたし算・ひき算ができる。さらに0という数や0を含むたし算・ひき算について理解を深めている。

単元を通して，0という数や0を含むたし算・ひき算の式を学ぶ意味について問いをもち，自分なりに意味づけようとする子どもの姿を見て取ってきた。

単元を通して，何度か「0って勉強する意味あるの？」「0のたし算・ひき算って意味あるの？」と問い，「意味あり」「意味なし」という立場を決め，その根拠を共有してきた。

立場を明確にすることで，個と学びの意味の関係が見えた。「意味あり」の方がよいとか，「意味なし」では，指導がまずいとか捉えるのではなく，個がどのように学びを見ようとしているかを重視して，このような問いを投げかけた。

【単元はじめの子どもの姿】

「意味なし」の子どもの姿
　・0ってなにもないから
　・0ってたしてもひいてもそのままだから

「意味あり」の子どもの姿
　・0は使うから
　・0のことをもっと知りたいから
　・0は上の学年の勉強で出てくるから
　・0の意味がわからないから勉強する
　・昔から伝わってきたものだから

「わからない」の子どもの姿
　・まず0って何かわからないから
　・まだ勉強してないから

比べてみてもわかるように，「意味あり」「意味なし」「わからない」に優劣はないと捉える。個がどのように学びを意味づけようとしているか，それを考えること自体が大切であると捉えた。子どもたちは単元を通して，0のよさや面白さを広げていき，式の意味についても考えていった。知を創造していく過程での見方・考え方が育まれていったといえる。

本校はこれまで単元の課題を設定して，単元の問題解決を重視してきた。それを大切にしつつ，子どもが学びの意味について考えるような単元構想は大切であると感じた。

「○○を学ぶ意味は何か」を問い続けることで，子どもは学びの意味について考えるようになった。さらにはこの積み重ねが，子どもが教科の本質に迫る姿といえるのではないか。

1年 国語 実践②

「スイミー」で そうぞうを たのしもう
根拠を繰り返し語り，子どもの問いでつくる授業

「スイミー」『あたらしいこくご1下』(東京書籍)

授業者 **住田惠津子**

全体の単元構想

◆根拠をくり返し語る場を設定する

本実践では，単元を通して，子どもたちが自分たちのペープサート劇をつくるという課題をもって学習していった。その際，「スイミー」のお話から想像したことを，言葉の付け足しや，読み方やペープサートの動きの工夫で表すというレベルアップをしながらペープサート劇をつくっていった。

レベルアップの内容については，まず個人で考え，グループ内→グループ間→全体と交流して，根拠を語る場を重ねていった。自分や友だちが考えたレベルアップについて，なぜその内容なのか，その場所でいいのか，どんな工夫がふさわしいのかを話し合う。場面ごとにこのような学びをくり返すことで，子どもたちが教材や友だちと対話し，想像し，表すための見方・考え方（レベルアップのこつ）を子どもたち自らが見つけていけるようにしていった。

レベルアップのこつは，「想像するこつ」と「表すこつ」に分けて見つけたり，確かめたりしていった。そして，全体交流後，必要と感じたレベルアップの中から，自分が取り入れたいものを選んだり，新たに考えたりする時間を保障した。そうすることで，自らの学びの過程を振り返り，学習活動を意味づけたり，獲得された知識や技能を実感したりできるようにと考えた。

◆子どもの問いで授業をつくる

全体交流では，子どもたちが考えたレベルアップの中から，グループ内やグループ間交流で感覚のずれや違いから吟味の対象になったものを取り上げ，話し合うようにしていった。

子どもの表現をもとにすることで，教師が与える学習課題を考えるのではなく，自分たちの実感を伴った問いが学習問題となる。以下に各場面で問題となったレベルアップを示す。

場面①

「どうしてぼくだけくろなんだろ。みんないいな」としたレベルアップについて，自分だけ色が違うことを，スイミーはどう捉えているのか。

場面②③

「ぼく，これからどうなるの？」としたレベルアップについて，この気持ちは第2場面か第3場面か。

場面④

「こんなにさかながいるなんてしらなかった」としたレベルアップについて，知らなかったのは魚だけではないが，スイミーが知らなかったものはどれか。

指導計画

●単元の目標
・「スイミー」のお話から想像したことを，言葉や読み方や動きで表して，レベルアップさせたペープサート劇をつくり，レベルアップのこつを見つけて，想像を楽しむ。

●単元の構想（総時数16時間）

次	時間	学習内容
1	1 2	(1) 教材文「スイミー」を読んでペープサート劇をしようという単元の課題をもち，学習の見通しを立てる。 ・「スイミー」の感想を書き，伝え合う。 ・学習方法やレベルアップの方法を確認する。 ・今までに見つけたレベルアップのこつを振り返る。
2	3 4	(2) スイミーときょうだいたちが楽しく暮らしている場面を読み，登場人物の様子を想像する。 ・登場人物を確かめ，場面を捉える。 ・4～5人1グループでそれぞれが考えたレベルアップとその根拠を伝え合う。 ・グループでレベルアップを試して吟味し，グループ間で交流する。 ・レベルアップの工夫やこつについて全体で話し合い，人物の様子を想像する。 ・自分が取り入れたいレベルアップをカードに書く。
2	5 6	(3) 恐ろしいまぐろがきょうだいたちを食べてしまう場面とスイミーが独りぼっちで海の底を泳ぐ場面の様子を想像する。 　（3・4時間と細かな流れは同じ）
2	7 8	(4) スイミーが素晴らしいものに出会い，元気になる場面の様子を想像する。 　（3・4時間と細かな流れは同じ）
2	9 10 **本時**	(5) 小さな魚のきょうだいたちと出会う場面の様子を想像する。 　（3・4時間と細かな流れは同じ）
2	11 12	(6) みんなで泳ぎ，大きな魚を追い出す場面の様子を想像する。 　（3・4時間と細かな流れは同じ）
3	13 14	(7) それぞれが取り入れたいレベルアップをグループで話し合い，役割を決めて練習する。 ・場面ごとに役割を交代して，各自が好きなところを担当できるよう，グループ内で調整する。 ・好きなところについて，好きな理由や想像したこと，やりたいレベルアップを述べてから，ペープサート劇を行う練習をする。
3	15 16	(8) 全体の前で発表し，感想を伝え合う。 ・想像したことが伝わるようにペープサート劇を行う。 ・レベルアップの工夫から伝わってきたことを交流させる。

本単元では，子どもたちは自分たちのペープサート劇をつくることを楽しんでいった。その中で教師は，子どもたちが，中心人物の行動や会話をもとに気持ちを想像したり，人物と人物を比較したりしながら，登場人物の行動や会話が人物や場面ごとにどう違い，どう変化しているのか，その理由は何なのか，考えられるように問いかけていった。場面ごとに友だちと交流しながら，自分たちなりのペープサート劇の工夫を吟味することで，場面の様子を想像し，表現する見方・考え方を育んでいった。

本時の学習

本時 10/16

●ねらい
・スイミーが小さな魚たちと出会う場面について，友だちと付け加える言葉や読み方，動きの工夫を考えながら，登場人物の行動や会話から様子や気持ちを想像する。

●展開

学習活動	課題を解決していく過程	教師の指導
	単元の課題 「スイミー」のお話でペープサート劇をしよう。「スイミー」のお話から想像したことを，言葉や読み方や動きで表して，レベルアップさせたペープサート劇をつくり，レベルアップのこつをみんなで見つけて，想像を楽しもう。	・これまでの学びを振り返ることができるように，前の場面での学習の足跡を掲示しておく。
①前時までの学習を振り返り，本時の課題を確認する。	グループ同士でペープサート劇を見せ合って，同じレベルアップや，違う工夫を見つけたよ。 スイミーや小さな魚たちの様子や気持ちを想像して，劇をレベルアップさせよう。	・単元の課題を確認し，グループ間での交流の様子を紹介して称賛し，ペープサート劇への意欲を高める。 ・場面の様子が想像しやすいように本文とともに挿し絵を掲示しておく。
②グループ間交流により気づいたレベルアップの工夫について全体で紹介しあう。	小さな魚たちの「だめだよ」という言葉を大きな声で読むグループと小さな声で読むグループとがあったよ。どちらがいいのかなあ。 出て行きたくないから大きな声で強く断ると思うよ。 ⇔ 見つかるのが怖いから小さな声で言うと思うよ。	・グループで考えたレベルアップポイントの中から，本時問題となることが把握できるように，子どもたちが考えたレベルアップを比較しやすいように掲示しておく。 ・自分だったらどうするか自分とつないで考えるよう助言する。
③登場人物の様子や気持ちについて話し合う。	スイミーは，仲間と新しい世界を楽しみたかったけど，小さな魚たちはその世界を知らないから出て行けないよね。怖いまぐろから逃げることしか考えてないと思うな。 ｜ 独りぼっちだったスイミーは，今まで見たこともないおもしろいものを見て，新しい世界を知ったんだ。だから小さな魚たちにも見てほしいけど，怖さもわかるからどうしたらいいかすごく考えたんだ。	・スイミーの変化や小さな魚たちとの違いに気づくよう，前の場面とつないで考える場をもつ。 ☑ **評価** レベルアップの根拠となる表現を伝え合う中で，行動や会話の違いや変化から人物の様子や気持ちを想像できているか想定した評価指標をもとに評価し，場面の様子について想像を広げられるよう指導に活かす。
④レベルアップのこつを振り返る。	登場人物ごとの気持ちの違いを，言葉や読み方，動きではっきり表したり，前の場面と比べて，人物の気持ちがどう変わったかがわかるように，言葉にしたりすると，レベルアップできるね。	
⑤自分が取り入れたいレベルアップを選んだり，新たに書いたりする。	【言葉】 「海には面白いものがあるから，一緒に見に行こうよ」と言葉を付け足そう。 ｜ 【読み方】 「いかないよ」や「うんと」という言葉を強い調子ではっきり読もう。 ｜ 【動き】 心細い感じが出るようにふるわせて，岩かげに身を隠すように動こう。	・レベルアップの方法別にカードを色分けしておき，ほかのグループや友だちの考えを取り入れたい場合は，グループ掲示や板書を参考にするよう促す。 ・場面の様子が表れた表現や友だちから学んで想像できている子ども，場面と場面を比較するこつを見つけている子どもを称賛する。

授業の様子

▶**問題把握**

多様な考えを焦点化し、着眼点を明確にする

小さな魚の言葉「だめだよ」を小さな声で読む工夫をしているグループを紹介し、大きな声で読むのとどちらがいいのか問いかけた。子どもの中から「どうしてこのレベルアップにしたのか聞いてみればいい」という声があがり、本時の問いが明確になった。

レベルアップを比較している場面

▶**思考の表出**

（１）質的転換点に気づき、反応する

スイミーと小さな赤い魚たちを比較して板書し、それぞれが考えているものが違うことに気づいた発言を捉えて、それまでに使ってきたペープサートを提示して前の場面とつないで考えられるよう支援した。子どもたちは、前の場面との違いを今までの場面の学習とつないで、今までなら「たのしい」「おそろしい」「おもし

比較し違いを明確にする板書

ろい」場面であったが、この場面は「まよう」場面だと表現し、「登場人物同士を比べると場面の様子がわかる」「前の場面との違いを見つけると、それぞれの場面の様子がよくわかる」といった知の創造につながった。

（２）質的転換点が生み出されるような発問や揺さぶりを行う

考えを深めるために、「スイミーと小さな魚たちはどうして違うの？」「スイミーは何がしたいの？」と問いかけたり、子どもが考えを述べる際に振り返りやすいように、前の場面までの学習の足跡を掲示しておいたりした。子どもたちは、スイミーと小さな魚たちの経験の差に着目し、自分の経験とつなぎながら、悲しい出来事と楽しい出来事を味わった登場人物の気持ちにより添っていった。「登場人物のしたことや言ったことには、前の場面に理由がある」「前の場面とつなぐと登場人物の気持ちの変化がよくわかる」といった知の創造につながった。

前の場面を振り返る子どもたち

▶**自分にとって意味ある知へ**

一人ひとりの自己選択の場を保証し、見方・考え方の定着を図る

本時の問題を解決する際に役に立ったことを、レベルアップのこつとして振り返り、見方・考え方を確かめていった。その上で自分が取り

入れたいレベルアップを選んだり，新たに書いたりすることで，答えを1つに絞るのではなく，根拠を明確にして自分の考えをもつという学びの場を設定した。子どもたちは，レベルアップの方法別（言葉の付け足し，読み方の工夫，ペープサートの動かし方の工夫）に色分けしておいたカードを自分で選択し，理由とともにどう想像したことを表すかを考え，書き込んでいった。教師は，「登場人物の違いがはっきりするような言葉を付け足しているね」「前の場面の気持ちを言葉で付け足しているね」等，本時全体で話し合った登場人物の気持ちの違いや変化を表現できている子どもや，前の自分の表現と変わって友だちから学んで想像できている子ども等を称賛しながら，それぞれの考えを価値づけていった。どんな物語でも「想像した様子を言葉にしたり，読み方や動きの工夫を考えたりして表現できる」というまとめにつながっていった。

自分が取り入れたいレベルアップを考える子どもたち

▶感受・想像・意味づける子どもの姿

単元において行っている「志向」「共感や協同」「有用」の3つの授業づくりのしかけと本時の子どもの学ぶ姿（感受・想像・意味づけ）は以下のとおりである。

（1）授業づくりのしかけ①「志向」
　　ペープサート劇をつくるという課題をもたせる

お話から想像したことをもとに，言葉をつけ足したり，読み方や動き方を工夫したりしてレベルアップさせた自分たちのペープサート劇をつくる場を設定する。

このしかけで，子どもたちは「自分たちは『だめだよ』を大きな声で読む工夫をしていたのに，このグループは小さな声で読む工夫をしていたよ」と友だちとの違いに感受する。

（2）授業づくりのしかけ②「共感や協同」

グループ内，グループ間，全体でなぜそのレベルアップなのか理由を話し合い，レベルアップのこつを見つけ出せるようにする。

このしかけで，子どもたちは友だちの考えを聞き，「小さな赤い魚たちは前の場面で仲間がまぐろに襲われてすごく怖がり怯えているから，まぐろに聞こえないようにと小さな声で読むのもわかるなあ。出て行くのを断りたい気持ちが強くて，大きな声で読むのもわかるなあ」と想像していき，前の場面とつなぐとよいことを見つけていく。

（3）授業づくりのしかけ③「有用」

レベルアップのこつを活かして，自分が取り入れたいレベルアップを選んだり，新たに考えたりする。

このしかけで，子どもたちは「独りぼっちでさみしかったスイミーは，面白いものを仲間と見たい気持ちが強かったんだ。でも赤い魚たちは怖いまぐろから逃げたい気持ちが強いよ。前の場面とつないで，変わったスイミーの気持ちや，スイミーと赤い魚たちとの違いが伝わるようにレベルアップさせたいな」と意味づける。

このように具体的に問題解決する子どもの姿を想定することで，授業づくりも具体的に行うことができる。

子どもの変容と評価

▶想像の根拠を問うことで見方・考え方を育む

子どもたちは，場面ごとに初めに自分だけで考えたレベルアップと，グループ内→グループ間→全体交流後に選んだり，考えたりしたレベルアップとを，理由とともに1つずつカードに表現した。そのレベルアップの表現や根拠が，場面ごとにあるいは単元の中でどう変容しているか，以下の評価指標に照らし合わせて見て取り，単元を通して育みたい見方・考え方が見られるものについて，掲示等で紹介したり，話し合って見つけたレベルアップのこつがどう使えているのか称賛したりして，指導に活かした。

たとえば，スイミーが素晴らしいものに出会い元気になる場面では，場面の最後に「いっぱいあったな」とスイミーの言葉を付け足していた子どもが，交流後，スイミーがいろいろなものと出会うところを「だんだん大きな声で読む。理由：スイミーは面白いものを見るたびにどんどん元気になったから」と表現した。このように，友だちと交流し，想像した根拠を子どもに問い，それを考え，表すというくり返しが，見方・考え方を育むことにつながった。

▶見方・考え方を見て取る評価指標

評価基準	評価指標	子どもの姿
A	登場人物の行動や会話の違いや**変化**に着目して，行動や会話がどう違い，**どう変わっているのか**，**前の場面とつないだり**，どうして違ったり**変わったり**しているのか，行動や会話の理由を考えたりしながら，人物の気持ちや**場面の様子**を想像している。	・スイミーは，小さな赤い魚たちに出てくるように呼びかけて断られてもあきらめずに方法を考えているよ。きょうだいたちが食べられたときの恐ろしさを知っているから，断る気持ちもわかったし，独りぼっちのさみしい気持ちや面白いものを見せたい気持ちもあるから，あきらめなかったんじゃないかな。小さな赤い魚たちは，スイミーが見てきた素晴らしいものを知らないから，出て行く気にはなれないだろうな。 ・スイミーに「こんなところで隠れたままだと，素晴らしいものが見られないよ」と「怖いのはわかるけど」という言葉を付け足そう。小さな赤い魚たちを見つけたスイミーのところはうれしそうに大きな声で，小さな赤い魚たちが答えるところは，弱々しく小さな声で読む工夫をしよう。うんと考えているスイミーはペープサートをじっと動かさずに表そう。
B	登場人物の行動や会話の**違いに**着目し，行動や会話がどう違うのか，**人物同士を比べたり**，どうして違うのか，行動や会話の理由を考えたり，**人物同士を比較したり**しながら，人物の気持ちを想像している。	・スイミーは，面白いもののことを言っていて，小さな赤い魚たちは大きな魚のことを言っているよ。いちばん気になっているものが違うんだね。気になっているものが違うけれど，スイミーが行ってしまわなかったのは，仲間を見つけてうれしかったからだと思うな。だからどうしたらいいかうんと考えたんだ。 ・スイミーが小さな赤い魚たちを見つけたときに「わあい。仲間がいた」という言葉を付け足そう。小さな赤い魚たちには，「怖いよう」という言葉を付け足そう。
C	登場人物ごとの行動や会話がわかり，行動や会話の理由を考えたり，自分と比べたりしながら，人物の気持ちを想像している。	・スイミーは，小さな赤い魚たちを見つけて岩陰から出てくるように誘ったけど，小さな赤い魚たちは食べられるからだめだと断ったよ。僕もきっと出て行かないだろうな。大きな魚が怖いと思うな。

※太字のところが質的転換点

5年 社会 実践③

持続可能な社会づくりを考えよう
社会を知る【認識】と社会や自己のあり方を考える【判断】を繰り返す

「わたしたちの生活と環境」『新しい社会5下』(東京書籍)

授業者 **黒田拓志**

全体の単元構想

まず,単元の問いをつくる際に大切にしているのは,以下の3つである。
①現実社会の問題
②未解決の問題であり,多様に解がある問題
③知の再構成が必要とされる問題

本単元は,第5学年の「環境」をテーマとした単元である。本単元では,上記の3つを重視して「持続可能な社会をつくるためには,どうすればよいのか」という学習問題を設定した。「環境問題」を「持続可能な社会づくり」という視点で捉え直すことが本単元の肝である。上の3つに照らし合わせると,持続可能な社会づくりはまさに切実な現実社会の問題であり,未解決であり,解は多様に存在するものである。さらに,その解決のためには,豊富な知識とそれを再構成する思考が求められる。

次に,単元を構想する際に大切にしているのは,以下の2つである。
①社会を知る【認識】
②よりよい社会や自己のあり方を考える【判断】

正しい認識と公正な判断は社会の本質であり,どちらか一方が欠けると社会科の本質は失われてしまう。

まず,単元の入口で,時間軸を過去や未来に伸ばし,高度経済成長期から今までの環境問題について考えたり,これからどうすべきかを考えたりすることを通して,子どもは現実の問題に危機感をもつと同時に,「持続可能な社会づくり」への夢や憧れを抱く。第2次では,教科書教材や自分が収集した資料から持続可能な社会をつくるために必要な知識を自ら習得していく。第3次では,地域教材「里海づくりプロジェクト」という身近で,現在進行形の事例と出会い,関わる人たちと実際に会って話しをするなど,主体的な学びを展開していく。第3次の終末では,今までの知識をフル活用して,持続可能な社会をつくるための方策をみんなで話し合う。そのとき,一人ひとりの考えが表出される中で「どれがいいのか」「香川県や日本はどれが欠けているのか」という再構成を促す問いが生まれる。時間的な視点や空間的な視点,関係的な視点でそれぞれの考えを吟味していく中で,知と知の関連づけが図られ,今までの断片的な知が再構成されていく。第4次では,今までの学びを活かして,よりよい社会のあり方や自己のあり方についての自分なりの考えをまとめ,社会参画への意欲を高める。

単元の問いを設定し,単元全体を通して認識と判断をくり返すことで,社会科の本質に迫る学びを実現する。

指導計画

●単元の目標
・単元の課題をもち，教科書教材と地域教材を比べながら問題を解決する。

●単元の構想（総時数 9 時間）

次	時間	学習活動	課題を解決する過程における子どもの意識の流れ
1	1 2	(1) 身のまわりの環境問題について話し合い，学習問題を設定する。	・資源の枯渇や環境悪化はこれからも大きな問題だな。 ・生活水準を落とさず，資源や環境を持続させていく方法はないかな。 ・日本や香川の取り組みを調べて，持続可能な社会をつくるためにどうすればよいか考えよう。
2	3 4	(2) 教科書教材から，環境問題解決の方法を探る。	・どうして，きれいだった鴨川が汚れたのか調べよう。 ・鴨川は，高度経済成長の影響を受けて汚れたんだね。また，工場だけでなく，市民や行政の意識も低かった。 ・鴨川がきれいになったのは，行政が条例を出したり，下水処理施設を整備したりしたからだね。 ・工場も鴨川への排水をやめたり，染め物をすることをやめたりしたよ。 ・市民団体は，ただのゴミ拾いではなく，納涼祭など楽しいイベントを開催し，鴨川への市民の意識を高めていったよ。 「見方・考え方」 鴨川の美化を時間的，空間的，関係的に捉え，事象同士を比較，関連づけ，総合して考え，持続可能な社会をつくるための方法を見いだしている。
2	5 6	(3) 香川県の事例「里海づくり」から，解決の方法を探る。	・どうして，きれいだった瀬戸内海が汚れたのか調べよう。 ・鴨川と同じように，高度経済成長の影響やみんなの意識の低さが原因だよ。 ・行政が新しい考え方「里海」を打ち出しているよ。海をきれいにすることは，山も川も町もきれいにしなくてはならない。 ・ゴミ拾いに島めぐりを取り入れた楽しいイベントをしかけているよ。 ・里海づくりのプロジェクトには，行政だけでなく，企業や市民が参加しているよ。
3	7 本時 8	(4) 教科書教材「鴨川の環境保全」と香川県事例「里海づくり」を比較し，共通点を洗い出し，環境問題を解決するための方法を見いだす。	・持続可能な社会をつくる方法は，鴨川と里海づくりを比べて考えるとよさそうだよ。 ・山，川，町，海が一体となって取り組むこと。 ・林業，農業，工業，サービス業，水産業のいろいろな産業がそれぞれに意識していくこと。 ・行政，市民，企業の3者の協力はやはり欠かせない。 ・気づく，知る，やってみる，広げるのステップが重要。 「見方・考え方」 鴨川と里海づくりの事例を時間的，空間的，関係的に捉え，事象同士を比較，関連づけ，総合して考え，持続可能な社会をつくるための方法を見いだしている。
4	9	(5) 持続可能な社会づくりのために，自分ができることを考えよう。	・自分は市民の立場として，イベントに参加したり，家族や知り合いに学んだことを広げていきたい。 ・里海シンポジウムに出て，多くの人に私たちが考えた「持続可能な社会をつくる方法」を伝えたいな。

本時の学習

本時 7/9

●ねらい

・持続可能な社会をつくる方法について，今までの学びを時間的，空間的，関係的な視点で再構成しながら考え，「保全と開発の関係」や「県，産業，県民の関係」の重要性を理解し，自分の立場でできることを見いだすことができる。

●展開

学習活動	課題を解決していく過程	教師の指導
	単元の課題 資源の枯渇や環境の悪化がこれからの大きな問題。でも，自分たちの生活の水準を落とすのは難しい。生活水準を保ったまま，資源を持続させ，よりよい環境を持続させる方法はないのかな？ 今までの学習や日本，香川の取り組みを調べて持続可能な社会をつくるためにはどうすればいいか考えよう。	・単元の最初に，「持続可能な社会をつくりたい」という課題意識をもち，調べる方法や問題解決の見通しをもっている。
①前時までに学習したことを想起して，本時の学習課題について確認する。	今日は，自分たちなりの環境問題解決の方策を見いだしたいな。 千年先まで豊かな資源を残すために，持続可能な社会をつくるよりよい方法をみんなで話し合って見つけよう。	・単元を通して，子どもが見いだした切実な課題を本時の課題とすることで，課題の真正性，活動の真正性を保障する。
②今までの学びを再構成し，学習問題への自己の考えを表現し，練り上げる。	**3者の関係性が重要** 行政 — 産業 — 市民 **保全と開発のバランスが重要** 保全：今までどおり，資源を守り，大切にしていくこと。 開発：いい開発をして多くの人に理解してもらう。 **山，川，町，海の一体化** 町／山／川／海 **住民の意識と行動が重要** つなげる／やってみる／知る／気づく	・子どもの主体的な対話を促すために，板書は教師と子どもが協同で行う。その際，事項と事項が関連づくようであれば，線や矢印，丸などを用いて表現することを助言する。 ☑ **評価** 社会的事象を関係的，時間的な視点で捉え，事象と事象をつなぎながら納得解を導き出しているか，評価指標をもとに評価し，指導に活かす。
③練り上げたことをもとに，香川の取り組みを再評価する。	持続可能な社会をつくるためには，これらの関係がすべてうまくいく状態をつくっていくこと。1つでも欠けないことが大切。 今の香川県の取り組みはパーフェクトかな？ **もっとよりよい開発を** ・主催者も参加者も地域の人も得をする開発がいいね。 **もっと関係を強固に** ・住民の参加がまだ不足しているのでは？	・練り上げを通して概念を形成した後，自分にとって意味のある知を生み出せるように，今の香川県の取り組みが完璧かどうか問い，それぞれの考えを表出させる。
④自己のあり方を考え，本時の学びをまとめる。	**自分のあり方** ・住民の1人として，積極的にツアーなどの企画に参加したい。 ・資源の問題に関心をもち，多くの人に，それを伝えていきたい。	・最後に，住民としての自己のあり方を考えることで，確かな社会認識をもとにした公正な判断を促す。

授業の様子

▶めあての確認

T：今日のめあてはなんですか？

　本時のめあては，単元のめあてと同じである。第1次から，大きな問いを中心に据えて，サブタイトルを変化していく。たとえば「持続可能な社会をつくるためにはどうすればいいか――鴨川の事例から探ろう①」や，「持続可能な社会をつくるためにはどうすればいいか――行政代表大倉さんから学ぼう」である。本時の課題は「持続可能な社会をつくるためにはどうすればいいか――いよいよ問題解決！」である。

本時の問い

　子どもたちは，単元を通して「問いストーリーマップ」を作成し，自分の問題解決過程をすごろくのように表現し，自己の学びをメタ認知している。単元の課題設定から本時までに出会った「ひと・もの・こと」や気づき，問題解決への自分なりの答えを日々記録してきている。したがって，子どもたちは単元の問いを解決する本時に対して大きな期待をもって臨んでいる。単元を通して課題を継続することで，常に「何を学んでいるのか」を明確にしたり，自己の学びを客観的に見たり，解決への意欲を高めたりしている。

▶自己の考えを表出する

T：今まで学んできて，最も効果的と思う持続可能な社会をつくる方法を伝え合いましょう。

　単元の課題を継続しているため，子どもたちは課題に対する自己の考えを日々更新してきている。教室で自由に友だちと交流した後，写真のように，黒板にそれぞれの解決策を表現する。社会科の見方・考え方として重視している「関係的」「時間的」「空間的」な視点で捉えた解決方法を関係図で表現している。これは，子どもたちが今までの学びの中で蓄積してきた知識や技能を比較，関連づけ，総合させて概念化したものである。

解決策を表出する子ども

個の考えが表出された黒板

▶見方・考え方の構成

T：それでは，思いを伝えます。

　子どもは単元を通して練り上げてきた意見に自信をもち，それぞれの思いを語りたがっている。一人ひとりが自己の考えを語り，友だちが

共感的に聞く。教師は「根拠を求める聞き返し」を行いながらサブ黒板に子どもの考えをまとめていく。教科書や自己の資料，共通の資料などをもとに解決策を明らかにしていく。黒板には，以下のような意見が出てきた。
・行政，産業，住民の一体となった取り組み
・山，里，川，海に住む人の一体的な取り組み
・保全と開発のバランス

　表現し対話する中で，子どもたちは一つひとつの関係の重要性を再度理解しながら，さらに，3つの関係がそれぞれ良好な状態であり，さらには回路のようにつながる必要があるという考えを導き出した。この回路という考えこそ，子ども自らの言葉で学びを構成した証であった。個の考えを表出することで，個々の差異が生まれ，自然と協同による練り上げが行われる。

ミニ黒板に考えをまとめる

回路のようにつながれる関係図

▶見方・考え方の再構成

T：解決策は出たようだね。それでは，今の香川や日本はこの回路がつながっているかな？

　今まで自分たちの考えた解決策で悦に入っていた子どもたちがこの問いによりふと我に返った。単元を通して育んできた「関係的」「時間的」「空間的」な見方・考え方を改めて実社会・実生活に落とし込んで考えることで，現実はもっと複雑で解決困難である事実に気づいていく。

ミニ黒板の前で再び対話を始める子ども

　先ほどの回路の数か所に×印がつけられ，香川や日本の課題が明らかになった。見方・考え方を再構成することで，現実社会の弱点に気づき，解決するために何ができるかという「社会参画」につながる新たな問いを見いだすことができた。

再構成されたミニ黒板

　本時において子どもたちは，単元を通して得た知識や技能を見方・考え方で統合し，新たな認識に至り，さらには，判断を迫られる問いを見いだした。まさに，社会を知り，よりよい社会や自己のあり方を考える授業である。

子どもの変容と評価

▶社会的な見方・考え方の育ちと支援

単元の中で子どもがどのように見方・考え方を変容させていったかを見て取るために、本実践では、学びをメタ認知するツール「問いストーリーマップ」を作成した。

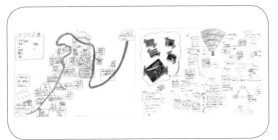

問いストーリーマップ

このマップは単元のスタートからゴールまでを表し、プロセスで学んだこと、気づいたこと、疑問に思ったことを随時記録していくものである。教師もこのマップを見ることで子どもの変容が見て取れるし、何より、子ども自身がゴールを常に意識できること、そして、ゴールと現在地の差を常に自覚できることがこのツールのよさである。

このツールでの子どもの表現を見ながら、以下のような評価基準を作成し、形成的な評価を行った。

　A　問題解決を面で行っている。
　B　空間的、関係的、時間的な視点で社会的事象を捉え、具体的事象同士を比較、関連づけ、総合し、問題解決を線で行っている。
　C　問題解決を点で行っている。

単元を通して、核となる問いは「持続可能な社会をつくる仕組みを見いだすこと」である。マップの中には、さまざまな見方・考え方が表出される。

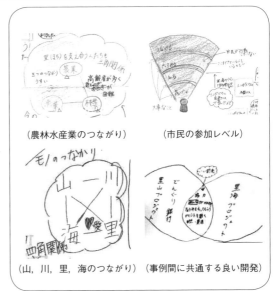

A 「行政」「市民」「産業」だけでなく、持続可能な社会づくりに必要な社会のあり方を多面的に捉えている。【面で捉えている】

B 「行政」「市民」「産業」のつながりが大切と表記。【線で捉えている】

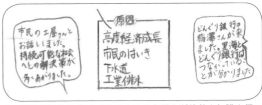

C 持続可能な社会をつくるために必要な断片的な知識を得ている。【点で捉えている】

このように、見方・考え方を「面」「線」「点」を基準に捉え、その質的転換を形成的に見て取り、指導に活かした。子どもたち自身も、学びのプロセスで自己の変容を認知し、学びの意味を実感することができた。

5年 理科 実践④

水にとけた食塩のゆくえを考えよう
自然の理を客観的に捉え，納得解を生み出す理科学習

「物のとけ方」『新しい理科5』（東京書籍）

授業者 橘 慎二郎

全体の単元構想

◆はじめに

　本校ではめざす子どもの姿を「分かち合い，共に未来を創造する子ども」と設定し，これまで，子ども中心の教育観を貫いてきた。学びたい，他者と関わりたい，問題を解決したいというのは子どもが本来もっている願いである。これからの教育では，子どもたちの学びの道筋を教師が直接的に示すのではなく，子どもが本来もっている力を引き出しつつ，子ども一人ひとりにとって意味のある学びへと高めていけるように支援していくことが大切である。たとえ壁にぶつかったとしても，「ひと・もの・こと」と豊かに関わり，分かち合いながら，新たな解決方法を探っていける力を育むことが，私たち教師に課せられた使命の一つであると考える。

　これからの授業づくりでは，授業のスタートからゴールまで，子どもが自ら問いを見いだし，具体的な体験の中で試行錯誤を重ね，自分にとって意味のある知にたどり着くまでのプロセスを大切にしたい。教師は単元において育みたい見方・考え方を想定しつつ，子どもの目線で単元を構想し，学びの状況づくりに徹していく。与えられる学びから，自ら問い続け，生み出していく学びへと転換する。そのような授業こそが，本校が長年めざしてきた子ども主体の学びにつながっていくと考える。

◆理科の本質と育みたい子どもの姿

　理科の本質は，自然を観る鋭さと自然を愛する心情を育み，自然観を豊かにすることである。ここでの「自然観を豊かにする」とは，ありのままの自然の姿を注意深く観察したり，条件を整えながら意図的に働きかけたりすることによって，自然界に存在する物事の理を見いだすことである。本単元では，水に溶けて見えなくなった食塩の行方を探る過程を通して，ものが水に溶けることについての自然観が豊かになることをねらっていく。さまざまな実験や観察を通して対象にくり返し働きかける過程を通して，水に溶けた目に見えない溶質を粒のイメージで捉えられるようにする。併せて，単元の学びをもとに，実生活で見られる現象を科学的に問い直す目を育み，自分なりの納得解に向かって常に問い続け，求め続けようとする態度も育みたい。

　本単元では，水に溶けた物質の広がりをイメージ図に表し，実験や観察の結果を拠り所としながら図の修正をくり返していく。ここでは，子どもの発想を活かした実験や観察方法を試行する場を保障することで，子どもたちが見いだした事実をより実感を伴ったものとして意味づけていけるようにしたい。

指導計画

●単元の目標
・ものが水に溶けるとは、一体どういうことだろうか。

●単元構成（総時数14時間）

次	時間	学習活動	問題解決過程における子どもの意識の流れ
1	1	(1) 食塩が水に溶ける様子を観察する。単元の課題を確認する。	・水は透明なのに、その中で白い食塩の粒が見えなくなるなんて不思議だな。牛乳は白いのに、食塩水はなぜ白くないんだろう。 単元の課題を共有する。
	2	(2) ものが水に溶けても質量が保存することを確かめる。	・結構な量の食塩が溶けている状態でも、食塩水は水と同じように無色透明なんだな。それと、溶けているものがどんなに小さな粒になっても、元のものが小さく分かれるだけで、重さの総量は変わらないんだな。
	3	(3) 食塩を水に溶かしたときの食塩水の体積変化を調べる。	・食塩を溶かしても、水のかさは思ったよりふえなかったよ。食塩の粒は一体どこに入り込んでいるのかな。
	4	(4) 食塩水や泥水をろ過する。	・食塩は水に溶けるけど、泥は水には溶けないんだな。ものによって溶けたり溶けなかったりするんだな。
	5	(5) 身近なものの溶け方を予想する。	・「砂糖」「コーヒーシュガー」「流せるティッシュ」「味噌」は、普段の生活の中では「とける」イメージがあるけれど、本当にどれも水に溶けるのかな。
	6 本時	(6) 身のまわりのいろいろなものが水に溶けるかどうか調べる。その上で、水溶液中の物質の広がりを想像し、これまでのイメージ図を修正する。	・ものには溶けるものと溶けないものがあるんだな。溶けたものは下の方が濃いと思っていたけど、容器の中ではまんべんなく広がっているんだな。 「見方・考え方」物質の固有性・保存性に着目し、現象とイメージ図とを関連づけながら、目に見えない物質の水溶液中の広がりについて考えている。
2	7	(7) 水に溶けるものの量には限りがあるかを調べる。	・食塩が水に溶ける量には限界があるよ。食塩以外のものは水にどのぐらい溶けるのか、調べてみたいな。
	8	(8) 水の体積や温度を変えると溶けるものの量が変化するかどうか調べる。	・水の量を増やすとたくさん溶けるのはイメージしやすいけど、同じ体積でも温度によって溶ける量が変わることが不思議だな。
	9	(9) 水に溶けるものの重さは、水の体積や温度、またはものの性質によってそれぞれ異なることを見いだす。	・ものが入り込む水の隙間は、水の体積や温度によって変わるんだな。限界まで細かくなった粒でも、ものによって大きさが違っているのかもしれないな。 「見方・考え方」物質の固有性・保存性に着目し、現象とイメージ図とを関連づけながら、目に見えない物質の水溶液中の広がりについて考えている。
3	10	(10) 水に溶けたものを再び取り出す方法について考える。	・海の水から食塩を取り出すと聞いたことがあるよ。水の中に溶けたものはそのままの性質で取り出せるのかな。目に見えないものが再び集まってくるのかな。
	11	(11) 水を蒸発させたり、温度を変化させたりすることで、溶けているものを取り出す。	・溶けたものは質が変化せず、そのまま出てきたのが驚きだ。この便利な方法は、きっと自分たちの身のまわりでも上手に利用されているんだろうな。
	12	(12) 水を冷やすことで溶けているものを取り出す。	・水を温めたり冷やしたりすると、ものが入り込める隙間が広がったり狭まったりするのかもしれないな。 「見方・考え方」物質の保存性に着目し、現象とイメージ図とを関連づけながら、目に見えない物質の水溶液中の広がりについて考えている。
4	13 14	(13) 実社会で有効利用されている水溶液について調べ、ものが水に溶けるよさや、ものを溶かす水の不思議さについて考える。	・ものが水に溶けるおかげで人間は栄養を吸収したり不要なものを排泄したりできるんだな。病院で使われている点滴も水溶液だな。水溶液は自分たちの身のまわりのいろいろなところで役に立っているんだな。

本時の学習

本時 6/14

●ねらい
・水にものが溶ける様子を観察し，これまでの学びとつないで，食塩水のイメージ図を完成させることができる。

●展開

学習活動	課題を解決していく過程	教師の指導
	単元の課題 私たちの身のまわりにはさまざまな「とける」が存在します。温かくなると氷がとけて水になります。絵の具は水にとけて，美しい色をつくり出します。「とける」とは一体どういうことでしょう。科学の目で，見えないものを見て，「とける」秘密を解き明かしましょう。	・本時の見方・考え方や創造された知の獲得につながるように，これまでの問題解決の過程を振り返ることができるようにしておく。
①これまでの学びを振り返り，単元の課題とつないで，本時の学習課題を確認する。	「ものが溶けるとはどういうことだろう？」 もう少しで自分なりの結論にたどり着けそうだ。 身のまわりのものを水に溶かして，「ものが水に溶けるイメージ」を膨らませよう。そして，食塩水のイメージ図を修正しよう。	・予想を立てる際には，これまでに修正してきたイメージ図を足がかりに，粒の広がりや大きさに着目しながら考えるよう助言する。個々のイメージ図は教室内に掲示し，いつでも確認ができるようにしておく。
②いろいろなものを水に溶かす。	食塩水は無色透明だから，食塩の行方はまだわからないよ。色のついたものを溶かせば溶けたものの行方がわかるかな。 【砂糖】食塩と同じように無色透明になったよ。／【コーヒーシュガー】水溶液全体に茶色い色がついて透き通ったよ。／【ティッシュ】いくらかき混ぜても固まりが残ったままになったよ。／【味噌】透き通っているところとそうでないところに分かれた。 食塩と同じように透明になって粒が見えなくなった。溶けたといえそうだ。／食塩を水に溶かしたときとは様子が違うよ。これは溶けたといえるのかな。	・実験の効率化を図るために，味噌やコーヒーシュガーを溶かす際には水の代わりに湯を用いるようにする。 ・安全に配慮しながら，水溶液の味を確かめる場面を設定し，諸感覚を通して溶質の均一な広がりを捉えることができるようにする。
③液をろ過し，溶けたかどうか検証する。	ろ過をして溶けたかどうか確かめよう。 溶けたといえそうだ。／溶けたといえそうだ。／溶けたとはいえなさそうだ。／溶けたところとそうでないところに分かれた。	・子どものイメージ図の変容を板書に位置づけ，個々の物質観の高まりを全体で共有できるようにする。
④ろ液の色と味を確かめる。	コーヒーシュガーを溶かした水溶液は，色が同じ濃さで全体に広がっているよ。 容器の上の方と下の方の水溶液の味を比べてみよう。 →どこも同じだ。	**☑評価** 諸感覚や発想を活かした実験や観察を通して対象に働きかけ，事実と目に見えない粒のイメージとを関連づけて考えているかどうかを評価指標をもとに評価する。そして，実験データをもとにイメージ図を見直すよう指導する。
⑤調べたことをもとに，イメージ図を修正する。	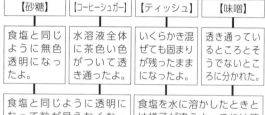 液の色の広がりや味から判断すると，溶けているものは水の中で均一に広がっていると思うよ。 「溶ける」とは粒が見えなくなって，均一に広がっていることなんだな。	・事実とイメージをつなぐことで，見えないものの様子や働きを実感として捉えることができることを全体で再度共有し，本時のまとめとする。
⑥本時のまとめを行う。	目に見えないほどの小さな世界が，少し見えてきた気がするよ。これからもものの溶け方について調べていきたいな。	

授業の様子

▶「感受・想像・意味づけ」をくり返しながら物質観を深める

本時ではまず，いろいろなものを水に溶かし，溶けたものの広がりを観察することで，その行方を視覚的に捉えようとすることからスタートした。ここで扱ったものは「砂糖」「コーヒーシュガー」「溶かせるティッシュ」「味噌」の4種類である。これらは子どもが家庭から持参したものであるが，これらを溶質として選択した理由は，「無色のものと有色のものを比較してみたい」「一般的に溶けると言われているものが，本当に溶けるかどうか試したい」「日常的に使うものを扱いたい」等であった。子どもたちはこれまでの学習の中で水に溶けたものの重さがなくならないことを確かめており，水溶液中の溶質の存在については認めているものの，それらがどこにどのように存在しているのかは十分に確かめられていない状態であった。

身のまわりのものを水に溶かしてみる

ここで，水溶液中の溶質の広がりを確認するだけであれば，コーヒーシュガーを水に溶かすだけで十分のはずである。しかし，単元を通して「ものが水に溶けるとはどういうことか？」という問いを深く追求してきた子どもたちは，本時においても自らの物質観を広げるために，さまざまな方法で対象にくり返し迫っていった。たとえば，ろ過を行うことで溶かそうとしたものが本当に溶けているかどうか確かめたり，ガラス棒でくり返し溶かすことにチャレンジしたりという姿が見られた。

ものが水に溶ける様子を観察する子ども

日常生活の中で何となく「知っている」「わかったつもりになっている」という状態と，目の前の現象を通して客観的事実を突きつけられる状態では，子どもの心の動きはまったく異なってくる。本時は，味噌が水に溶けきれずに分離する様子や，「水に溶ける」と銘打たれた流せるティッシュが実際はほとんど溶けないという事実に直面し，あちこちから，「えー？」「何で？」という声が聞こえてきた。

納得のいくまで実験をくり返していく

その後，子どもたちは実験結果をもとに話し合い，溶けたもののイメージ図を修正していっ

第3章 | 香川大学教育学部附属高松小学校の実践

た。以下の写真では，子どもが水を粒で捉えている様子が見て取れる。コーヒーシュガーの色の広がりから，ほとんどの子どもが溶質は均一に広がると結論づけたが，中には砂糖水の味を確かめることで，さらに演繹的に認識を深めている子どももいた。目に見えない世界をイメージし，諸感覚や客観的事実を拠り所としながらその世界を捉えていく活動を通して，子どものイメージは空想ではなく，より科学的なものへと近づいていった。

確かめた事実をもとに，イメージ図を修正する

他グループの捉えと比較しながら考えをつくる

ここで面白いのは，実験結果を互いに共有し，話し合いを重ねた上でも，それぞれのイメージ図の中に多様性が残っていることである。

右上の2つのイメージ図は，いずれも本時の終末に子どもが描いたものではあるが，溶けたものが常に対流をくり返したり，水溶液の底に沈んだりといったふうに，誤概念が残っているのが見て取れる。コーヒーシュガーの色の観察では均質な広がりを主張していた子どもがほと

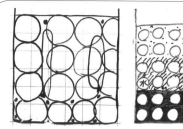

実験後の子どものイメージ図の例

んどであったが，最後に水面付近と底付近の甘さの違いを確かめたとき，その微妙な感覚の違いから，自信が揺らぐ子どもが見られたのである。

本時ではこのような子どもに対し，「おかしい，実験で確かめた結果と合わない」という発言も出たが，中には「本当のところはわからない。もっと別の方法で確かめるべきではないか」という意見も聞こえてきた。時間的な都合で，ここで授業は終了となり，再実験は次時に持ち越されることになったが，常に問いをもち，学び続けようとする子どもの姿が見て取れた。

次時には実験用ガスコンロを用いて水溶液を蒸発させ，外に出てきた溶質の量を比較することで，「水に溶けたものはやはり，水溶液中のどの部分にも同じように広がっている」と結論づけた子どもが多かった。中には顕微鏡で水溶液中の溶質の存在を確かめようとする子どもの姿も見られ，それまでの知識や技能を総動員しながら問題解決に取り組もうとする態度に頼もしさを覚えたりもした。

単元を貫く学習課題を設定し，子どもの意識の流れを大切にしながら単元展開を行ったことで，真の納得につながったのではないだろうか。

子どもの変容と評価

▶ **事実を拠り所にしながら自然の理を客観的に捉え，自分なりの納得解をつくる**

本単元では，目に見えないものの行方について，子ども同士が共通の土台で話し合い，溶解に対する認識を深めていけるように，イメージ図をもとに互いの考えを修正していく場を設定した。イメージ図の変容例を以下に示す。

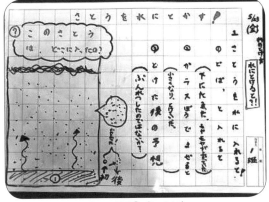

イメージ図①（1／12）

ものがビーカーの底に沈み，そこからもやが立ち上る様子から上図（イメージ図①）のような形になった。ここではまだ目に見えたままの図であり，自然観の深まりは見て取れない。

コーヒーシュガーを水に溶かし，観察した後で修正（イメージ図②）。溶液の濃さを色の広がりで捉えることができず，粒の動きをもとにした観察から誤概念を残している。

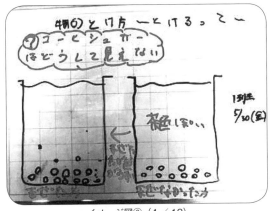

イメージ図②（4／12）

コーヒーシュガーを1週間放置し，色の広がりを観察したのち修正（イメージ図③）。粒が溶けきって見えなくなったため色の広がりに着目することができ，誤概念が薄れてきている。

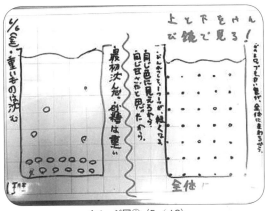

イメージ図③（5／12）

子ども主体の問題解決をくり返すことを通して，子どもの自然観は深まっていく。ここではさらに，子どもが単元での学びを活かし，自分の身のまわりをどのように捉え直しているか見ていくようにした。理科日記の記述からは，「水はぎゅうぎゅうにつまっているはずなのに，ものが溶ける隙間があるなんてすごい」「水にものが溶けるおかげで，点滴などの薬がうまく摂取できるのだろう」などといった表現が見られ，学んだことの意味を実感している様子が見て取れた。また，「砂糖が少量の水にでも際限なく溶けるのはどうしてか？」「水以外にもものを溶かす働きがあるのか？」といった，新たな疑問をもつことができている子どももいた。

理科学習において子どもは「疑問をもちながら半分ずつわかっていく」のであると考える。結論を急がず，できるだけ子どもの発想や問い，願いを大切にしながら進めていく。このような授業が主体的に学ぼうとする子どもの姿につながるのではないか。

6年 国語 実践⑤

読み取ろう，人物像　考えよう，「めざす人物像」
自分づくりをめざしながら国語科の見方・考え方を育む授業

「風切るつばさ」『新しい国語 六』（東京書籍）

授業者　加地美智子

全体の単元構想

　国語科では，言語活動を通して，言語感覚を働かせながら，言語の果たす役割やその素晴らしさを見いだす，言語に対する見方・考え方を育むことをめざしている。

　高学年の物語文単元では，人物像やその役割に着目して，行動や会話，情景などを通した暗示的表現から，登場人物の相互関係や心情について考える。象徴性や暗示性の高い表現や内容などに着目し，優れた叙述について考えることができるような見方・考え方を育みたい。

　このような単元を構想する際に大切にしていることが3つある。

①年間を貫く目的を教科学習と創造活動で横断

　教科学習と創造活動*で，「よりよい自分づくりのために」という年間を貫く目的をもって取り組むことが，主体的に子どもたちの学習や活動の場の設定となり，それらを積み重ねることが2領域カリキュラムで子どもを育てるのに有効ではないかと考える。そこで，6年生では，1年間の国語科の学習を通して「どんな自分になって卒業したいかを考え，国語の学習目標を立てよう」という時間を設ける。今の自分を見つめ，国語科の学びを自分づくりに活かす見通しをもつ場を設けることで，国語科の学習で「どのように社会と関わり，よりよい人生を送るか」を考えたいという意識を高められる。

　本単元では，読み取りを通して考えた「めざす友人像」を「自分づくりファイル」に書き留めていく。主教材文とさまざまな図書を学習材として用いることで汎用化を図り，それぞれの学習材を通して考えたことをつないでいく過程においても見方・考え方が育まれると考える。
＊創造活動＝知を創造する教科学習に対して，価値を創造することで生き方・あり方の深化をめざす本校独自の領域。

②言語活動を通して「読みのものさし」の共有

　本単元でめざす見方・考え方を育むために，中心となる言語活動として人物関係図づくりを取り入れる。人物相互の関係に着目し心情を読み取る学習材にふさわしい言語活動であり，各自が表す人物関係図を交流したときに気づく共通点やズレが読みのものさしをつくり，共有していくこととなる。人物関係図を通して見方・考え方の更新が促されるよう，教師の発問や教室環境の中でも，子どもがものさしを使う場面を増やせるようなしかけを行いたい。

③自分にとって意味のある知を生む環境

　単元を通して一人ひとりが自分づくりの目的に応じた学びができるよう，教材文とつないで読む図書を豊富に用意する。題名読みができるよう，また，自分の読書記録として役立てることができるよう，図書リストを作成し配布する。

指導計画

●単元の目標
・自分づくりの目標をもって読み取り,中心となる言語活動・人物関係図づくりと交流をくり返しながら,読みのものさしをつくる。

●単元構成(総時数10時間)

次	時間	学習活動	課題を解決する過程における子どもの意識の流れ
1	1	(1) 学習計画を立て,単元の課題と自分の目標をつくる。	・自分づくりのめあてを意識すると,物語文の読みは自分にとって意味のある学びになりそうだ。特に,友だちとの関係やそのときの心情を読み取り,「めざす友人像」を考えよう。
2	2 3 4 5 **6** **本時** 7	(2) 教材文を読み,全体の構成を大まかに捉える。 (3) 人物関係図の表し方を考える。 (4) 各場面の人物関係図を表しながら,人物相互の関係と心情を読み取る。 (5) 作品の主題を考える。	・中心人物・クルルと対人物・カララの関係が一度は壊れかけるが,再び真の友情を築くという,人物関係や心情が読み取れる話だね。 ・設定と結末のない,展開1〜3と山場の4場面構成だね。 ・人物の関係は,人物Aが人物Bに向けている気持ちを考える手がかりとなる叙述を見つけ,人物を結ぶ双方向の矢印の横に簡潔にまとめると,心情を考える手がかりになるね。 ・クルルの行動や会話に着目すると,群れのみんなに言い返せなかったから,悔しさ,つらい思いだけが残っているね。群れのみんなは,口々に責める言葉を浴びせかけ,クルルを追いつめたね。 ・群れのみんなの攻撃的な無視とカララの消極的な無視は違うよ。でも,クルルの心情を想像すると,どちらもつらく悲しい無視だ。 ・再びクルルが飛べたのは,カララのおかげだね。カララの問いかけに「笑ってみせた」ことからクルルの心情の変化もわかるよ。 ・人物関係図の矢印に添えた言葉から,これまでの場面と違ってクルルとカララの心情が似ているよ。気持ちが重なってきたのかな。 ・前の場面とつないで,「友だちとは生きる力をくれる存在」ということが強く心に響いてきたよ。友だちの考えた主題はどうかな。
3	8 9 10	(6) 選んだ本の人物関係図を表しながら,人物相互の関係と心情を読み取り,「めざす友人像」を考える。	・自分が選んだ本についても人物関係図を書くと,人物相互の関係や心情を読み取ったり友だちと交流したりすることができるよ。 ・私は,教材文のクルルや自分の選んだ本の主人公の行動や会話に着目し,誰に対しても差別することなく,素直に友だちを受け入れる友だちでいたい。「関わりを大切にする自分」になれそうだ。

本時の学習

本時 6/10

●ねらい
・人物関係図を交流したときに気づく共通点やズレから読みのものさしをつくり，読みを深める。

●展　開

学習活動	課題を解決していく過程	教師の指導
	単元の課題 物語には人物相互の関係や心情が描かれていて，自分と重ねて読めるね。物語の人物関係図を表し，友だちとの関係や心情を読み取ろう。そして，登場人物と自分をつないで考えためざす友人像を自分づくりファイルに書き加えよう。	・前時までの学習過程がわかるように，前場面までの人物関係図や自分づくりの課題を掲示する。
①前時までの人物関係図を振り返ることで，本時の学習課題を確認する。	友だちを支えたいクルルの心情と相互関係から「どんな状況でも友だちを支えぬく人」でいたいと思ったよ。 ／ 待ち続けるカララの心情と相互関係から，「支えてくれた友だちを裏切らない人」でいたいと思ったよ。 第4場面の人物関係図から人物相互の関係や心情を読み取ろう。	・前時までに読みの中心として選んだ人物の心情や相互関係を振り返り，本時の課題を確認する。 ・登場人物の会話文や行動，様子を人物関係図に表して心情を考えることで，場面ごとの相互関係や心情を読み，変化を見てきたことを確認する。
②第4場面の人物関係図を表して，人物相互の関係や人物の心情を読み取る。 (1) 叙述をもとに人物の心情を捉え，人物関係図に表す。 (2) ペアで交流する。 (3) 全体で交流する。	**カララ→クルル** ・いつも守ってくれる友だち ・行動を共にしたい友だち ・再び受け入れてくれた友だち ・真の友情 **クルル→カララ** ・心を支えてくれた友だち ・再び飛ぶチャンスをくれた友だち ・心を解かしてくれた友だち ・真の友情 **カララ→クルル（例）** ・「一緒に行ってくれるかい」 ＝一緒に生きたい友だち →友だちを信じ続ける大切さ **クルル→カララ（例）** ・「笑ってみせた」 ＝生きる希望をくれた友だち →友だちは生きる力をくれる カララは第3場面からクルルのとなりでいたけれど，一緒に飛んで生きていくのを望んでいたよ。 ／ クルルは第1場面でカララを支えていたけれど，今はカララに支えられていると感じているよ。 ただとなりにいることでカララの覚悟が伝わり，クルルにとってカララは心強い友だちになれたよ。 ／ クルルとカララの関係は切れたように見えたけれど，友だちを思う気持ちは残り続けるものだな。	・叙述のサイドラインと人物関係図の矢印の色を人物ごとに揃え，叙述と関係図のつながりが視覚的にわかるようにする。 ・根拠となる叙述と友人像を交流し，互いの読みを意味づけることで深め合うように助言する。 **☑ 評価** ペア交流で，自分の読みを伝え合い，友だちの読みを共感的に意味づけることができたか。 ・ペアで話し合ったことから，「誰の会話文や様子からどんな心情を読み取ったのか」，そこから「どんなことが心に強く響いたのか」が明確になるような発問を行う。
③本時における自分の見方・考え方の変容を振り返る。	相互関係や心情を図に表しながら読み取り，交流すると，ある場面から，または他の場面とつないで，行動や態度が心情とつながっているのかに気づくことができたね。 これまでに表した人物関係図をもとに，作者が伝えたかったことは何か考えよう。 ／ 第4場面で考えた「めざす友人像」について，「自分づくりファイル」に書き加えよう。	・人物関係図を使った読み取りを振り返り，第3場面までと比べた人物の心情の変容をまとめ，本時の学びを自己評価できるようにする。

授業の様子

本時，子どもたちは，前場面までのクルルとカララの関係や互いの心情がどのように変化したかを考え，それを友だちはどのように捉えているのかを知りたいと思っていた。そのために，本時では，前時までと同じように場面の人物関係図をつくり，そこに表れた行動や会話をもとにして前時の表現と比べながら，カララに対するクルルの心情やクルルに対するカララの心情を表現していくこととした。

まず，人物の心情を考えるために手がかりとなる叙述にサイドラインをつけた。前場面までも，クルルの心情につながる叙述には赤，カララの心情につながる叙述には青を使うことにしてきた。

学習の進め方を確認し見通しをもたせる

その色は，人物関係図の矢印の色とも揃え，教材文から人物関係図へのつながりが視覚的にわかるように工夫した。

カララに対するクルルの心情については，「こいつ覚悟してるんだ」「おれが飛ばないとこいつも」「危ない！」「つき飛ばすように」「わたれるぞ」「もちろんさ」「笑ってみせた」等の叙述をもとに，

「信頼を取りもどした友だち」

「信用できる親友」

「待ってくれていた親友」

といった表現でまとめる子どもたちの姿が見られた。一方，クルルに対するカララの心情については，「それを合図に跳び上がった」「ふり向いて」「一緒に行ってくれるかい」等の叙述をもとに，

「近くにいてほしい存在」

「とても大切な親友」

といった表現でまとめる子どもたちの姿が見られた。

この1人読みの段階では，机間指導をしながら一人ひとりがどの叙述に着目して思考し，ど

一人ひとりが何をどのように学ぶかを見て取る

のように表現しているのかを見て取ることに重点を置いた。

次に，ペア対話では，どの叙述をもとに人物相互の関係や互いの心情をどうまとめたのかを話し合った。友だちに自分の表した人物関係図を見せながら，

人物関係図をもとにペア対話する子どもたち

根拠となる叙述を示し，そこから人物の心情をどのように読み取ったのか，また，相手にとってどのような存在＝友人像と捉えたかを交流した。従来型の授業でも対話を用いることが多かったが，特にアクティブラーニングが強調される中で，「対話的な学びの過程」において，対話で思考を広げ深めていくことが重視されている。ペア対話が，単なる各自の読みや表現の報告ではなく，対話を通して互いの読みの共通点やズレに気づき，そこから新たな思考や判断が生み出される過程となることが大切である。そこで，共通点やズレを自覚化し，互いの読みを意味づけすることで深め合うように助言した。

このペア対話の段階でも，机間指導をしながら，各ペアがどのような表現に着目し，互いの

共通点やズレに感受しているのかを見取ることに重点を置いた。その中で，

各ペアが何をどのように学ぶかを見て取る

「前の場面では『…友達』なのに『…親友』という言葉を使っているのはなぜか」

といった表現の変化に着目し，意図をたずねる交流をしているペアが見られた。

そこで，全体交流では，子どもたち個人の読みやペア対話での変容を取り入れた意見を出し合う中で，根拠とした叙述と友人像を関連づける発問だけではなく，前場面の「友達」から本場面の「親友」へ表現を変化させたことについて話し合ったペアのやりとりを取り上げ，

「この場面でクルルにとってカララの存在を『親友』と表現したが，前の場面ではどのような存在と読み取っていたのかな？」

「カララの存在を『友達』という表現から『親友』という表現へ変えたのはなぜ？」

といった発問を全体へ行った。本場面で，クルルにとってのカララの存在，あるいは，カララにとってのクルルの存在を「親友」という言葉で表した子どもたちを中心に，その焦点化された発問に感受し，前場面までの叙述や心情に立ち返って思考し，自分の考えを述べた。そのことにより，変容した言葉を焦点化して前場面までとの違いを比べながら読むと，人物の心情の変容を明らかにすることができ，人物の心情や人物相互の関係を構造的に捉えようとする見方・考え方が育まれる場となった。

また，全体交流に出された意見には，

「やっぱりいちばんの友だち」

「やっぱり大切で助けたい親友」

等，「やっぱり」という言葉を使って表現する子どもが複数いた。そこで，

「『やっぱり』に込めた意味は？」

と，「やっぱり」に焦点を絞った

表現から心情を探った全体交流の足跡

思考を促す発問を行った。そのことにより，クルルとカララが互いを気にかけて大事な友だちだと思っていたが，すれ違いに苦しみ，それを乗り越えた過程や互いを大切な存在だと再認識した思いの深さを感じた自分の読みを明らかにすることができた。

このように，人物関係図を使った教材文の読み取りを場面ごとにくり返し行い，対話的な学びの過程を重視することを通して，言葉を焦点化して前場面までとの違いを比べながら読むと，人物の心情の変容を明らかにすることができるといった「読みのものさし」を自覚して共有することができ，人物の心情や人物相互の関係を構造的に捉えようとする見方・考え方が育まれていった。

また，「友達」と「親友」という言葉を使い分けて「親友」に価値を置いたこと，「やっぱり」という言葉からすれ違いを乗り越えられたこと等から，自分自身はまわりの友だちにとってどんな存在でありたいか，そのためにどんな友人像を描いてそれに近づきたいかを考えることができ，国語科で「自分づくり」を進めることができた。本単元では，並行読書をしてきた図書を1人1冊持っていたが，本時のものさしや見方・考え方を使って読み，自分づくりに活かしたい思いが高まったのではないだろうか。

子どもの変容と評価

▶国語科の見方・考え方を育むとともに自分づくりへとつなぐ子ども

本単元では，評価の観点【知を創造していく過程での見方・考え方】を，
「登場人物の相互関係や心情を捉えるために，人物像やその役割に着目し，優れた叙述が醸し出す味わいを感じ取り，交流を通して自分の考えの深まりや変容について考えている」
とした。それを受けて，本時において期待する子どもの姿を，

◆人物像やその役割とともに「象徴性や暗示性のある表現」の変化にも着目し，人物の会話文や行動，様子を表す叙述を見つけ，それらを手がかりとして人物の心情を想像して人物関係図に的確に位置づけている。

◆友だちとの交流では，人物関係図を指し示しながら，叙述を根拠に心情について説明するとともに，友だちの考えについて意味づけをしながら深めている。

と想定し，支援を行った。

本単元の中心となる言語活動である人物関係図づくりやそれをもとにした対話は，場面ごとに行ってきたので，子どもたちの多くは，人物の心情や相互関係を考える根拠となる叙述を的確に見つけ，人物関係図に位置づけることができていた。また，「『友達』から『親友』へ」「やっぱり」といった言葉に焦点化した発問や交流により，人物の心情から友人像へと迫ることができていた。

「まわりの友だちにとってどんな存在でありたいか」といった友人像は，自分づくりにつながる内容である。本単元においても，自分づくりに関わる学びを感じたときには，自分づくりの足跡ファイルに蓄積されていくようにした。自分づくりに関わる本単元での目標をもち，人物関係図を表しながら読みの力をつける学習展開を行う中で，登場人物の相互関係や心情につながる表現を比べたり，それらを関連づけたりして考えることで，作品における人物像を読み取るとともに，実生活においてめざす友人像を探ることをもめざしたのである。

右は，A児が本単元での学習と自分づくりをつないで書いたものである。クルルとカララの心情や相互の関係を読み取る中で，第3場面でクル

本単元における「よりよい自分づくりシート」

ルのとなりにじっと座って待ったカララの心情や，第4場面でカララを助けるために羽ばたいたことで思いがけず飛べたクルルの心情に感受し，読みを深めたことを自分につないだ学習の跡がうかがえる。

このように，年間の国語科学習で育てたい子どもの姿や到達目標を想定し，学級創造活動でも取り組んでいる自分づくりの課題と関連づけて単元を構想したことにより，子どもたちはより主体的に国語科の学習に取り組むことができたようである。実社会，実生活からスタートすることで，アクティブラーニングを意識した単元が構想でき，そこでの学びは子どもの生き方・あり方につながるものとなり得るものである，と本実践を通して感じた。

6年 体育 実践⑥

バッチ〜ンバレーのおもしろさを伝えよう
子どもの意識の流れを教材や単元の課題でつくり出す授業

「ソフトバレーボール」『わたしたちの体育』（文教社）

授業者　山西達也

全体の単元構想

　子どもが主体的に，共感的・協同的に，運動の面白さに迫るために「教材化」と「教科の本質に迫る子どもの意識の流れをつくり出すしかけ」の２つが大切である。

◆**教材化について**

　本単元で扱う「ネット型」は，「コートを敵と味方に区切り，攻撃と守備を分離して得点を競う運動である。攻撃をするときに相手の影響を受けずに攻めることができるため，自分たちの攻撃が組み立てやすい」という特性がある。

　このような特性に子ども自ら働きかけるために，次のようなルールの工夫を図った。

・アタックを打ちやすいように，セッターはキャッチしてトスを上げる。
・アタックを打ちやすいように，ジャンプしなくても，肘の辺りが出るくらい低くネットの高さ（本実践では150cm）を設定した。
・初めからブロックを認めるのではなく，ブロックをしたくなる状況（アタックがよく決まる）をつくり，子どもが必要感をもったところでブロックを認める。
・すべての子どもたちがアタックを打つ面白さを実感するように，個々人のアタックによる１点目を10点とする特別ルールを設けた。また，ブロックに関しても，決まるごとに10点とすることとした（弾く機会が多いゲームなので，「バッチ〜ンバレー」と命名）。

◆**本質に向かう子どもの意識の流れをつくる**

　本実践では，ネットの高さを低くすることでアタックだけでなく，ブロックもしやすい状況をつくった。そうすることで，「ブロックをかわすために，いかに攻撃を組み立てるか」という本質的な問いが子どもから生まれた。

　また，第１次のときに，プレルボールがうまくいかないと困っていた４年生にこつを教える機会をつくり，こつを伝えることのよさを実感するようにした。そして，自分たちが卒業しても下級生が困らないように，こつがたくさん詰まった「バッチ〜ンバレー」のビデオを最後につくることが単元を通しての課題となった。

　単元の前半では，プレルボールでの既習内容（４年時）を想起しながら攻め方・守り方について考え，その中で，個人の技能を高める機会を保障する。技能が高まったところで，ブロックを導入し，ブロックをかわすために，いかに攻撃を組み立てるかという本単元のねらいに迫るようにした。特に，タブレット端末で試合の映像を撮って振り返ったり，データを取ったりしながら，自分たちでチームの問題を見いだし，さまざまな方法を試しながら解決していった。

指導計画

● 単元の目標
・簡易化されたゲームで，チームの連係による攻撃や守備によって攻防をすることができる。

● 単元構成（総時数9時間）

次	時間	学習活動	課題を解決する過程における子どもの意識の流れ
1	1 2	(1)「バッチ〜ンバレー」を知る。	・プレルボールと同じように，アタックを決めると気持ちがいいし，試合に勝つとうれしいな。たくさん勝ちたいな。 ・4年生との交流はよかったな。この面白さを伝えたいな。 単元の課題を共有する。　　　　　　　　　※詳細は本時の学習を参照
2	3 4	(2) プレルボールと比べながら，攻め方や守り方を見つける。	【攻め方に関して】 ・コートの線の近くをねらってアタックを打つと相手がとりにくいよ。手をグーにして打つと強いアタックが打てるよ。 ・アタックが打ちやすいトスの高さは人によって違うよ。 【守り方に関して】 ・アタックでラインの近くをねらわれるから，その近くで守ろう。どこにアタックを打ちそうか，相手の体の向きに注目するといいよ。 ・アタックレシーブはつなぐことよりも，上に高く上げると友だちがつなぎやすいよ。すぐに，カバーにいけるように，準備をしたり近くに行ったりするといいよ。 「見方・考え方」 時間・空間・体の形・仲間・力加減の5つの視点から試合結果や試合中の他チームの動きを比べ，自分たちに合った攻め方や守り方を考えている。
3	5 6	(3) ブロックを使った守り方について考える。	・ブロックの「人数」「タイミング」「場所」などから，自分たちに合ったブロックの仕方を考えるといいよ。 ・ブロックする人以外のポジションを考えないと，アタッカーに狙われやすいね。 「見方・考え方」 時間・空間・体の形・仲間・力加減の5つの視点から試合の映像や試合中の他チームの動きを比べ，自分たちに合ったブロックの仕方を考えている。
4	**7** **本時** 8	(4) ブロックをかわして得点を決めるための攻め方を考える。	・ブロックをかわすためには，ブロックがいない方に相手をだましてトスを上げたり，ブロックに来る前にアタックを打ったりするといいな。 ・ブロックが来ているかどうかによって，強くアタックを打つのか，弱くアタックを打つのかを考えるといいよ。 「見方・考え方」 時間・空間・体の形・仲間・力加減の5つの視点から試合の映像や試合中の他チームの動き，試合記録を比べ，自分たちに合った攻め方を考えている。
5	9	(5) DVDを完成させよう。	・今までのいいプレイから選んでみよう。 ・初めの頃の試合とはうまさがぜんぜん違うな。

本時の学習

本時 7/9

● ねらい
・見つけてきた攻め方をもとにブロックをかわす方法を想像し，チームに合った方法を見いだす。

● 展　開

学習活動	課題を解決していく過程	教師の指導
	単元の課題 下級生のため，全国の小学生のために，「バッチ～ンバレー」の面白さを伝えたいな。何年先も見てもらえるようにビデオにしよう！　そのためにも，どんな人でもうまくなれるように，たくさんのこつを紹介しよう。	・課題解決しやすいように，本単元で共有した見方・考え方を育む視点を整理し，掲示する。
①本時の課題を確認し，解決の見通しをもつ。 ②ゲーム1を行う。	ブロックをかわしてアタックを決める方法を考えよう。 【速さ】ブロックがくる前に，速くつなぐとよさそうだ。　【場所】右からアタックを打つと見せかけて，左から打ってみよう。　【力加減】ブロックが弾かないように，アタックを弱く打とう。	・しっかりと個々で予想をし，チームで交流してからゲーム1を始める。 ・見方・考え方が表出されるために，チームで問題解決する時間を多く設定する。
③ゲーム1の振り返りをチームごとに行い，課題解決に向けて練習する。	チームのみんなが，攻め方をわからないとうまくいかないな。みんなの考えがわかるように練習しよう。 返ってきたボールがコートの前か後ろかで，速く攻めるかどうか判断する練習をしよう。　アタックを打つ人が誰かわからないように，おとりを使う練習をしよう。　ブロックされたときのカバーを練習しよう。	・個々で考えた攻め方が試せるように，簡易ネットや練習のボールを用意する。 ・ボールの状況や友だちの位置によって攻め方が変わることに気づくように，「いつでもその攻め方ができるのか」と発問する。
④ゲーム2を行う。	見つけたこつや練習の成果をゲームに活かそう。 自分たちに合うように工夫すると，うまく攻めることができるな。　みんながわかって動くことは難しいから，ほかの方法も試そう。	☑ **評価** 自分の感じを大切にし，チームに合わせた解決方法を想像し，課題解決につながる方法を見いだしたかを評価し，ねらいに合った方法になるよう指導する。
⑤これまでの成果を交流し，それをもとにゲーム3を行う。	速く攻めたりおとりを使ったりするとブロックがしにくくてアタックが打ちやすい。また，ボールの位置や友だちの位置によっても攻め方を変えないといけないね。	・子どもの見方・考え方が表出するために，見いだした方法の根拠をたずねる。
⑥本時の振り返りをし，次時の見通しをもつ。	ブロックがあると邪魔なので，面白くないと思っていたけど，チームで攻め方を工夫して決まったときは今まで以上の楽しさがあったな。	・実際の試合でうまくいかなかったとしても，それまでに自分たちが意味づけてきた過程を称賛する。

授業の様子

ブロックする人数やタイミング、ブロックするときの体の形、ブロックする人以外のポジションなどについて前時までに学んできて、ネット際からアタックを打ってもブロックされたりつながれたりする場面がたくさん見られるようになってきた。ネットの高さを低くしたことでアタックがしやすくなった反面、ブロックも決まりやすいようになったのである。【写真1】

【写真1】試合でブロックする場面

そこで、子どもたちが本時に明らかにしたかったのは、「ブロックをかわすための攻め方」についてである。これまでの試合経験をもとに、解決方法を想像してから1試合目に臨んだ。そして、これまで行ってきたように、試合の様子をタブレット端末で1プレイごとに区切って撮影し、その中から、ブロックが決まっているときとそうでないときを比較することで解決方法を見いだすようにした。そして、その解決方法が実際の試合に活かせるかどうかを吟味するための練習時間を確保した。

試合中はもちろん、タブレット端末を見て振り返っているとき【写真2】の子どものつぶやきに注目し、子どもの心が動く瞬間を見逃さないことが大切である。そこで、「やっぱりブロックされた」「やった！ ブロックをかわせた」など子どもの納得した発言に着目するようにした。そして、「どうしてそのようになったのだろう？」と根拠を問うことで、子どもの問題解決過程が表出するようにした。その根拠の中には、「速く攻めるという時間的な視点」「おとりを使うという人間関係的な視点」など、これまでに育まれてきた見方・考え方が含まれているとわかった。

【写真2】タブレット端末を使っての振り返り

「速く攻める（速攻）」「おとりを使う」という解決方法を子どもが発見できたことはこれまでの学習の成果であるが、体育科ではさらにどうすればその解決方法が実現できるかを考えなければならない。そこで、「どのくらい速く攻めたらいいの？」「おとりはどのように使うの？」と発問することで、個々で具体的に想定した動き方の違いが表面化するようにした。そのような状況であえて、「2試合目をしようか」と投げかけることで、子どもから「すぐに試合をするよりも、練習がしたい」という反応が返ってきた。よく、教師の方で練習場面を設定するが、子どもが必要感をもっていなければ有効には働かない。今回のように、子ども自身が、チーム内での捉え方のずれがわかったり、よいプレイを実現するためにはもっと技能を向上させたいと感じたりするように教師が働きかけた上で練

習を導入すると，練習場面においても主体的に，共感的・協同的に取り組む。

練習場面では，グループごとに今行っている練習の根拠やその練習を思いついたきっかけを教師はたずねるようにした。特に，「試合に活かすことができるようにするために，チームとしてどのようなことに気をつければよいのか」を問うようにした。

たとえば，【写真3】のチームは，速く攻めることにこだわって練習していたので，「速く攻めるためには，どのようなことに気をつけたらよいのか」をたずねた。すると，「だれが，アタックを打つかを決めておく」「セッターがキャッチしたら，速く，低くトスを上げる」など複数の視点を組み合わせることで，試合に活かすことのできる方法を考えていた。特に，低いトスで，速くアタックを打つためには，セッターとアタッカーの距離が近いほど，速くアタックを打てることに気づき，友だちにどのくらいの距離に移動してほしいのかを伝え合いながら，チーム内で動き方を共有していた。

【写真3】速攻の練習場面

【写真4】のチームは，おとりを使ってだれがアタックを打つかがわからないようにしようと練習していた。特に，セッター役は，後ろにトスを上げるときのコントロールの難しさとアタッカーがどこに移動すれば，相手が混乱するかについて考え，何度もくり返し行いながらトスの精度を高めたり，うまくいくポジションを見つけたりしていた。また，「○○さんいくよ」といって別の友だちにトスを上げると相手は余計に困るのではないかと考えていた。

【写真4】おとり作戦の練習場面

練習後の2試合目では，多くのチームが速攻でブロックをかわそうとし，うまくアタックを決められるようになった。そして，この速攻の応酬で，試合のスピード感が全然違ってきた。その結果，1試合目以上に，どんな動きをするかを瞬間的に判断しなければいけなくなった。その緊張感に始めは戸惑っていた子どもたちも，だんだんと慣れ，速攻が決まるたびに大きな歓声があがるようになっていった。

一方で，おとり作戦にこだわっていたチームは，成功率は低いものの，うまく相手を惑わせ得点が決まったときは，普通にアタックを決めるとき以上に喜んでいた。反面，惑わされた相手チームは悔しさが倍になっているようだった。このように，「攻撃を組み立てる」というネット型の本質的な面白さに気づく子どもの姿がたくさん見られるようになった。

最後の振り返りでは，「作戦がうまくいってよかった」という感想がたくさん見られるとともに，「もっと作戦の成功率を高めたい」という意見も多かったので，それが次時の課題となった。

子どもの変容と評価

▶子どもの学びの過程をふまえた指導と評価のあり方

　本単元では，試合での自分や友だちの動き，試合の映像，試合データから，有効な攻め方や守り方をいかに想像しながら，自分やチームに合ったものを意味づけていくかが大切であると考えた。そのような子どもの姿を見て取るためには，子どもたちが攻め方や守り方を生み出してきた根拠に着目することで，子どもの見方・考え方を見て取ることができるのである。

　本単元の初めでは，ネットの高さを低く設定したこともあり，「利き手の方からトスを上げてもらうこと」「セッターとアタッカーの距離」「トスの高さ」など，「強いアタックを打つこと」に子どもの意識が向いていた。【写真5】

【写真5】強くアタックを打とうとする姿

　また，「個々の1点目が10点」という特別ルールを活かそうと，うまくアタックが決められていない子どもたちにアタックを打つこつを伝えたり，何度もアタックを打つ機会をつくったりしていた。そして，強いアタックを返すだけでなく，コートの端の方といった相手のいないところをねらうことの重要性にも気づいていった。

　うまくアタックで得点が決められるようになってくると，アタックを打ちにくくしようとブロックをする子どもがふえてきた。そして，「ブロックは必要か」と子どもたちを揺さぶることで「ブロックを使った守り方」について子どもの課題意識が変わっていった。そして，「セッターの体の向きで誰にトスが上がるかがわかる」などといったアタックでの学びを活かして効果的なブロックの仕方を考えていく姿が見られてきた。さらに，「どんな場面でもブロックをするのか」と問いかけることで，「ネット際からトスが上がらないときは，強いアタックが打ちにくいのでブロックが必要ない」というように，攻めの状況に合わせて判断することの重要性に気づいていった。一方で，「どんなときもブロックされると，ブロックが気になって余計に打ちにくくなる」というように心理的な面への効果について考える子どもも見られた。

　単元の終末では，ブロックでの学びを活かして，相手のブロックに合わせて攻め方を工夫する姿が見られた。特に，「ブロックされる前にアタックを打つ」や「おとりを使う」というように，相手の守り方に応じて攻め方を工夫しようとする姿が見られた。【写真6】

【写真6】おとりを使ってアタックを打つ姿

　このように，教師の意図的なしかけや子どもの学びの過程もふまえた上で子どもの姿を見て取りながら，子どもの意識の流れをふまえた上で，指導に活かしていくことが大切である。

香川大学教育学部附属高松小学校の実践の見どころ

単元を貫く子ども主体の学びで見方・考え方を育てる

自分にとって意味ある知を育む指導と評価を通して

石井英真

　中央教育審議会「答申」(2016年12月)では,「見方・考え方」について,各教科等で習得した概念(知識)を踏まえた深い理解と思考の中で,問いを見いだして解決したり,自分の考えを形成し表したり,思いをもとに意味や価値を創造したりする学びの過程の中で,「"どのような視点で物事を捉え,どのような考え方で思考していくのか"という,物事を捉える視点や考え方も鍛えられていく」と述べられている。いわば,「見方・考え方」は,各教科に固有の現実(問題)把握の枠組み(眼鏡となる原理:見方)と対象世界(自然や社会など)との対話の様式(学び方や問題解決の方法論:考え方)と捉えることができる。それは,各学問・芸術・文化領域の内容やスキルや価値意識が深く身についている状態ともいえ,ゆえに,個別の内容を仮に忘れてしまっても,学習者の中に残り,学校外の生活や未来の社会生活で生きて働き,その質を豊かにするものとなる。「見方・考え方」については,学びに先立って,型やスキルとして「あるもの」というよりは,学びを通じて「なるもの」として捉えていくことが有効だろう。

　そうした,教科の本質を深め追究することで,汎用性を帯びた育ちを実現する,問いと答えの間の長い学習課題と学習活動(「教科する」こと)をどう構想すればよいのか。高松小学校の取り組みは,その可能性に挑戦している。ここでは特に,社会科,理科,体育科の3つの実践を軸に考えてみよう。

　5年生の社会科「環境」の単元は,教科書教材である鴨川の美化について先行事例として学んだ上で,持続可能な社会づくりという観点から,現在進行中の地元香川県の里海づくりの取り組みを検討し,最終的には,シンポジウムへの参加など,子どもたちの社会参画へとつなげようとするものである。真正な課題の解決に向けて,子どもたちがそれを自分事の問題として意識化し,単元を貫いて追究する,典型的な末広がりの単元構成となっている。しかもそこでは,二重に「もどり」の機会が仕組まれている。

　まず,子どもたちは,教科書にある京都の事例の検討で得た知見をもとに,自分たちの住む香川の問題に戻って考えている。さらには,京都と香川の事例の比較検討を通じて,持続可能な社会をつくるための一般化された解決策を自分たちで構築したところで,「今の香川や日本はこの回路がつながっているかな」と教師が問うことで,もう一度,足下の複雑な現実に向き合わせている。これにより,教室で構築された概念を現実に埋め戻して問い直すとともに,他

人事の追究になりがちな子どもたちの学びをゆさぶり，さらなる問いが触発されている。

　この社会科の実践をはじめ，0を勉強する意味を考える1年生の算数科の実践，物語文の読み深めを通してめざす友人像について考える6年生の国語科の実践など，高松小学校では，その教科の内容を学ぶ意味を子どもたち自身が実感したり，自己の生活や生き方を見つめ直したりする学びが大切にされている。「見方・考え方」という概念により，子どもたちの学びのプロセスの本質性を追求するとともに，見方・考え方で世の中を捉え直すことにより，「自分にとって意味ある知」として教科内容を学んでいくというわけである。ただし，「自分にとって意味ある知」については，学びの意味づけという点のみを強調し，それを子どもたちに強いるようなものとならないよう注意が必要である。学んだことを子どもたちの生きている文脈に戻し，それを学ぶことで身のまわりの世界の見え方や関わり方が変わる経験を積み重ねていくことこそが大切である。

　5年生の理科「もののとけ方」の実践では，「ものが水に溶ける」という日常の当たり前の現象を疑うところから始まり，追究するごとに問いが新たな問いを生むような，まさに「科学する」経験が展開されている。「溶けるとは……という状態である」といった科学的概念を，イメージ図を伴ってわかりやすく子どもに教えたとしても，それはわかったつもりであって，水に溶けると銘打たれたティッシュが実際には溶けないという事実に直面して子どもたちは驚きの表情を見せたりする。事実に即して科学者のごとく追究してきた子どもたちは，教科書にあるようなありきたりな実験のみでは納得せず，あの手この手で仮説を検証しようと試みる。一通りの方法で確かめたつもりになるのでなく，仮説と事実とのずれを徹底的に推理し検証することで，「溶ける」という現象を捉える子どもたちのイメージ（眼鏡）は精密さを増し，「自然界に存在する物事の理」の神秘を実感していく。

　最後に，6年の体育科「ネット型」の実践は，「攻撃を組み立てる」というネット型の，さらに言えば，類似の団体競技に通じる本質的な面白さを，子どもたちに実感させるものである。たとえば，最初はネットの高さを低くすることで，強いアタックを打つことに意識が向くように仕向けたり，個々人の1点目が10点というルールを設定することで，チームのみんなが参加できるように促すなど，ゲームすることをただゆだねるのではなく，ルールの操作を通じた絶妙の足場かけがなされている。しかもアタックが打てるようになると，自ずとどうブロックするかに意識が向くといった具合に，子どもたちのパフォーマンスの成長に応じて次の課題が自ずと生まれ，それを解決していく展開の中ですべての子どもたちが確実にその競技の本質的な面白さを味わえるように指導が系統化されている。2年生国語科の「スイミー」の読み取りの授業もそうだが，読んだり歌ったりスポーツしたりといった，意味ある真正のパフォーマンスを遂行する中で，レベルアップのこつとしての見方・考え方を見いだし，それを念頭に置きながら再度パフォーマンスを見直すことでパフォーマンスの質を高めていく。そうした全体的活動が螺線的に高まっていく（要素を段階的に積み上げていくのではない）ような学習過程が想定されているのである。

　ただし，教科の「見方・考え方」への着目については，それを「比較・関連づけ・総合する」といった一般的な学び方（思考のすべ）のように捉えてしまうと，スキル訓練に陥ってしまいかねない。その教科の特性に応じて，学びのプロセスに本質を見いだす目を教師が磨くことが重要である。

column

日々のわかる授業を創るために
意識しておきたいポイント

ドラマとしての授業

　目標（メインターゲット）を絞り明確化したなら，シンプルでストーリー性を持った授業の展開を組み立てることを意識するとよい（ヤマ場のあるドラマとしての授業を創る）。1時間の授業のストーリーを導く課題・発問を明確にするとともに，目標として示した部分について，思考を表現する機会（子どもたちの共同的な活動や討論の場面）を設定するわけである。グループ活動や討論は，授業のヤマ場を作るタイミングで取り入れるべきだし，どの学習活動に時間をかけるのかは，メインターゲットが何かによって判断されるのであり，メインターゲットに迫るここ一番で学習者に任せるのである。目標を絞ることは，あれもこれもとゴテゴテしがちな授業をシンプルなものにする意味をもち，ドラマのごとく展開のある授業をつくる土台を形成する。

　その上で，学習者にゆだね，まとまった活動が展開される場面を形成的評価の場面として位置づけ，意図した変化が生まれているかを見取るための機会・資料（例：机間指導でノートの記述を）と基準（例：△△ができてればOK，××ならこのように支援する）を明確にしておく。その際も，限られた時間の机間指導ですべての子どもの学びを把握しようとか，過程を評価しようなどとは思わず，この子がわかっていたら大丈夫といった具合に当たりをつけるなどして，授業全体としてうまく展開しているかを確かめるようにするとよいだろう。一方で，「思考の場」としてノートを意識し，目標に即して子どもに思考させたい部分を絞り，そのプロセスをノートに残すなどすることで，授業後に子ども一人ひとりの中で生じていた学びを捉えることもできる。

　アクティブ・ラーニングが叫ばれる中，1時間の授業の中で，手を替え品を替え，ひっきりなしに学習者に議論させたり活動させたりするような「（展開が）やかましい」授業も見られる。授業の展開の局面を意識しながら，たとえば，導入部分は誰もが比較的答えやすいようなクイズ的な問いかけをテンポよく行って学習者の参加を促し，展開部分に入ったならば，授業全体のヤマ場に向けて，「なぜ」を考えさせる発問やペア学習などで，子どもたちにゆだねる部分を少しずつ多くしていって，小さなヤマをつくりつつ子どもたちの追究心を高めていく。そして，授業のメインターゲットに迫る主発問や挑戦的な学習課題といった，ここ一番の場面で，グループ学習を用いて子どもたちに大きくゆだね，授業のヤマ場をつくる。さらに，授業の終末に，みんなで協同的に学んだことの自分の言葉によるまとめ直しや振り返りや練習といった，学習者が個に戻る機会を設ける。あるいは，一つのことがわかったからこそ出てくる，新たな疑問や追究課題を見いだして，少しもやもや感を残して終わる。こうした授業の展開を意識したメリハリのある組み立てが大事だろう。

（石井英真）

心豊かにふれ合い、共に高め合う子ども

「伝える力」を育てる活動を通して

第4章 愛知県豊川市立一宮南部小学校の実践

　知識発見学習から知識構築学習への転換を行う上で，グループ活動を活かしながら教室に創発的コミュニケーションを創出できるかどうかが鍵となる。そして，一宮南部小学校の「まなボード」の取り組みは，そのための有効な方法の一つである。グループでの活発な対話や活動を触発する学びの場の構造とはどのようなもので，そのプロセスの質（本質性や密度や深さ）を高め，確かな育ち（結果）につなげるための手立てをどう打っていけばよいのか。一宮南部小学校の実践から学んでいこう。　　　（石井英真）

実践概要

心豊かにふれ合い，共に高め合う子ども
「伝える力」を育てる活動を通して

原田三朗

はじめに

　本校は，愛知県の東にある豊川市の郊外に位置する，全校児童150名の小規模校である。これまで4年間，「伝える力」を育むことを研究の核に据え，実践に取り組んできた。

　研究を進めていく上で，まず，私たちが大切にしたことは，子どもたちの一日一日の学校生活を豊かなものにしていくことであり，豊かな日常を基盤とした温かな学校文化を形成していくことである。そうした考えを研究の基盤に置いたのは，「伝える力」を育んでいくためには，伝えたいことは受け止めてもらえるという安心感や受容的な雰囲気が必要であり，その中にあってこそ，一人ひとりが自己肯定感をもち，のびのびと自己を表出することができるのではないかということを研究のスタート時の話し合いによって全職員の総意として確認したからである。

研究の基盤　〜温かな学校文化の構築〜

（1）『輝きボード』

　本校の玄関には，2つの『輝きボード』がある。1つは，子どもたちが学年を超えて輝いた友だちの姿を書くものと，もう1つは，教師が子どもたちの輝く姿を捉えて自由に書くものである。教師たちが書いたものは，校内研修だより『南の風』にまとめ，記録を蓄積している。

　『輝きボード』に代表されるように，私たちは，「伝える力」を育むために，子どもたちがいろいろな場で自己を表出できる機会を増やし，それを学校全体で認め合っていこうとする風土づくりを進めている。

（2）「伝える力」を育てるために大切にしている3つのこと

　「伝える力」を育むために，「伝えたい思い」をもたせること，「伝える技術」を身につけさせること，「伝わったという実感」を感得させることの3つを大切にし，毎日の授業の中で，あるいは，ふれあい活動や全校合唱，学習履歴を残す本づくりなどさまざまな活動を通して，子どもたちに具体的な支援を行っている。研究が深まるにつれ，特に，一人ひとりに「伝えたい思い」をもたせることがどんな場面でも大切であることが明らかになってきた。まわりの人たちに伝えたい！聞いてもらいたい！という思いを子どもがもったときのエネルギーは，よりよい授業や活動を生み出していく上で大きな力となり，そうしたときの子どもたちの瞳はいつでもきらきらと輝いている。私たちは，そうした思いを子どもたちに湧き立たせるような授業や活動の創造に日々取り組んでいる。

（3）ふるさととのつながり

　本校は，地域に支えられた学校である。保護者や多くの地域の方々が教育活動に参画し，子どもたちもさまざまな形で地域と関わっている。毎年，全校児童がデジタルカメラを手にふるさとの風景を思い思いに写し，それに言葉を添え『ふるさと―南写真展』と題した写真展を秋の学習発表会の折に開催している。また，冬

に行われるJR『さわやかウォーキング』では，校区にある黄金色に色づいた大イチョウがゴールとなり，多くの人がそこを訪れる。ゴール近くの倉庫を借りて6年生が中心となって他の地域の方々に向けた写真展を開催している。

子どもたちの写真に写し出されるふるさと一南の風景は，何気ない日常や自然を写し撮ったものが多く，その子どもらしい目線が，ふるさとの温かさを訪れる人たちに伝えている。

以上，述べてきたように，本校の研究は，温かな学校文化を基盤として推進している。

「教科する」授業をめざして

（1）グループ活動

授業づくりに具体的な手立てとして取り入れているのが，3〜4人のグループ活動である。さまざまな場面でこのグループ活動を行い，一人ひとりが自分の思いを表出できる機会を設けるようにしている。

また，グループ活動では，各グループで『まなボード*』と呼ばれるホワイトボードを活用し，かくことによってみんなが自分の思いや考えを表出し，視覚的に相手の考えを捉えたり，考えと考えをつないだりすることができるような手立てを講じている。こうした活動を通し，知恵や知識を出し合うことで新しい集合知が生み出されるような，『探究創造型グループ活動』の展開を学校全体でめざしている。

グループ活動としては，『探究創造型』（深め合うグループ活動）とともに『知識習得型』（教え合うグループ活動），『情報交流型』（伝え合うグループ活動），『役割取得型』（認め合うグループ活動）の4つの型を設定し，何を目的にグループ活動が行われているのかを明確にして日々の授業に取り組んできた。

（2）「使えるレベル」の思考

単元を構想するにあたっては，子どもたちの思いや願いを活かしたストーリー性のある学習展開を心掛けている。子どもの思考や意識をつなげていくために，単元は，小単元の入口と出口，そして，その出口を受けて次の小単元の入口へつながるよう展開していく。また，本時についても中心発問とそれに呼応するゴールを明確にして学習は展開する。子どもの思考や意識をつなげていくことで，自ずと子どもたちの探究は深まり，本物により近づくものを求めたり，教科の本質に迫っていったりする子どもの姿が見られるようになってきている。そして，そこで学びとったことが，生活場面や他者とのつながりの中で実際に活かされる（「使えるレベル」の思考）仕掛けを授業の中で講じている。

（3）個の学びを深める

個の学びは，他者との関わりの中でこそ深められる。こうした考えにもとづき，本校の学習展開は，個【ひとり学び】⇒グループ【グループ学び】⇒個【ひとり学び】⇒全体【みんな学び】⇒個【ひとり学び】のように，他者との関わりと自分自身の考えの見直しを往還する展開が基本になる。個の考えを見直す場面ではこれまでの学びに青ペンで他者との関わりで得た新しい考えを書き入れ，それを，自分のものとして自分の言葉で全体に広げることで，考えを確かなものにする方法も取り入れている。

（4）教師の学び

校内研修においても小グループ活動を取り入れた『ワールド・カフェ』的手法である『Round Study』による授業分析を行う。若手教員も交えて自由闊達な意見交換ができ，教師自身がグループ活動を通して肩書や経験年数を超えたフラットな関係性の中での協働的な学びを進めている。

これらの地道な活動の積み上げによって，今，一宮南部小学校では，子どもたちを温かく包む豊かな学校文化が形成されつつある。

*本校では，40cm×60cmほどのホワイトボードを『まなボード』と名づけ，全校でこのように呼び，活用している。

ようこそ「なるほど！ じゃんけんやさん」へ
大事なことを順序よく説明できる

「『じゃんけんやさん』をひらこう」『こくご一下』（東京書籍）

授業者 川合文子

全体の単元構想

◆単元について

（1）教材についての解釈

　新しいものを創り上げる力、既存のものを創り変える力は、この先、今以上に必要とされるだろう。コミュニケーション能力を身につけることも同様である。

　本単元は、子どもが、調べ、考え、話し合いながら創り上げた遊び（なるほど！ じゃんけん）をほかの友だちや2年生にわかりやすく説明して、みんなで楽しめるようにしようというものである。教材は、子どもによる新しい「じゃんけん」創りとそのプレゼンテーションとなる。「じゃんけん」の勝ち負けのわかりやすい関係を考え、自分の考えた「じゃんけん」について説明する活動を通し、わかりやすく伝える話し方を身につけていく中で、子どもたちは、多面的なものの見方・考え方も知ることになると考えた。

（2）単元に向かう子どもの姿

　本学級は、18名（男子10名、女子8名）の単学級である。これまで、「はなしたいなききたいな」の学習で、自分が経験したことを話したり友だちの話を聞いたりする活動をしてきた。また、温かな学校の雰囲気の中で、さまざまな場面で他学年との交流を行ってきた。

　2学期末、子どもたちは、2年生生活科「おもちゃ王国」に参加したり、6年生の「ぼくの友だち紹介」のプレゼンテーションを聞いたりして、上級生が相手に向かってわかりやすく説明する姿を見てきた。それらの交流を通して、子どもたちのほぼ全員がうまく話せるようになりたいと願っていることがわかった。

　遊んだり工夫したりすることの大好きな子どもたちは、新しい「じゃんけん」を考えることに関心をもち、楽しんで取り組むだろう。活動のたびに『まなボード』に思ったこと気がついたことを書けば、「あっ、一緒のことを思っていたね」「それ、いい意見だね」と言いながら、認め合うだろう。「なるほど！ じゃんけん」は個のものであっても、グループの仲間で共有し合い、一人ひとりがお客さんにわかってもらえるように、工夫しあわせたい。そして、最後に、他学年や地域の方を招いて「じゃんけんやさん」を開く。自分も相手も楽しむためには、説明の内容、順番、方法を工夫することが必要になる。また、相手の話を聞いて良いと思うことを伝えたり、わからないところを聞き直したりたずねたりという話し合い活動をくり返すことで、わかりやすく伝える話し方が身につき、伝える力が育つと考えた。

指導計画

●単元の目標

（1）新しいじゃんけんを創って説明することに関心をもち，すすんで取り組むことができる。〈関心・意欲・態度〉

（2）順序に気をつけ，図を示しながら，聞き手に伝わるよう，自分の考えを言ったり友だちの話を聞いたりすることができる。〈話す・聞く〉

（3）説明する順序に沿って，内容のまとまりごとに原稿を書くことができる。〈書く〉

●単元の構想（総時数11時間）

ようこそ！「じゃんけんやさん」へ

知っている「じゃんけん」について話そう（2時間）

時間 1〜2

「じゃんけん」は，いつどんなとき，どのようにやるか話し合う。
「じゃんけん」の仕組みを確かめよう。「使うもの」「勝ち負けの仕組み」「身振り」を確かめる。（教科書p.100〜101参照）

「なるほど！ じゃんけん」を作ってみたいな。

「なるほど！ じゃんけん」を考えよう（3時間）

時間 3〜5（4 本時）

VTRで「世界のじゃんけん」を見て，それぞれの仕組みを考える。
勝ったり負けたりするものを3つ見つけよう。組み合わせを絵と図に描きながら，話し合おう。
【ペア学び】・使うものを3つ見つける。　・勝ち負けの仕組みを考える。
【ひとり学び】・アイデアシートに自分の考えを書く。　・勝ち負けの関係になるかどうか考える。
【グループ学び】・勝ち負けの理由を確かめる。
　●グループで気がついたことや思ったことを話し合う。　●身振りやじゃんけんの方法を考える。

みんなに紹介したいな。

「なるほど！ じゃんけん」を説明する準備をしよう（3時間）

時間 6〜8

説明の原稿を書こう。【ひとり学び】・説明するときに話すことを原稿に書く。（教科書p.102〜103参照）
　　　　　　　　　　　　　　　　　　・説明で使う図を画用紙に描く。（教科書p.104〜105参照）
わかりやすく話す練習をしよう。・お店の出し方について話し合う。　アドバイスし合おう　・ペア，グループで練習をする。
　　　　　　　　　　　　　　　・お買い上げカードを作る。　　　　　　　　　　　　　・VTRに撮って練習する。
学級で「なるほど！ じゃんけんやさん」をひらこう。

いろいろな人に楽しんでもらえるといいな。

「じゃんけんやさん」をひらこう（1時間）

時間 9

・「じゃんけんやさん」で話すときに気をつけたい「めあて」を発表する。
・説明の後，聞き手とじゃんけんをする。　・「めあて」を達成したか聞き手に，意見をもらう。

みんなにうまく説明できたよ。記録に残しておきたいな。

時間 10〜11

「なるほど！ じゃんけんやさん」アイデアブックにまとめよう（1時間）　　「なるほど！ じゃんけんムービー」を作ろう（1時間）

伝えたい思いをもち，それを，順序に気をつけ，
聞き手に伝わるようのびのびと話すことができる子

本時の学習

本時 4/11

●ねらい
・新しいじゃんけんについてすすんで自分の考えを言ったり，友だちの話を聞いたりすることができる。
・3つの組み合わせや，自信をもって伝えられる勝ち負けの理由を考えることができる。

●展 開

	児童の活動	指導上の留意点
起	①じゃんけんの仕組みについて確認する。【①～④ 3/11時】 ②「世界のじゃんけん」のビデオを観る。 　・こんなじゃんけんもあるんだね。 　・グー・チョキ・パーじゃないよ。 ③p.100～101の説明図を見たりインドネシアのじゃんけんを当てはめたりして，図の描き方や仕組みについて話し合う。 　・「紙」は「水」に浮くから勝つんだね。 　・勉強道具や，お話の中から考えてもいいんだね。 　・○と×も描くとわかりやすいね。	・前時の「紙」「石」「はさみ」の説明図で，勝ち負けの仕組みを確認させる。 ・特徴のある国のじゃんけんを知らせる。 ☑ **評価** 3つの組み合わせには，いろいろあることに気づき，興味関心をもつことができたか。　　　　　　　（発言から）
承	**学習課題** 新しい「なるほど！ じゃんけん」を考えよう。	
転	④3つの組み合わせや勝ち負けの理由をアイデアシートに書く。 　・3つのものを選び，長所短所・強弱を書いてみる。 【グループ学び】【本時 4/11】 「りす」は「どんぐり」をたべるよね。「りす」にかつものってあるかな 「りす」は「木」にのぼるよ。「どんぐり」は，「木」になるから…あれ？「どんぐり」はかてないかな 「木」は「どんぐり」からめが出るから，「どんぐり」のかちにできるよ 「どんぐり」が「木」にかつわけがはっきりしないよね あっ，それもいいね。○○くん，それならいいんじゃない？ ・かちまけのりゆうが，「なるほど！」って思えるよ，わかりやすいね。 ・もっと，はっきり言ってくれるとわかりやすいから，れんしゅうするといいね。 わかりやすく説明するって大切だね。 ・「りす」「木」「どんぐり」はおもしろいな。みぶりは，どうするつもりかな。 身振りをつけると楽しいね。 ・ゆびだけじゃなくて，えや，体も使うといいね。	・1人で思いつかない子は黒板のヒントを見せて，ペアで話し合いながら書かせる。 ・『まなボード』にそれぞれが書いた「アイデアシート」を置き，図をじっくり見られるようにしておく。 ・グループの中で，友だちの意見を聞きながら，気がついたことを自由に言わせる。 ☑ **評価** グループ活動の中で自分が思ったことを友だちに伝えたり，友だちの話を聞いたりすることができたか。 　　（活動の様子・『まなボード』の跡） ・みんなにも相談したい子（グループ）の発表を聞いて，学級全体で感想や質問を言い合い，説明の仕方の大切さに気づかせ，次への活動につなげさせる。
	「なるほど！ じゃんけん」を完成させたいな。	
結	⑤振り返りをする。 　・いいじゃんけんができたので，はやくみんなでやりたいです。 　・みんなでかんがえたら，おもしろいのができてよかったです。	☑ **評価** 勝ち負けの理由を考えながら，「なるほど！」と思えるじゃんけんを友だちと作ることができたか。 　　　　（発言・振り返りの内容）

授業の様子

▶ **本時に至るまでの経緯**

◇ **前時の様子【ひとり学び・ペア学び】**

前時では、世界のじゃんけんを実際に行い、その仕組みを確認した。ひとり学びの段階では、勝ち負けの関係になる3つの組み合わせ（三すくみの関係）を考えた。後半は、ペアで相談し合いながら、図と勝ち負けの理由をアイデアシートに書き込んでいった。

〈資料1〉ペア学びの様子

「恐竜を使ってみたいんだけどなあ。どうしようかな」
「図書室行って図鑑をみるといいよ」「探そうか」

読書量が多く、絵本や物語文が大好きなA児は、「鬼、豆、人」の組み合わせを思いついたが、教科書に例として載っていることに気づき、「豆」を「雪」に代えた。そして、鬼と雪の関係を「鬼は雪がきらいだから」とした。この理由に少々不安を感じているA児が、グループの仲間に説明し、『まなボード』を囲んで助言をもらいながら話し合い、納得のいく「なるほど！じゃんけん」を作っていけるかが課題となる。

▶ **本時の様子**

(1) ちょっと聞いてみて【グループ学び】

グループで各自考えた「じゃんけん」シートを『まなボード』に貼って、説明しあった。互いに気がついたことを書き加えながら、話を進めていった。A児は「雪を投げると、鬼は逃げるから」と発言しているが、自分でもこの理由では不十分だと思っている。A児の微妙な心の動きを、仲間は説明の中から感じとったようで、C1「みんなでどんどん書いていくか」とみんなで雪と鬼の関係を考えていくことになった〈資料2〉。

〈資料2〉【グループ学び】

C1　鬼と雪のところはもう少しちゃんと説明した方がいいと思うよ。
C2　鬼って雪がきらいなのかな。
A児　<u>雪を投げると、鬼は逃げるから。</u>
C1　Aちゃん、はじめは豆にしてたけど、変えたんだよね。教科書にあったから。
C3　そうか。Aちゃんのじゃんけん、みんなで、もう1回一緒に考えてみる？
C1　そうだね、<u>みんなでどんどん書いていくか。</u>

A児の意見に対して、自由に子どもは思いついたことを『まなボード』へ書き込んでいく〈次ページ資料3〉。

グループ学びの中で、

・おにはゆきがきらい。
・おには、ゆきがつめたいとおきてしまう。
・おきになげるゆきがつめたい。

等のアイデアが出され、出し合う中で、「あっ、それは私も思ったよ」「じゃあ、こうしようか」「これならいいんじゃない」など、同意する発言もみられ、A児も納得しながら「鬼は裸足だから、雪の上だと足が冷たい」と鬼より雪が強い理由をまとめ直し、赤丸をつけた。

〈資料3〉4班の【まなボード】の変化

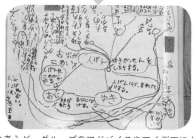

1人の考えが，グループのアドバイスやアイデアによって，より良いものにできあがっていく。

(2) これでどうかな？【みんな学び】

A児は，自分の「じゃんけん」を「ゆきおにじゃんけん」と名づけた。グループ学びの後にみんなに説明する場面では，『まなボード』を黒板に貼って説明した。

みんな学び〈資料4〉では，C6のようにグループ学びに付け加える意見も出された。「鬼は雪がきらいだから」という意見をもっていたA児は，説明することで，仲間から，よりわかりやすい具体的な内容を聞くことができた。

(3)「なるほど！」になったよ【ひとり学び】

A児は本時を〈資料5〉のように振り返った。本時の前には，鬼と雪の説明に不安をもってい

〈資料4〉【みんな学び】

A児　私のじゃんけんは，「ゆきおにじゃんけん」です。（以下は，簡単な説明）

C4　鬼は，金棒をもっていて，人はこわがるから「なるほど！」と思うからいいね。

C5　鬼の足が冷たいのもいいな。裸足だから。

C6　あっ，裸足だと，しもやけができるよ。

C7　しもやけって大変だよね！　おもしろい。

C8　しもやけで「あいたた」って格好するのもいいかも。（足を指さす格好をする）

（男子数人が，まねをする）

C9　「しもやけができるからです」にしたら。

C10　鬼は裸でパンツだけだから，寒いよ。

C11　パンツいっちょうってやるのもいいなあ。

〈資料5〉A児の振り返り

はじめは，雪は豆の代わりで，自信がなかったです。グループの子やみんなと話して，いろいろすごいことを言ってくれました。私は，いっぱい意見がふえて，えらべたからよかったです。さいごは，<u>自分でえらんだから</u>，<u>自信をもって説明できるようになりたい</u>です。

たA児。『まなボード』を使った意見交流により，納得して説明に使う内容を選び，2年生への説明に意欲を高めていることがわかる。

子どもの変容と評価

▶単元を通しての子どもたちの変容

①楽しんでもらって楽しいな

新しい「じゃんけん」創りを通して「ゆきおにじゃんけん」を考えたA児は，保育園児や上級生への説明のために動きはじめた。

子どもたちは，説明のポイントや練習の仕方を話し合い，紙に書いてまとめた。暗記をしたり姿勢や提示の仕方の工夫をしたりして自分が創った新しい「じゃんけん」を説明できるようになるまで，助け合った。

そして，校内の廊下や教室で店を開いたり，学校でお世話になっている方々，保育園の子たち各学級や全校児童の前で，新しい「じゃんけん」を説明することができた。

②『まなボード』は愛（まな）ボード

本校の1年生は，1人では決められなかったり，迷ってしまったりすることが多い。『まなボード』を囲み，文字や絵で一生懸命に伝え合おうとすることで，表情や身体表現，音声も含めた多彩なコミュニケーションが生まれる。そうした他者とともにある場に身を置き，伝えることで，仲間とたくさんの意見を共有できる。「鬼は雪がきらいだから」という子どもにはわかりにくい意見が，「鬼は裸足だから，雪の上だと足が冷たい」のように具体的でわかりやすいものになったのは，『まなボード』を囲んだ効果が大きい。また，聞く側にとっても具体的で自分の頭で想像できる説明のため，「しもやけって大変」のような体験をもとにした発言が，付け加えられた。これらがA児の説明への意欲を高める助けになったと考えられる。

▶評価の工夫

子どもたちは「説明のポイント」〈資料6〉と「じゃんけんチケットの購入判定カード」〈資料7〉を使用して，達成できたか確認したり，聞いてもらった人に判定の根拠を感想として述べてもらったりして，改善点を振り返った。

〈資料6〉せつめいの　ポイント
- はっきり大きな声で，ゆっくり話す。
- 話す人に合わせて，笑顔でていねいに話す。
- 何度も練習して覚えて，聞く人を見ながら話す。
- 図がよく見えるようにして話す。　（ほか）

〈資料7〉おかいあげ　はんてい　カード
☆○△×を　つけてください
- なるほど！　とおもいましたか　　　（　　）
- せつめいは，わかりやすかったですか（　　）
- おもしろかったですか　　　　　　　（　　）

また，説明の様子をVTRに撮って，感想の交換をした。子どもたちは，アドバイスを活かして，納得がいくまで練習を積み重ねていった。

▶おわりに

「みんなの前で話すのが楽しくなってきたよ」とA児は言う。子どもたちは，「なるほど！　じゃんけん」を作るという目標めざして進んでいった。失敗も自分たちで乗り越え，上学年の子たちの説明を手本にしながら，上達していった。やりたいという「意欲」と「話し合える仲間の存在」が，子どもを大きく成長させていくことを実感した。

2年 生活 実践②

ありがとう生活科！
生活科の学びを振り返り，発信し，成長を自覚する

授業者 中村信裕

全体の単元構想

◆単元について

(1) 教材についての解釈

「ありがとう生活科！」では，今までの生活科の授業を振り返り，その魅力を入学してくる新1年生に発信することが主な活動となる。この活動には，次の3つの魅力がある。1つめは，学びの広がりである。学習が進むにつれ，楽しかった生活科の思い出をたくさんの人に伝えたいという願いが膨らんでいくだろう。2つめは，自己の成長に気づくことができるということである。入学してくる新1年生への発信，相手のことを思いながら進める準備，活動をしていた頃の自分との出会い，それぞれの活動を通し，自己の成長を実感することができる。3つめは，身近な場所に振り返る資料がたくさんあるという点である。自分の記憶，活動の振り返りカードや写真，自分たちが造形したものなど，学校に残っているものから活動へつなげやすいのは，大きな魅力である。

これら3つの魅力を含んだ活動を生活科のまとめとして行うことは，よりよい自己像を描きながら3年生へと進級していくための大きな一歩となるに違いない。そして今まで生活科で感じてきた「こうしたい」という思いを実現してきた活動を振り返り，3年生の学習への期待を広げていくことは，これからの総合的な学習の時間や理科・社会科の学習をより豊かなものにしていくことへとつながっていくのだと考える。

(2) 単元に向かう子どもの姿

1年生のときに学習した「めざせ むかしあそび名人」では，けん玉やおはじきなど，遊びの技を地域の人たちに教えていただきながら，意欲的に活動に取り組み，その方たちの温かさにもふれることもできた。さらに，よりハイレベルな技に挑戦することで，新たな技ができるようになったという自分の成長に気づくことができた。

2年生「ふっかつ！ おもちゃ王国」では，みんなが楽しめるおもちゃ王国を作るために，何度も試行錯誤を重ね，おもちゃ作りに取り組んだ。1年生のときの昔遊びの体験が生き，遊びに来てくれた児童を笑顔にするようなおもちゃを作ることができた。

このような経験から，子どもたちは生活科が大好きである。この思いを新しく学校に入学する新1年生のために意欲的に発信していくことができるだろう。こうした活動によって，自己の成長への気づきや自己有用感を高めていく子どもたちの姿を期待する。

指導計画

●単元の目標

（1）勉強してきたことを思い起こし，それを伝えるための活動に意欲的に取り組むことができる。〈関心・意欲・態度〉

（2）新1年生に生活科の魅力が伝わるように，友だちと意見を出し合いながら，伝え方を工夫することができる。〈思考・表現〉

（3）生活科で学んできたことをまとめる中で，生活科を通しての自分の成長に気づく。〈気づき〉

●単元の構想（総時数23時間）

生活科もあと少しでおわりだね

生活科では，こんなことがあったよ（5時間） 〔時間1～5〕

学校たんけん　町たんけん　元気にそだて　学校しょうかい　ふっかつ！おもちゃ王国　むかしあそび
生活科ではいろんな体けんができたね。

生活科の楽しさを，入学してくる1年生につたえたいな（10時間） 〔時間6～15，10本時〕

つたえたいようをきめよう。

むかしあそび
・地いきの人に教えてもらったよ
・お手玉は難しかったけど楽しかったな

町たんけん
・さんぽ道　・かなざわほいくえん
・とよつじんじゃ
・おおいちょう

ふっかつ！おもちゃ王国
・みんなできょう力して作ったよ
・たくさんの人があそびに来てくれてうれしかったな

1年生がわかるようにくふうしなくちゃね。

楽しかったこと
・地いきの人と一緒に遊んだよ
・学校の外に出て写真をとったよ
・おもちゃ王国に1年生を招待したよ

せいちょうしたこと
・けん玉のプロになったよ
・自分たちの町のことがわかったよ
・おもちゃでみんなを笑顔にしたよ

じゅんびかんりょう！

今の1年生につたえてアドバイスをもらおう（5時間） 〔時間16～20〕

書くとき
・ていねいな字で書こう　・絵や写真を使おう
・かん字にふりがなをふろう

はっぴょうするとき
・大きな声でゆっくりと
・どうさも入れよう　・えがおで話そう

全校のみんなや先生たちにもつたえたいな。
新しい1年生が来るのがまち遠しいな。

新しい1年生，「ようこそ生活科思い出れっしゃ」へ！（3時間） 〔時間21～23〕

べんきょうになったところ
・おもちゃの作り方がわかったよ
・地いきの人は優しかったよ

楽しかったところ
・おもちゃであそんだよ　・学校の外は，わくわくしたよ
・地いきの人と一緒にむかしあそびをしたよ

楽しいべんきょうがまってるよ。

生活科のべんきょうで僕・私って変わったな，ありがとう生活科!!

本時の学習

本時 10/23

●ねらい
・生活科で「楽しかったこと」を話し合い，友だちの意見を参考にしながら1年生に伝えたい内容を決めることができる。
・友だちの意見と比べ，新1年生がより楽しみになるような場面を考えることができる。

●展　開

	児童の活動	指導上の留意点
	学習課題 新1年生が生活科を楽しみになるような出来事を考えよう。	
起	①新1年生に伝える内容の「わくわくポイント」を確認する。	・みんなで決めた新1年生に生活科の楽しさを伝えるための「わくわくポイント」を確認し，めあてをもって伝える内容を決めることができるようにする。
承	②グループごとに，楽しかった生活科の出来事を出し合う。　　　　　【グループ学び】 （『まなボード』の活用） ③出された出来事から，「新1年生に伝えたいこと」をグループでいくつか選び，短冊に書く。	・たくさんの思い出が交わされるように，『まなボード』を囲んで自由に話し合えるような場を設定する。 ・子どもの「伝えたい」という思いを尊重するために，この段階では，選ぶ数はしぼらないでおく。 ☑評価 グループで，友だちの意見を聞いたり，自分の考えを伝えたりすることができたか。　　　（発言・発表の様子）
転	④グループで話し合った「新1年生に伝えたいこと」を全体で報告する。　【みんな学び】 むかしあそびチーム ・地域の人とたくさん遊べたよ。 町たんけんチーム ・いろいろなものが見られて，写真もとれて楽しかったよ。 おもちゃ王国チーム ・自分たちで考えたおもちゃで遊んだよ。 野菜・アサガオチーム ・自分で育てた野菜を家で食べたよ。 学校たんけんチーム ・どんな勉強をしてるのか見られるよ。 いもほりチーム ・どんな形のおいもが出てくるかわくわくしたよ。 ⑤黒板に出された意見を見て，3種類の「いいねシール」を貼る。 ・自分たちでおもちゃを作るのは楽しそうだから，「いいねシール」をはろう。 ・むかしあそびの新しいわざができるか楽しみだったね。 ⑥出されたシールを確認して，発表する内容を決める。	・各グループが選んだ伝えたい内容を知り，それに対してアドバイスを送ることができるように，グループごとに短冊に書いたものを模造紙に貼り，黒板に掲示する。 『楽しそう』 『できるかな？』 『何がわかるかな』 「楽しそうで『いいね』」 「やってみたくなって『いいね』」 ・3つの「いいねシール」は前に示した3つの観点に関わるものにする。カードに書いてあることがらが，どの観点の「いいね」なのかを考え，貼れるように声をかける。 ☑評価 自分の班だけでなく，ほかの班の活動に対しても意見をもてているか。　　　　　　　　　（付箋・発言の様子） 友だちのくれた「いいねシール」を見て，どれを新1年生に伝えたらいいか考えることができる。（ワークシート）
	みんなで考えて新1年生に伝える内容が決まったよ。まとめるのが楽しみだな。	
結	⑦本時の学習を振り返る。　　【ひとり学び】	

授業の様子

▶本時に至るまでの経緯

（1）単元の導入からの流れ

　間もなく生活科の学習を終えようとする子どもたちが，新しく入学してくる1年生に，その楽しさを伝えようと活動を進めてきた。

　まず，楽しかった生活科の思い出を，『まなボード』を活用してグループで自由に出し合った。子どもたちから出されたのは，『むかしあそび』『野菜・アサガオ』『町探検』『学校探検』『おもちゃ王国』『いもほり』などについての思い出で，それぞれについてたくさんのエピソードが全体で交わされた。そして6つの活動の中から，最も新1年生に伝えたいものを選び，グループごとに作成したボードをつなげ『生活科思い出れっしゃ』を作って伝えることになった。

（2）前時の様子

　まず，「新1年生に生活科の楽しさを伝えよう」という目標に向け，それぞれの活動について，どんな出来事を伝えたら1年生に生活科の勉強が楽しそうだなと思ってもらえるかということを個人で考えた。その際，1年生が，「楽しい」と思えそうな内容として「びっくりすること」「やってみたいなと思うこと」「みんなとなかよくなれそうだなと思うこと」の3つの観点を話し合いによって決め，この観点から出来事を思い出してみることにした。

▶本時の様子～意見の交流

（1）何を新1年生に伝えようかな

　〈資料1〉は，『野菜・アサガオチーム』の「新1年生に伝える生活科の出来事」をテーマにした会話の様子である。

　下線で示すように，みんなで決めた3つの観点が意識されそれぞれの思いが出されている。A児はC1の意見を受けてアサガオについて

〈資料1〉【グループ学び1】

C1　アサガオ一生懸命育てたら，種がいっぱい出てきて<u>びっくり</u>。
A児　いいじゃん！
C1　出てきた種を，種が少ない人にわたしてあげると<u>なかよしになれる</u>じゃん！
A児　ああ，確かに！　C1ちゃんのやつ，新1年生に伝えられそうだね。
C2　うん，いいね。
A児　1年生が<u>やってみたくなりそう</u>で，<u>なかよしになれそうで，びっくり</u>…。
C1　育てた野菜をスタンプにするとおもしろい！　花の形とかさ。
C2　うん，それ<u>やってみたくなりそう</u>でいいね！
A児　うーん，反対の意見だけど，これはちょっと違うかな。
C1　どれが？
A児　これこれ，野菜はそのままでもしゃきしゃきでおいしいじゃん。

は賛成意見を，野菜については反対意見を伝えている。A児の「これはちょっと違うかな」は，『まなボード』に書かれた「野菜のスタンプづくり」に対して反対意見を綴りながら，発言したものである。

（2）どれを新1年生に伝えようかな

　〈資料2〉は，『野菜・アサガオチーム』の「どんな内容をつたえたらよいか」をテーマにした話し合いで，『まなボード』に意見が書き加え

〈資料2〉『野菜・アサガオチーム』の『まなボード』の変化

〈資料3〉むかしあそびチーム・学校探検チームの『まなボード』

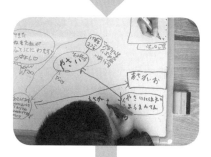

〈資料4〉「どのシールをはろうかな」

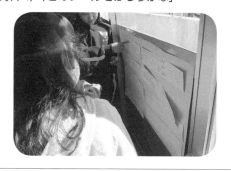

〈資料5〉「たくさんのアドバイスをもらったよ」

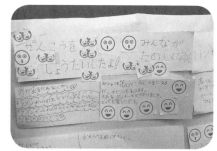

貼られたシールを参考にボードに載せる内容を考える。

られていく様子である。中央に「さいたらきれい」と綴られたことにつなげて，次々とアサガオについて伝えたいことが出された。

このグループは，これらの情報の中から，8つの出来事を1年生に伝えたいこととして，短冊に書き，それを『野菜・アサガオチーム』の提案とした。資料3は，ほかのグループの『まなボード』の様子である。

(3) お見合いタイム!!

各グループから出された1年生に伝えたいことの内容を，学級のみんなで見て回り，その提案に対し，『びっくりしそうでいいね』『やってみたくなっていいね』『なかよしになれていいね』の3つのシールを提案された短冊に貼り，相互評価を行った〈資料4〉。どのグループの子どもたちも，次々と貼られていくシールを期待と心配が入り交じった表情で見ている様子がみられた。

シールが貼られた後，ほかのグループからもらった評価（3種類の『いいねシール』）を参考にして〈資料5〉，新1年生に伝えるために作る『生活科　思い出れっしゃ』に載せ，発表する内容を各グループ3～4つ選んだ。

子どもの変容と評価

▶単元を通しての子どもたちの変容

A児の思い

A児は，単元の最初に「1年生に伝えたいこと」として「アサガオは，種がいっぱいとれるよ」ということをあげた。しかし，この思いは，『まなボード』を囲んだ話し合いで，C1の「出てきた種を，種が少ない人にわたしてあげるとなかよしになれる」という意見から，アサガオの種には人と人をつなぐ力があるということに気づき，それを伝えたいという思いに至った。そして，『あさがおにできたたねを，たねが少ないこにあげると♡なかよし♡』と短冊に記して，クラス全体に提案した。

すると，提案には，『なかよしになれていいね』メッセージが4つ，『びっくり』というメッセージも1つ貼られた〈資料6〉。この友だちから

〈資料6〉なかよしシールが3つ

の評価によって，A児は，自分が伝えたい内容を自信をもって伝えることができるという確信を得ることができた。このときの振り返りにA児は，次のように綴っている〈資料7〉。

〈資料7〉A児の振り返り

友だちの意見にすごいたくさん『いいねシール』がはってありました。私も，友だちにたねをあげるとなかよしになれることをしっかりつたえられるようにがんばりたい！それで，新1年生が「生活科は楽しい！」って思ってくれたらいいな！

▶評価の工夫

本時では，評価の観点（「びっくりしそう」「やってみたくなりそう」「なかよしになれる」）を自分たちで考えて決めた。また，自己評価だけでなく，『いいねシール』を用いた他者評価も取り入れることで，子ども同士で，意見を多面的に評価できるようにした。さらに，ほかの班の友だちからもらったシールをもとに，本時の活動を振り返り，再度自分の考えを見直すようにした。

▶おわりに

本単元を通して，子どもたちは今一度生活科の学習を振り返り，その楽しさや，生活科を通しての自己の成長を感じることができた。また，新1年生に発表し，その発表に見入り，声をあげて喜ぶ保育園児たちの姿に接することで，生活科を卒業する上級生としての自信を深めるとともに，新しい仲間を迎える気持ちを高めていくことができた。

生活科を通して大きくなった自分への気づきは，次の成長単元だけでなく，3年生になってからの社会科や理科，総合的な学習にも生きてくるに違いない。

〈資料8〉思い出れっしゃ・園児の前で発表

第4章 | 愛知県豊川市立一宮南部小学校の実践

音読でお話の魅力を伝えよう
～「モチモチの木」～
気持ちの変化や場面の様子が伝わるように音読する

「モチモチの木」『国語 三下』（東京書籍）

授業者 水野隆二

全体の単元構想

◆単元について

（1）教材についての解釈

　作者の斉藤隆介は，「モチモチの木」をはじめ「八郎」「三コ」「花さき山」など，子どもの視点を大切にした作品を多く残している。これらは方言やオノマトペをふんだんに使った創作童話であり，人間が根源的にもっている情念・情愛をエネルギッシュに描いた作品である。

　「モチモチの木」は，豆太がじさまの急病を機に勇気を奮い立たせる物語で，本当の優しさや思いやりの意味を伝えてくれる。親しみやすい表現とクライマックスでの豆太の変化は子どもたちに気持ちを込めて読みたいという強い動機を与える。

　また，音読して相手に伝えるという目的をもって豆太やじさまの心情や情景描写を読み深めていくことによって，表現を工夫した豊かな音読が可能になると考える。話の展開も起承転結が明確でわかりやすく，どの学年が聴き手であっても，内容が伝わりやすく，読み手も聴き手もこの物語の楽しさを十分に味わうことができるであろう。

（2）単元に向かう子どもの姿

　本学級は，30名（男子15名，女子15名）の単学級である。子どもたちは，2学期の「サーカスのライオン」の学習で，問題解決型の学習を行い，話し合いを通して物語の読みを深めていく経験をしてきた。感想や解釈を伝え合いながら物語をみんなで読み味わうことへの関心が高い。

　また，昨年度の学習発表会で「大工と鬼六」を演じ，声の大きさや抑揚だけでなく体の動きや歌・踊りで，登場人物の気持ちや場面の様子などを，表現する体験をしてきている。物語を読み深め，声や身体で表現することが大好きで，機会があれば物語をみんなで他学年やまわりの人たちに伝えたいと語っている子どもたちである。

　そこで，単元の導入で，「モチモチの木」を音読で全校に伝えていこうということをクラスで共有する。日頃，他学年との交流が活発な本校では，こうした機会があると，力を合わせて挑戦しようとする。子どもたちは，積極的に活動に取り組むだろう。

　心情や情景描写の読みを深め，豆太の気持ちを表現するにはどのような読み方をすればよいのか，考え，表現することで，物語を音読してまわりの人たちに物語の魅力を伝えることの楽しさを感じ取ることができると考える。

指導計画

●単元の目標

（1）音読発表をすることに興味をもち，練習や発表に意欲的に取り組むことができる。〈関心・意欲・態度〉
（2）叙述をもとに登場人物の心情を読み取り，わかりやすく話すことができる。また，友だちの意見を聞いて自分の考えと比べ，考えを深めることができる。〈話す・聞く〉
（3）場面の様子や豆太の気持ちがよくわかるように音読することができる。〈読む〉

●単元の構想（総時数10時間）

3年生のまとめに，「モチモチの木」で音読の発表をしよう

時間

1・2

豆太の気持ちについてわからないところ・深く読みたいところを探してみよう（問題作り）（2時間）

・豆太のおくびょうな様子を，音読で伝えられるといいな　　・なきなき走った豆太の気持ちはぜひさぐりたいね
・表戸を体でふっとばしたところって，どんな気持ちで走り出したのかな

　　　　　　　　いい音読にするために豆太の気持ちをさぐろう。

3・4・5・6（本時）・7

豆太の気持ちを考えて，読み方を考えよう（5時間）

・全く，豆太ほどおくびょうなやつはいない→あきれたように，こんなにおくびょうなやつはどうしよう，っていう話し方がいいな
・「やい木い！モチモチの木い！実い落とせえ！」→前の場面とは変わって，ちょっとえらそうな感じだな
・「じさまぁっ！」→ねむりからさめてすぐ，ちょっとねぼけている感じ
　「じさまっ！」→こわくて，すがりつくような感じで
・小犬みたいに体を丸めて，表戸を体でふっとばして→こわい気持ちをふりはらって，必死に走り出したような感じを出して
・豆太はなきなき走った。→こわいし，いたいし，暗いけど，がんばってる豆太をおうえんするような感じ

　　　　　豆太は弱虫だけど，じさまを思う気持ちの強さがこわさをこえたんだね。
　　　　　豆太の気持ちへつながる大切な言葉がたくさん見つかったよ。

8・9・10

気持ちを込めて音読をしよう（3時間）

・自分たちのグループの音読のめあてを決めよう。（アンケート）
・大切にする言葉＜気持ち・情景＞を表にしよう。
・見なくてもいいところは本を見ずに話せるといいね。
・体の動きもつけてみよう。

　　　　　　　気持ちや情景が相手に伝わる音読ができたよ。

　　　　　　音読をして，お話を伝えるって，楽しいね。

本時の学習

本時 6/10

● ねらい
・第4場面前半について，記述や言葉の意味を根拠にしてすすんで考えることができる。
・記述や言葉の意味を根拠にしながら，走り出した豆太の心情を考えた音読をすることができる。

● 展　開

	児童の活動	指導上の留意点
起	①本時の取り組みを確認する。 **学習課題** 4場面はどんな読み方をすればいいだろう。豆太の気持ちをもとに考えよう。	
承	②第4場面前半の豆太の心情を話し合う。 A児が着目した「じさまは，じさまは，」のくり返しについて，全体で話し合う。【みんな学び】 ・この言葉から，豆太はどんなことを思ったのかな。 ・じさまのただならぬ様子に気づいた豆太の行動が，ここからぐんと変わっていくね。 この場面から医者様のところへ走っていくまでの豆太の心情の変化について話し合う。【グループ学び】 「こわくて，びっくらして，豆太はじさまにとびついた。」 　→心配の気持ちより，豆太自身が怖い気持ち 「医者様を，よばなくっちゃ！」 　→じさまには頼れない。自分がなんとかしなくちゃ 「小犬みたいに体を丸めて，表戸を体でふっとばして走り出した。」 　→戸を開けるのもめんどう，少しでも早く	・前時に4場面の豆太の心情について言葉に着目しながら個人で十分考えをまとめておき，本時にのぞめるようにする。 ・最初に4場面の入口となるじさまの様子を見た豆太の気持ちについて話し合い，これからのグループ学びのきっかけづくりをする。 ・気持ちを読み取りながら，場合によっては，そのまま，音読の仕方を考えてもよいことを確認する。 ・豆太やじさまの動きを文をもとに実際にやってみることによって豆太の気持ちを読み取りやすいようにする。 ☑ **評価** 言葉の意味や文章表現を根拠にして豆太の心情を読み取ることができたか。 　　　　　　　　　（話し合い，ノート）
転	③話し合ったことをもとに音読の仕方について考える。 　　　　　　　　　　　　【グループ学び】 ・おくびょうな豆太と勇気ある豆太がまざっているね。違いを表す読み方を考えよう。 　→おくびょう豆太を読むときは，弱く 　→弱くというより，甘えた感じがいいんじゃないか ・じさまの様子をみて，豆太の気持ちが変化していくね。 豆太がじさまのことを思って，勇気を出して行動する姿をしっかりと伝えたいな。	・話し合いに行き詰まるようであれば，全員で音読をして表現の特徴・豆太の気持ちを捉えさせる。 ・4場面後半～5場面については，次時に話し合う。 ☑ **評価** グループでの話し合いをもとに，この場面の音読の仕方について考えることができたか。　　　　（発言・音読）
結	④本時の学習の振り返りをする。	

授業の様子

▶本時に至るまでの経緯

子どもたちは，これまでの場面を読み深めていく中で，「全く，豆太ほどおくびょうなやつはいない」で始まるこの物語の前半には，豆太の弱さが「ションベン」などの言葉により，おもしろおかしく描かれていることに気づいた。そして，読み取ったことを交流しながら臆病な豆太を表現する音読を聴き合いつくっていった。

物語が展開する４場面の最初の部分では，じさまの様子や言葉が，豆太の心情の変化に密接に関わる。そこで，じさまの様子や言葉をていねいに読み取っていく中で，豆太の気持ちを捉え，音読の仕方を考えていくという計画を子どもたちと立てた。前時では，まず，刻々と変化する豆太の心情を叙述に即して，読み取り，音読に対する自分の考えをまとめた。

▶本時の様子

（１）じさまの痛みと豆太の痛み

①じさまは，じさまは，

Ａ児は，じさまが，「じさまは，じさまは，…」とくり返していることに着目した児童である。そこで，くり返しにこだわるＡ児を取り上げ，全体で意見交流を行い，その後の場面を読み取っていくための手掛かりとした。以下，「みんな学び」の様子である。

Ｔ　：まず，Ａ児の考えを聞いてみよう。
Ａ児：じさまは，じさまは…って２回続けて言うってことは，じさまが豆太にどうしても伝えたいことがあったと思う。豆太に，わしは大丈夫だからってことをどうしても伝えたかった。
Ｔ　：２回続けて言うことに意味があるってことだね。
Ｃ２：すごく痛いのを我慢して，ちょっとと言っているのは，びっくりさせないようにごまかしてる。
Ｃ３：そんだけ痛いってことには豆太もびっくりした。
Ｃ４：おなかが痛いけどごまかして言えなくて，でも言えないってことが豆太はわかって，それぐらい痛いってことがわかって，豆太もびっくりした。
Ａ児：そうか，じさまはごまかしてたんだけど，豆太には，わかっちゃったんだ。
Ｃ３：だから，ごまかすように，でも，ばれちゃうみたいな読み方をしないと。
Ｔ　：みんなで，このじさまの言葉を読んでみようか。

　〜一人ひとりで読む〜

　〜続けて，Ａ児，みんなの前で読む〜

Ｃ５：それじゃあ，痛さが全然わからないよ。
Ｃ６：もうちょっと，痛い感じじゃないの？
Ｔ　：どうやら次に続く，「ちょっと」の読み方も大切なようだね。この続きは，今みたいにして，グループで話し合いを進めましょう。

②豆太の心の変化

「グループ学び」では，４班の『まなボード』には，まず，「おくびょう」→「しんらいの男」→「おくびょう」と，腹を痛がるじさまを見つ

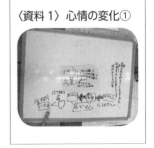

〈資料１〉心情の変化①

けてからの豆太の変化が綴られた。そして，それに，「豆太のいたみ＜じさまの命」が書き加えられた〈資料１〉。

その後，場面の移り変わりに注意しながら，

豆太の心情を追う話し合いが続き、『まなボード』には、「かみついた」「痛み」などのキーワードが記された〈資料2〉。以下は、「グループ学び」の様子である。

〈資料2〉心情の変化②

【グループ学び】
B児：びっくらして、じさまにとびついたときは、まだ、おくびょうだよね。
C2：普通、おなかが痛い人にとびつかないでしょ。
B児：どこで気づいたかっていうと、「歯を食いしばって、ますますすごくなるだけだ」ってとこだと思うんだけど。こんな感じ。
〜おなかをおさえてうなる〜
＝中略＝
C2：じさまと一緒でさ、豆太も歯を食いしばってるんじゃない？
B児：じさまのいのちがなくなったら…。
C3：1人になるよね。
B児：1人になるから、豆太は。
C2：その方が怖いんだよね。
B児：でも、豆太は、じさまと一緒で歯を食いしばってそれで、ちょっと泣かずに…あ、ちょっとは泣いとったけど、泣かずに、走った、と思います。
C4：豆太がじさまをなくしてしまったらなんにもできなくなってしまう。だから、豆太は痛みよりもじさまが死んでしまって何にもできなくなる方が怖いからじさまのいのちの方が豆太の痛みより大事ってこと。

C4は、発言をしながら、「自分の痛みより、じさまの方が大切」とボードに記した。この「痛み」から「はだし」や「しもが足にかみついた」などの言葉が導き出された。

③しんらい

1班の『まなボード』には、豆太のとった行動とそのときの心情が次々と記入されていった。「はだしで」「こわくて、びっくらして」などの文中の言葉とともに、それにつなげて「じさまのことしか考えていなかった」「かけがえのない命」など、豆太の心情が書かれた。また、それらは左下の「しんらい」という言葉で結ばれて、これまでに読み取ってきた豆太の置かれている状況や2人の間柄をここでの読み取りの手掛かりとしている〈資料3〉。

〈資料3〉心情の変化③

〈資料4〉は、このグループのB児の振り返りである。

〈資料4〉B児の振り返り
　私は、豆太がおくびょうなのに、なんで1人で走っていけたかがぎもんでした。でもみんなの意見を聞いて、2人がしんらいし合っていたから「医者様を、呼ばなくっちゃ！」のところで豆太が勇気をふりしぼることができたということがわかりました。そこまでは、おくびょうな豆太だから、ちょっと泣きそうな声で「じさまぁっ！」って読んだ方がいいなと思います。

（2）どのように読めばよいか

授業の後半は、読みの交流である。子どもたちと話し合いながら、「声の大きさ」「気持ちの込め方」「読む速さ」「間の取り方」「役になっているか」の5つの評価基準を意識しながら、お互いの読みをチェックした。

子どもの変容と評価

▶単元を通しての子どもたちの変容
B児の単元末の振り返り

〈資料5〉B児の振り返り

　最初は気づかなかったけど，みんなで話し合って，作者のさいとうりゅうすけさんが，とても細かなところまで工夫して，このお話を書いていることがわかりました。読めば読むほど楽しくなりました。1年生に上手に音読ができました。

　さいとうりゅうすけさんのお話をもっと読んで，また，読み聞かせをしたいなと思いました。

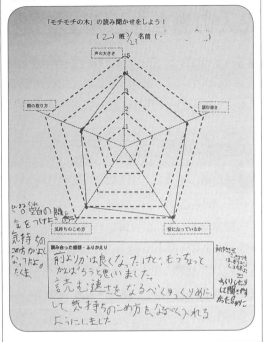

〈資料6〉読み聞かせ活動の自己評価

　〈資料5〉にある「読めば読むほど楽しくなる」という言葉は，読み取ったことを音読を通して伝える相手がいるからこそ生まれた言葉であると考える。よりよい音読を求めようとする姿勢が子どもたちの読み取りを深めていく意欲を引き出すことへとつながった。心に引っかかった言葉や文にこだわりをもち，時には辞書を引いて言葉の意味を深く考え，時には実際に体を動かして物語の様子を再現するなど，物語の登場人物の気持ちに寄り添った読みを追究する姿がさまざまな場面でみられた。

　また，音読の仕方についての話し合いも，熱のこもったものになった。友だちの読みも，1つの文，1つの言葉にこだわりをもって聞き，「もっとこうした方がいいんじゃないか」という意見が数多く交わされた。

▶評価の工夫

　子どもたちと決めた5つの評価基準で音読を振り返ってきた。1年生への読み聞かせでは，レーダーチャートを活用し，自己評価と相互評価を行った〈資料6〉。視覚的に捉えることによって，A児は，自分自身も課題としている「間の取り方」にまだ課題が残されていることに気づいた。また，この評価カードを同じグループのメンバーで見せ合い，コメントを書くことによって，ウィークポイントだけではなく，お互いの音読のよさを認め合うことができた。

▶おわりに

　本単元の取り組みによって，物語を読む楽しさの一つに，その味わいを他者と共有することにあるということに改めて気づかされた。味わいを共有するためには，一つひとつの言葉への着目を欠くことはできない。ここで培ってきた音読に対する姿勢は，本単元だけでなく，これから子どもたちが表現していくであろうすべてのことに通じるものである。

学び舎にかくされた秘密
～学校の創設にかける人々の願い～
先人の働きを理解し，地域の一員としての自覚をもつ

「きょう土のはってんにつくす」『新しい社会3・4年下』（東京書籍）

授業者　竹田崇慶

全体の単元構想

◆単元について

（1）教材についての解釈

　一宮南部小学校は，1976（昭和51）年，金沢小学校と大和小学校が統合して開校した。金沢小学校は，1873（明治6）年に創設の小学御園校が，大和小学校は，1872（明治5）年創設の日下部学校がそのルーツとなっている。『一南小この十年』（1986（昭和61）年刊）には，一宮南部小学校開校当時のPTA，地域，教師による学校づくりの苦労が綴られ，学校に残る金沢小の卒業写真（1917（大正6）年）からは，現在の生活との違いが伝わってくる。

　教科書には金沢小の創設とほぼ同時期，京都では番組小学校がつくられたことが，掲載されている。学制発布以前につくられた番組小学校は，都が東京に移された後，教育で京都を栄えさせたいという願いのもと，1869（明治2）年に64の小学校をつくったのが始まりである。町の人々が子どもたちのためにお金を出し合って創設され，現在も多くの番組小学校が公共施設などに姿を変え，大切に使われている。

　時代背景は違えど，学校を創設した人や学校を支える地域の方の願いに考えを巡らすことは，地域に愛着をもって，地域社会のよりよい発展を考えようとする契機となるはずである。

　そこで，統合により生まれた学校がどのような願いでつくられたのかに迫る「学び舎にかける人々の願い」が教材となる。

（2）単元に向かう子どもの姿

　本学級は，23名（男子13名，女子10名）の単学級である。子どもたちは，3年生の社会科の学習を通して，社会の仕組みやそれを支える人の営みについて考えてきた。

　温かな上級生と下級生の関係の中で成長している子どもたちは，自分の学校が好きである。そして，一宮南部小学校のよさを感じている。そんな子どもたちであるので，一宮南部小学校の歴史への興味は高い。

　単元の導入で大正期の小学生の卒業写真を資料として提示すれば，子どもたちは自分の学校の歴史について，さらに興味を高めるだろう。また，戦後70年の年に，豊川市では「私たちの学び舎展」の企画があり，そこでの展示発表をゴールに設定することで，子どもたちは，自ら資料を探したりインタビューをしたりして，母校の創設当時のことを調べていくだろう。学校の創設には，地域の子どもの成長を願う人々の営みがあることに気づいたとき，自ら地域や学校のためにできることはないかと考え，行動に移すことができるのではないかと考えた。

指導計画

●単元の目標

（1）学校を創設した人や、支えてくれる人の働きに関心をもち、意欲的に調べたり、積極的に地域の人に当時の思いを聞いたりすることができる。〈関心・意欲・態度〉

（2）見学や文献の読み取り、聞き取り活動などを通して必要な情報を集め、学校を創設したり支えてくれたりした人々の働きや苦心を読み取って、まとめることができる。〈観察・資料活用の技能〉

（3）学校の様子の移り変わりや学校づくりに尽力した人々のはたらきや苦心について考えることができる。〈思考・判断・表現〉

●単元の構想（総時数19時間）

学校がつくられた『ひみつ』を解き明かそう!!

時間

1〜7時間目

【金沢小学校の子どもたちはどんな生活をしていたのかな（5時間）】

- 金沢小の卒業写真（1917年）を見て、気づいたことを発表しよう。①
  - ・着物を着ているよ　・下駄を履いているよ
- 金沢小の卒業写真（1945年）と比べて、気づいたことを発表しよう。②
  - ・制服の色や形がさまざまだね　・先生はスーツだね
- 民俗資料館に行って、当時の生活をもっと詳しく調べて、みんなで交流しよう。③④⑤
  - ・冷蔵庫ってなかったんだね
  - ・教科書がカタカナで書かれているよ

今の生活と全然違うし、学校も今と全然違うね。

【日本で最初の小学校はどんな学校なのかな（2時間）】

- 『番組小学校』はどうしてつくられたのかな？
  - ・みんなでお金を出し合ったんだね
  - ・消防署の役目もあったからだよ
- 学校ができる前は寺子屋があって、金沢小ができる前は、金沢町にも寺子屋があったんだよ。

番組小学校は、子どもたちが勉強をして、将来の京都を元気にしてほしいという願いで、地域の人たちが協力してつくったんだね。

→ 学校歴史年表の作成

学校づくりには人々の思いや願いが込められ、それぞれの学校が大切な歴史を刻んできたんだね。

8〜13時間目（11本時）

【一宮南部小学校ができたときはどうだったのかな（6時間）】

- 『一南小この十年』を資料にして、どうやって学校がつくられたか調べよう。①②③
  - ・アスレチックをPTAと先生がつくったって書いてあるよ　・岩石園、築山、水棲池もだって
- 「強い子ども、考える子ども、助け合う子ども」にたくされた思いや願いを考えよう。④⑤（本時）
  - ・どの学校にも負けない子になってほしかったんじゃないかな　・学校や友だちを大切にできる子を育てたい
- 学校を支えてくれている人たちに話を聞いてみよう。⑥
  - ・やっぱり学校のためだったんだね　・そんなに大変だったんだ　・もっと私たちもがんばらないと

一宮南部小学校は、地域の方々やPTA、先生たちが、「どの学校にも負けない学校をつくりたい」「子どもたちのために」という強い思いをもって、いつも支えてくれているんだね。

14〜19時間目

【私たちが調べたことや、一宮南部小学校を支えてくれている人のことの発表の仕方を考えよう（総合的な学習の時間）（6時間）】

- 発表方法を考えてまとめよう。①〜⑥
  - ・模造紙にまとめて、話して発表　・パワーポイントにまとめて発表　・動画を撮って流す
  - ・今まで総合の時間でやってきた活動も一緒に発表できたらいいな

私たちが通っている学校のことを全校のみんなに伝えられてよかったね。

**学校は地域の人たちの強い思いによって支えられているんだね。
私たちも大人になったら、学校のために何かできるといいな。**

本時の学習

本時 11/19

●ねらい

・一宮南部小学校を創設した人々の願い，それを実現するための努力や苦心があったことを，資料を根拠にして考え，伝えることができる。
・一宮南部小学校の創設に関わった人々の働きを『一南小この十年』や『学校歴史年表』をもとにして理解することができる。

●展開

	児童の活動	指導上の留意点
起	①本時の学習課題と学習展開を確認する。 ・前時は『一南小この十年』や『学校歴史年表』を資料にして，どうして一宮南部小学校には『岩石園』や『フィールドアスレチック』があるのか，個人で考えたね。 **学習課題** 一宮南部小学校の開校時に，どうして『岩石園』や『フィールドアスレチック』などをつくったのだろうか。	・みんなでまとめた『学校歴史年表』で番組小学校の「人々の思いや願い」や，一宮南部小学校創設時の出来事を確認させる。
承	②グループで課題について話し合う。　【グループ学び】 ・「PTAで何とか，どこの学校と比較しても恥ずかしくないものをつくろう」と『一南小この十年』に書いてあったよ。 ・『一南小この十年』に書いてあるアスレチックづくりでは，お金がなくても27もの遊具を手づくりでつくってしまったとあるから，子どもに強い体をつくってほしかったと思うよ。 ・『岩石園』や『思い出の丘』，今も学校に残っているものは，地域の人たちが休みの日や夜中まで使ってつくったものだから，子どもが通っても恥ずかしくない学校にしたかったんだと思うよ。	・必ず根拠となる資料をもとにして自分の考えをグループに伝えるようにする。 ・『まなボード』に書き込むときは，長い文にならないように短いキーワードでまとめるようにする。 ・友だちに対して「何でそう思ったのか」聞けるように声かけする。 ☑ **評価** 自分の集めた資料をもとに，自分の考えを友だちに伝えることができたか。 （社会的な思考・表現・判断）
転	③友だちの考えを取り入れる。　【ひとり学び】 ④どんな「思いや願い」があったのかグループごとに発表し，全体でまとめる。　【みんな学び】 地域の人々が一宮南部小学校を「どこの学校と比べても恥ずかしくない学校にしたい」という強い思いをもってつくったんだね。 私たちの町には，学校以外にも地域の人々の強い思いで支えられたものはあるのかな。	・自分が気づかなかったこと，友だちの意見を聞いて新たに気づいたことなどを青ペンで書き込ませる。
結	⑤社会ノートに振り返りを書く。 ・一宮南部小学校も番組小学校と同じように，地域の人々の強い思いで支えられていることがわかりました。きっとどの学校も地域の人々の強い思いで支えられていると思いました。	・時間があれば何人かこちらでピックアップし振り返りを発表させる。 ☑ **評価** 振り返りを友だちの意見や考えをふまえて書けたか。　（社会ノート）

授業の様子

▶本時に至るまでの経緯

（1）単元の導入からの流れ

単元の導入では，1917（大正6）年と1945（昭和20）年の金沢小学校の卒業写真を比較し，学校の様子や生活の様子の移り変わりを捉えた。その一方で，教科書を手がかりに，1869（明治2）年に誕生した京都の番組小学校について「学校の様子」「生活の様子」「学校をつくった（支えた）人々の願い」の3つの視点からまとめた。これらの学習をした子どもたちは，一宮南部小が開校した当時の様子についても興味をもった。

子どもたちは，開校時につくられた『岩石園』や『思い出の丘』『フィールドアスレチック』等が，その当時には，ほかではあまり見られない特徴的なものであることに気づき，そうしたものに込められた人々の願いについて調べはじめた。

（2）前時の様子

前時では，「一宮南部小学校の開校時にどうして『岩石園』や『フィールドアスレチック』などをつくったのだろうか」について調べ，『一南小この十年』を資料として，一人ひとりが自分の考えをノートにまとめた。

〈資料1〉A児のノート

「強いからだ」をどうやってきたえればいいのかということを調べると，一南小の「アスレチック」できたえればいいということで，アスレチックをつくったと書いてありました。私は，アスレチックをつくった理由はこれだと思いました。

A児は，「アスレチック」をつくった理由を強い体をつくるためと考えた。そこで，これらの「ひとり学び」の交流を通し，どのような人たちの願いが新しい学校をつくる力になっていったのか，そして，その人たちの描く学校の姿はどのようなものであったのかといった学校の発展に尽くした先人の願いや工夫・努力，苦心に迫っていきたいと考えた。

▶本時の様子

（1）考え方の交流【グループ学び】

調べたことを出し合う中で，A児は，C1の「心の面でも」の発言に反応した。強いというのは「からだ」だけでなく，「心」も強いということに共感したことが，「ほんとだ」「賛成」等の発言からわかる。「強い」という言葉の意味について，A児が新たな視点をもった瞬間である。

〈資料2〉【グループ学び】

C1	立派な校舎はできたけど，運動場には何もなくて，石ころしかないって書いてあるじゃん。
C2	おれもそこ調べた。
C1	PTAでどこの学校と比べても恥ずかしくない学校をつくろうってなって，できることは全部自分たちで作業をしているんだよね。…次の年に，子どもを健全に育てていこうってなって。
A児	健全ってことは，強い子どもってこと？
C1	そうだと思う。ちょっと待ってよ。世の中が複雑化しているので精神的に強い子をつくりたいって書いてあるから，<u>心の面でも</u>…。
A児	えっ？　それって何ページに書いてある？
C2	22ページ。
A児	ほんとだ。<u>心も体も強い子ども</u>だね。

```
C1    心も体も強い子を育てたいっていう
      願いがあったからだよね。賛成とか
      反対とかある？
A児   賛成。
〈略〉
C1    うん，まあ，こんな感じだね。全部
      PTA中心でやった。恥ずかしくない
      学校をつくってたんだけど，さらに
      よりよい学校をつくるためにできる
      ところまで全部つくった。A児ちゃ
      んどう？
A児   んーっと，C1くんが言ってたけど，
      ここってけっこう田舎じゃん？　だ
      けど，頭もよくなってほしいし，心
      とかも強い子になってほしい。その
      ために大人は…（略）…子どもたち
      のためにより良い学校をつくるため
      にがんばったんだよ。
```

〈資料3〉は，『まなボード』の記録役をしていたA児のまとめである。

石ころだらけで緑のない中に校舎が立ち，そこを「恥ずかしくない学校」「より良き学校」にしたいと動き出したPTAのことを，時系列でまとめている①。そこに，C1を受けて，地域の人々の願いである「心も体も強い子ども」という言葉を書き加えた②。そこで，A児は，前時までに調べていたアスレチックも心も体も強い子どもにつながると考え，「アスレチック」とさらに加えた③。

「どこの学校と比べても恥ずかしくない」「より良い」という言葉の裏にある地域の人々の子どもの成長への願い。それはすなわち，「心も身体も強い子」になってほしいという学校づくりの理念である。それをキーワードにしたことで，自分の調べたことが学校統合時の人々の願いとつながっていった。

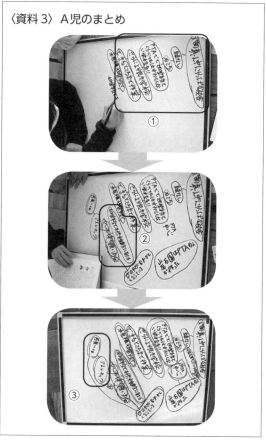

〈資料3〉A児のまとめ

（2）自分の考えの見直し【ひとり学び】

グループ学習の後，今一度自分の考えを見直した〈青ペンタイム〉。A児は，同じグループの友だちの意見から，「心も体も強く生きる子どもを育てたい」というPTAや地域の人たちの願いを具体的に捉え，ノートに次のようにまとめることができた。

〈資料4〉A児のノート

　PTA中心ではたらいていて，一日も早く普通の学校にしたいと思っていた。まず，普通からだったけど，さらに，がんばって，さいきんの世の中は難しいことだらけなので，心も体もげんきでがんばってほしいからPTAの人たちもがんばってアスレチックをたくさんつくったと思う。

子どもの変容と評価

▶単元を通しての子どもたちの変容

（1）私たちの学び舎への興味

豊川市の桜ヶ丘ミュージアムで開催された『わたしたちの学び舎展』では，古い時代の写真や当時のもの，年表などをもとに市内各小中学校の移り変わりの様子が展示された。これに合わせて本単元を展開したこともあり，学校の移り変わりに対する子どもたちの興味・関心はとても高く，学校に隠されている秘密をひもとくように，一宮南部小学校や日本の学校の歴史について調べを進め，学校に対する地域の人々の願いについて理解を深めていくことができた。

（2）『まなボード』で読み取れなかった資料を補い，深め合う

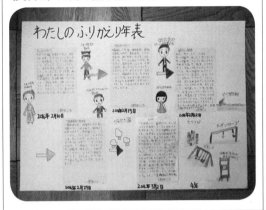

〈資料5〉A児の振り返り年表

『まなボード』の活用にあたっては，今回は，「情報をつなげて，新しい発見をしよう！」をテーマに活動に取り組ませたが，それぞれが調べたことをつなぎ合わせ，そこから何がわかるかみんなで考える姿がどのグループでも見られた。また，その話し合いをもとに，今一度自分の考えを整理させることで（『青ペンタイム』），知らなかった情報や考え方を自分の考えに加え

ていくことができた。

▶評価の工夫

毎時間，「1時間で学んだこと」「友だちの意見を聞いてなるほどと思ったところ」を観点に振り返りをした。そして，その振り返りを年表のように日付ごとに貼りつけ『わたしのふりかえり年表』を作成した〈資料5〉。

単元の最後には今までの振り返りを見返すことで，単元を通しての振り返りを行った。

A児は，「資料を読み取れているか」「複数の資料を読み取って，つなげて物事を考えているか」「それぞれの時代で変化したもの，不変的なものに気づけていたか」の観点で，自分の学習を振り返った。

▶おわりに

普段，何気なく生活している学校の中にある施設にも，それをつくった人々の思いや学校で過ごす子どもたちにかける願いが込められていることに子どもたちは気づくことができた。これからも人の営みや願いに迫ることのできる社会科学習を進めていきたいと思う。

5年 算数 実践⑤

意地悪ショップ「日野商店」を攻略しよう
線分図や面積図を活用して，分数の仕組みを理解する

「分数（2）」『わくわく算数 4 上』（啓林館）

授業者 **日野秀樹**

全体の単元構想

◆単元について

（1）教材についての解釈

本単元では，整数および小数を分数の形に直したり，分数を小数で表したりすることや整数の除法の結果は，分数を用いると常に1つの数として表すことができることを理解させる。また，乗数や除数が整数である場合の分数の乗法および除法の意味について理解し，計算の仕方を考え，それらの計算ができるようにする。

子どもたちの多くは，分数は日常生活では実際に使う場面がなく必要ないものと考えている。しかし，わり切れない事象に出合ったとき，分数はとても便利に利用され，生活の中で必要なものとなる。また，分数の学習を通し，単位量を基準とした考えを広めることは，日常生活において必要なことだと考える。既習事項を用いて新たな問題に取り組み，なぜそうなるのかの理由を考えることで，筋道立てて考えていくことの楽しさに気づき，解決の喜びを感じることができると考える。

（2）単元に向かう子どもの姿

本学級は，20名（男子8名，女子12名）の単学級である。1年生から同じメンバーで生活してきており，互いに性格や学習状況についても知っている。4月当初には，ほかの考えを取り入れることができずに一方的な発言をしていた子や，自分の考えがもてず発言に対し消極的だった子も，『まなボード』を使ったグループ活動をくり返すことによって，自分の考えを素直に伝えることができるようになってきた。

分数のわり算の立式の問題は，子どもたちにとって苦手な学習内容の一つである。問題の意味を深く考えず，単純にかけたりわったりして処理するためであり，数量の関係をあまり考えていないことが多い。分数の計算の仕方を考える場合，既習事項をもとに考えることが必要になるが，本学級においても，十分身についていない子が数名いる。そのため，個で考える場面では，自分の考えをもつことが難しい子が出ると考えられる。考えるための着目点やヒントを与え，個別指導することによって自分の考えをもたせたい。

グループ活動では，『まなボード』を使いながら活発な話し合いができるであろう。自分の考えと他者の考えを比べながらの話し合いができることを期待する。

指導計画

●単元の目標
（1）分数で表すよさがわかり，すすんで分数の性質を調べたり，分数を使った問題を解いたりしようとする。〈関心・意欲・態度〉
（2）筋道立てて分数に整数をかけたりわったりする計算を考えることができる。〈数学的な考え方〉
（3）分数に整数をかけたりわったりする計算ができる。〈技能〉
（4）商としての分数の意味，分数と小数・整数との関係について理解する。〈知識・理解〉

●単元の構想（総時数 7 時間）

意地悪ショップ「日野商店」を攻略しよう！

時間 1
【商品番号1】1dL で 3/5 ㎡ぬれるペンキ 4dL （1 時間）
分数×整数の立式と計算の仕方を考えよう
・整数や小数と同じで，1dL でぬれる面積×ペンキの量＝ぬれる面積　だから，3/5×4 で求まるね
3/5×4 の計算の仕方を考えよう　・1/5 が（3×4）個分だから（3×4）/5＝12/5　12/5 ㎡
　　　分数に整数をかけるには，分母はそのままで分子に整数をかければいいね。
　　　4dL で 12/5 ㎡ぬれると表示した方がわかりやすいよ。

時間 2・3（本時）
【商品番号2】3dL で 4/5 ㎡ぬれるペンキ （2 時間）
分数÷整数の立式と計算の仕方を考えよう
・ぬれる面積÷ペンキの量＝1dL でぬれる面積　だから，4/5÷3 の計算の仕方を考えよう
・1/（5×3）が 4 個分だから 4/（5×3）＝4/15　4/15 ㎡
グループで話し合おう（本時）
・『探究創造型グループ活動』で『まなボード』を使い，話し合う
　　　分数を整数でわるには，分子はそのままで分母に整数をかけるんだね。
　　　1dL で 4/15 ㎡ぬれると表示しよう。

時間 4
【商品番号3】3 本で 2L のジュース 1 本 （1 時間）
2÷3 の計算の仕方を考えよう（わり切れない）　・1L を 3 つに分けると 1/3L，それが 2 つで 2/3L だ
　　　わり算の商は，わられる数を分子，わる数を分母とする分数で表せるぞ。
　　　1 本で 2/3L 入りのジュースと書きかえよう。

時間 5
【商品番号4】60 ㎝のテープを 90 ㎝の値段の○倍で売ります （1 時間）
何倍かをはっきりさせよう　・60÷90 の計算でいいね　・60÷90＝60/90＝2/3　2/3 倍
　　　何倍かを表す数が分数でもいいんだね。
　　　ちゃんと 2/3 倍と表示しよう。

時間 6・7
【商品番号5】3/4L と 0.7L のジュース，どちらも同じ値段 （2 時間）
分数を小数に，小数を分数にして比べよう
・3/4＝3÷4＝0.75　・0.7＝7/10　→通分 3/4＝15/20　0.7＝14/20
　　　分子を分母でわると小数になる，小数は分母を 10，100 などの分数で表せるぞ。
　　　3/4L の方が，量が多くお得ですと書き加えよう。

意地悪ショップ「日野商店」の攻略完了だ。

本時の学習　　　本時 3/7

●ねらい
・数直線図や面積図を使って計算の仕方を考えることができる。
・自分の考えをもってグループ活動に臨み，『まなボード』に書き込みながら説明することができる。

●展開

	児童の活動	指導上の留意点
起承	**学習課題** 「【商品番号2】3dLで4/5㎡ぬれるペンキ」 1dLでぬれる面積の表示に変えてやろう。	
転	①本時の課題を確認し，前時に考えた自分の方法を見直す。 ②『探究創造型グループ活動』で，どのように求めたのかを話し合う。　　　　　　　　　　【グループ学び】 ア ことばの式を使って説明する（立式） イ 数直線図を使って説明する（立式） ウ 面積図を使って説明する（計算の仕方） ア ・ぬれる面積÷ペンキの量 　＝1dLでぬれる面積 　4/5÷3 　という式で求まるね イ  4/5を3つに分ければいいね ウ 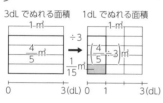 ・1㎡を5つに分けたうちの4つ分が4/5㎡ 4/5㎡を3つに分けると，1マスは1/15㎡ これが4つで4/15㎡ 1dLで4/15㎡ぬれるね ③友だちの考えを取り入れる。　　【ひとり学び】 ・そんな考え方があるんだ。 ・わかりやすい説明だなあ。 ④全体で求め方を確認する。　　【みんな学び】 ・グループでの話し合いをもとに全体で確認する。 ・分子はそのままで，分母に整数をかけると求まるね。	・前時に個で考えさせ，本時はグループ活動から始める。 ・出された方法をみんなで考えていくことを確認する。 ・『まなボード』に書き込みながら話し合うことを確認する。 ・話し合いのきっかけがつかめないグループに行き，スムーズなスタートが切れるよう助言する。 ・4/5÷3で求まる理由も説明させるようにする。 ・それぞれの考え方をつなげていくように支援する。 ・理解できない子がいるグループには，1マスが1/15になることを理解させるよう指示する。 ☑ **評価** 自分の考えをグループ活動で伝えることができたか。 　　　　　（活動の様子・振り返り） ・新たにわかったことや自分の考えに足りなかったことなどを青ペンで書き込ませる。 ・グループ活動で新しく知ったことも自分の考えとして発表させる。 ☑ **評価** 分数÷整数の計算の仕方を理解することができたか。　　（ノート・発言）
	「1dLで4/15㎡ぬれます」という表示に変えよう。	
結	⑤振り返りをする。 ・「○○さんの○○という意見を聞いて○○ということがわかりました」	・名前をあげて振り返りを書かせる。 ☑ **評価** 話し合いを通して，自分の考えを深めることができたか。　　（振り返り）

授業の様子

▶本時に至るまでの経緯

（1）単元の導入からの流れ

本単元では，子どもたちは，「意地悪ショップ『日野商店』」の攻略に取り組んできた。第1時では，「1dLで3/5㎡塗れるペンキを4dL」という商品表示を「4dLで○㎡塗れるペンキ」のようにわかりやすく変えようという課題に取り組むことで，3/5×4の計算の仕方を考えた。子どもたちは，線分図や面積図を使い，1/5が（3×4）個分だから（3×4）/5＝12/5という計算の仕方を見つけ出した。

（2）前時の様子【ひとり学び】

前時では，「3dLで4/5㎡塗れるペンキ」という商品表示を「1dLで○㎡塗れるペンキ」に書き換えようという課題に取り組み，これまで学んできたことを活かし，一人ひとりが自分の考えをノートにまとめた。4/5÷3と立式できない子もいたが，線分図を使い個別指導をすることで全員が立式することはできた。その中で，面積図に縦線を引いて3で割ることを意識し，1dLで4/15㎡塗れることを導き出した子が5人いた。A児は，〈資料1〉に示すような考え方をノートに綴った。クラス全体の実態をみたときに，本時では，縦線を引き15マスになった1マス分が1/15㎡になっていることをどのように説明するのかが課題となる。

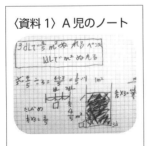

〈資料1〉A児のノート

▶本時の様子

（1）考え方の交流【グループ学び】

①余りが出ていいの？

最初に自分の考えを発表したのはA児だった。「4/5÷3＝（4÷3）/5＝1/5あまり1」との考えをボードに書いた。それに対しC1が余りを出すのはおかしいことを指摘し，4÷3の計算を試みるが割り切れずに困ってしまった。ここで，分数×整数と同じ計算の仕方では求まらないことを全体で確認した。

②図を描いて考えよう

以下は，「もとになる数」をテーマにした，グループでの会話の様子である。

〈資料2〉【グループ学び1】

1 A児	うーん，どうやっていく？ うーん。何か図で表せば。何か…。C1さん？	
2 C1	あ，日野先生が言っとったけどさあ，これ全部で3dLだもんでさあ，ここが1dL，ここが2dL，ここが3dLで…。	
3 T1	だな。	
4 C1	だもんで，4/5？ これ全部で3dLだから，この中に1dLが…。	
5 A児	（面積図に縦線を入れる）これでどう？	
6 C1	だもんで3dLを1dLとかに分けるってこと。	
7 A児	1/3が1dLじゃん。	
8 C1	うん。こっちは？	
9 A児	こっちは…？	
10 C1	1dLが3/5だと思う。	
11 C2	えっ，えっ，どういうこと？	

計算を使っての説明では理解しにくいと考えたA児は図で表そうと提案する。それに対しC1が面積図に印を入れながら1dLずつに分け

て考える（2C1）。続いて3dLを3つに分けようと試みる（4C1）。その考えを受けA児が縦線を入れることでもとになるのは1㎡だという考えに近づくが，3人とも理解できないでいる。3つに分けるのはペンキの量ではなく面積であることに気づいていないためであると考えられる。

③3つに分けるってどういうこと？

〈『まなボード』の活用〉

〈資料3〉は，A児のグループにおける『まなボード』の変化である。A児が書いた余りのある考えに対し，C1が分子や分母を3で割ってみるがしっくりしない。偶然，分母に3をかけたとき4/15という数字が出た。確かめ算をすると正解であることがわかったが説明がつかない。そこで，図を使っての話し合いに入った。図に縦線を入れることで面積を3で割ることが理解でき，マスを数えることで4/5÷3=4/(5×3)で求まることを理解した。

④そういうことか！

〈資料4〉はグループ学びの後半の会話である。

C1の縦線を引いた面積図に戻る提案でもとになる1㎡が15個に分かれていることに気づく（A児）。この気づきから，1dLでは15マス

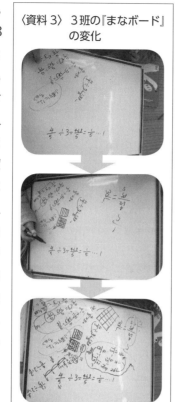

〈資料3〉 3班の『まなボード』の変化

〈資料4〉【グループ学び2】
1 C1 こっちの図は？
2 A児 こっちの図は，このマスが，1，2，3，〜15個あるから，分母が15で1dLがこの4マスだから…。
3 C2 4！
4 C1 わかった！ だから，この全体が15個で，その1dL分が4個あるじゃん。これは，4/15。それで，2dLも1dLと合わせて，8/15で，3dL全部合わせて12/15ってこと。
5 C2 あれ？ 15分の…ってどういうこと？ これが15個あるからこうなって…。これでどうするの？
6 C1 それで，1dLは3dLの1個分。
7 C2 うん。
8 C1 まずは，3個に分けて，で，1dLは4/15がいくつかな。1個分で，2dLは4/15が2個分。3dLは4/15が3個分だから…。
9 A児 1dLは4/15。

のうちの4マス分（4/15）であるという考えが出てきた。まだ理解できないC2に対しても面積図を使ってA児とC1が説明をしている（6，8C1・9A児）。

（2）課題の整理と確認【みんな学び】

ひとり学びとなる「青ペンタイム」（後述）を経て，全体で課題についての意見交換とまとめを行った。ここまで，個⇒グループ⇒個と，課題に対する考えを整理してきたが，①図で説明するときは，縦に補助線を入れることがポイントとなること，②1dLをもととした1/15dLという単位分数を捉え，その幾つ分かで答えが表されること，③それが4/5÷3=4/5×1/3=4/15という式で表されることが意見交流を通してまとめられた。

子どもの変容と評価

▶単元を通しての子どもたちの変容

(1)「意地悪ショップ『日野商店』」の攻略

意地悪商店の攻略というテーマを掲げ，5つの商品表示をわかりやすくするという活動を単元を通して行うことで，子どもたちの学習に対する意欲を持続させることができた。分数は難しいものだと感じていた子も本単元では，グループ活動に積極的に参加し，悩みながら問題を解いていくことの楽しさを味わうことができた。また，共通のテーマで追っていくことで，それまで学んだ図の描き方や説明の仕方を次の課題に自然と活かすことができた。

(2)『まなボード』に現れる分数

『まなボード』を使い，描きながら自分の考えを線分図や面積図を使って説明することで，理解しにくかった数字としての分数を，感覚的に捉え，目に見える形で表現することができた。このことにより，説明が得意ではない子の考えも，友だちのちょっとした一言で言葉として説明ができるようになった。

(3)リライト（青ペンタイム）

〈資料5〉では，A児は，同じグループの友だちの意見から1m²を分けることに着目し，5個分けていたものをさらに3個ずつに分け，15マスにして考え，4/5÷3＝4/(5×3) で求まることを理解したことがわかる。

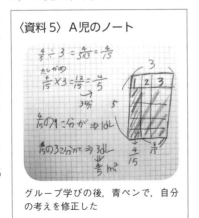

〈資料5〉A児のノート

グループ学びの後，青ペンで，自分の考えを修正した

▶評価の工夫

『日野商店攻略本』を作ろう

単元の最後に，授業で学んだことを使い『日野商店攻略本』を作った。〈資料6〉はA児が作った攻略本である。○□△の記号を使い，分数÷整数の計算の仕方が記入されている。また，面積図を使って計算の仕方が

〈資料6〉A児の攻略本

成立する理由が説明してある。この攻略本から，A児が単位分数を1/15と考え，分数÷整数の計算の仕方をよく理解していることがわかる。

▶おわりに

単元を通して，課題設定→個で考える時間→グループで考える時間・個に戻す時間→全体で確認する時間・振り返りの時間という流れで授業を展開してきた。個で考える時間では，難問を何とか解決しようと，前向きに取り組む子どもたちの姿が見られた。そして，グループで考える時間には，1人の考えをみんなで検討し，壁にぶつかれば，また一から考え直す姿が見られた。あきらめずに何度も考え直す活動から，一歩一歩解決に向かっていくグループでの深まりを感じた。教えられればすぐに答えは求まるのであるが，あえて計算の仕方を自分たちで考えることで教科の本質に迫ることができたと考える。そして，最終的には友だちの考えを取り入れ，自分のものとすることができたと考える。

宮沢賢治の世界へ ～「やまなし」～
優れた叙述をとらえ，想像を豊かにしながら読む

「やまなし」『国語 六』（光村図書）

授業者　今泉直子

全体の単元構想

◆単元について

（1）教材についての解釈

　畑山博の「イーハトーブの夢」にも書かれているように，本単元で扱う「やまなし」をはじめとする宮沢賢治の文学は，賢治の自然観への理解なくして語ることはできない。賢治は，厳しい気候や自然災害に見舞われる東北の地で，農民のために農業研究と農業教育に携わる。その中で賢治が文学にも力を注いだのは，畑山博によれば，「暴れる自然に勝つためには，みんなで力を合わせなければならない。力を合わせるには，たがいにやさしい心が通い合っていなければならない。そのやさしさを人々に育ててもらうために」という理由からであった。

　本単元で読み深めたいと考えている「やまなし」は2部構成であり，「一　五月」には題名の「やまなし」については1つもふれられてはいない。「クラムボンは死んだよ」「クラムボンは殺されたよ」などの言葉から，自然の生の厳しさを表している。一方で，「二　十二月」に初めて出てくるやまなしは，「ひとりでにおいしいお酒ができる」自然の恵みであり，自然のやさしさでもある。「やまなし」で描かれるかにの親子の住む幻想的な世界は，賢治が理想とする，人間が人間らしく生きられ，生き物たちにも心があり，人間と生き物が互いに心を通わせられるやさしさに満ちあふれた世界である。

（2）単元に向かう子どもの姿

　本学級は，24名（男子14名，女子10名）の単学級である。本学級の児童は，5年の頃から，詩や物語文の読み取りの学習で「助詞」や「逆接の接続詞」に着目し，後の語句と語句，文と文相互の関係を考え，読み取りを深める手立てを重点的に学んできた。個人が「ひとり学び」で自分の考えをもち，さらに「グループ学び」で考えを出し合い今一度自分の考えを見直し，解決できないことがあれば，全体でそれを再度話し合い，納得する答えを出すという学習をくり返してきた。その中で，みんなの力で中心課題に迫っていこうとする学びの姿が見られるようになってきている。

　また，個人学習については，あらかじめ，話し合う場面や段落の気になる言葉を調べたり，自分なりの課題を作って考えたりする予習の力がついてきている。授業で話し合ったことを振り返る際にも，板書を見たり，友だちの意見を思い出したりして，流れをつかんで書けるようになっている児童が増えてきている。

　使われている言葉からイメージを広げ，賢治が描く「やまなし」の世界を友だちとの語り合いを通して存分に味わってほしいと願う。

指導計画

●単元の目標
（1）興味をもって物語を読もうとしている。〈関心・意欲・態度〉
（2）言葉に即して，描かれた情景を読み取ることができる。〈読む〉
（3）物語について話し合い，自分の考えを広げたり，深めたりすることができる。〈聞く・話す〉
（4）物語が自分に強く語りかけてきたことを短い言葉でまとめることができる。〈書く〉

●単元の構想（総時数9時間）

宮沢賢治の世界を読み味わおう

時間

1〜3 「やまなし」の「五月」で賢治はどんな世界を描きたかったのかな（3時間）

- 読みの交流1 〈ひとり学び〉→〈グループ学び〉→〈ひとり学び〉→〈みんな学び〉

「クラムボン」て何だろう	色「青くくらく」	あわ	恐ろしさ「こわいところ」
「跳ねてわらった」	「水銀のように」	「つぶつぶ暗い」	「ぎらぎらする鉄砲弾」
「死んだ」「殺された」	「銀色に変に底光り」	「つぶつぶ流れる」	「黒くとがっているもの」

- 読みの交流2 〈みんな学び〉

あわと一緒に，白い樺の花びらが天井をたくさんすべって来ました。『こわいよ，お父さん。』弟のかにも云いました。
→ この文はどんな世界を描き出しているのだろう。

弱肉強食の厳しい自然の姿が見えてきたよ。

4〜6 「やまなし」の「十二月」に描かれている世界は「五月」とは違っているね（3時間）

- 読みの交流3 〈ひとり学び〉→〈グループ学び〉→〈ひとり学び〉→〈みんな学び〉　本時5／9

「イサド」て何だろう	色「金雲母のかけら」	あわ	平和「いい匂い」
「連れて行かんぞ」	「黄金のブチ」	「ぼくのあわ」	「六つ踊るように」
	「月光の虹」	「一緒に吐いてみよう」	「金剛石の粉」

本時 5

- 読みの交流4 〈みんな学び〉

親子のかには三疋自分らの穴に帰っていきます。
波はいよいよ青じろい焔をゆらゆらとあげました。
それは又金剛石の粉をはいているようでした。
→ この文は，どんな世界を描き出しているのだろう。

小さな谷川の底を写した二枚の青い幻燈です。
私の幻燈はこれでおしまいであります。
→ この2文があるのとないのとでは，「やまなし」の印象はどのように変わるだろう。

「十二月」には「五月」と違った世界があるね。

7 8 9 宮沢賢治の作品を読み味わおう（3時間）

- ほかの宮沢賢治の作品を読む（2）
- 本の帯を作り，感想を交流する（1）

→ 本の帯には，どんな働きがあるのだろう。
宮沢賢治作品の帯づくりを依頼されたよ。

**賢治は高い理想を掲げ，それを作品作りの中で実現させたんだね。
賢治の作品の言葉には，読む人の想像を広げていく力があるね。**

本時の学習

本時 5/9

●ねらい
・「十二月」の読みや疑問を，友だちに伝え，友だちの読みとつなげていくことができる。
・優れた叙述を捉え，賢治の描く世界を豊かに想像しながら読むことができる。

●展　開

	児童の活動	指導上の留意点
起	①本時の学習課題を確認する。 **学習課題** 「やまなし」の「十二月」に描かれている世界を読み取ろう。	
承	②一人ひとりが読み取ったことや疑問を交流する。 　　　　　　　　　　　　　　　【グループ学び】 ・流れてくるもの　　・描かれている色 　白い柔らかな円石　　ラムネ瓶の月光 　小さな錐の形の水晶　青じろい火 　金雲母のかけら　　　黒い円い大きなもの 　やまなし　　　　　　黄金のぶち 　　　　　　　　　　　青い焔 ・あわ比べ　　　　　　月光の虹 　僕のあわは大きいね 　おんなじだい　　　・ふしぎな言葉 　だめだい，そんなにのび　イサド 　あがっては　　　　　ぼかぼか流れ 　弟の蟹は泣きそうになり　もかもか集まりました 　ました　　　　　　　あわせて六つ	・前時や予習で行ってきた「ひとり学び」を『まなボード』を活用して交流させる。その際，出された読みや疑問をボード上で関連づけていくことを，今一度確認する。 ・辞書にない言葉は，前後の言葉や描かれている景色などから意味を想像させる。 ・各グループへの支援の中で，「五月」のときに視点となった点も意識させるようにする（色や音，イメージなど）。 ☑ **評価** 自分の読みや疑問をグループの仲間に伝えることができたか。　　（発表の様子） 言葉と言葉をつなげて，賢治が描く「十二月」の世界を捉えようとしているか。　　　　　　　（『まなボード』の様子）
転	③言葉をつなげて「十二月」が描き出しているイメージを描いてみよう。　　　　　【みんな学び】 ・全体的にやさしい印象をうけるよ。 ・色の使い方が「五月」とは違っているよ。 幻燈が映す「十二月」の世界は，やさしくて平和な世界だね。	・出された意見を黒板上でつなげ，「十二月」を表すキーワードを見いだしていくことができるようにする。 ・「五月」との比較は，意図的にはさせない。
結	④本時の学習を振り返り，次の時間の課題づくりをする。 　　　　　　　　　　　　　　　【ひとり学び】 ・「五月」との違いをみんなでもっと話し合いたいな。	☑ **評価** 最初の読みを広げ，賢治の描く「十二月」世界をより深く捉えるための発見があったか。　　　　　　　（振り返りより）

授業の様子

▶本時に至るまでの経緯

　第1次であつかった「やまなし」の「五月」では，一人ひとりの課題をグループで交流する中で，「笑う」「死ぬ」「殺される」などの言葉，かにの父親の「魚はこわいところへ行った」という台詞，「鉄色に変に底びかりして」といった色の描写などから，「五月」全体に漂う不安や恐れ，生の厳しさを捉えた。

　A児が着目したあわの様子が「なめらかな天井」を流れるのが「つぶつぶ暗いあわ」だったり，かにの子どもらが5,6粒吐くあわが「水銀のように」光っていたりと描写されていることを確認した。また，「あわ」という言葉をとりあげてみても，全体的に暗く重たい印象が「五月」にあることを，子どもたちはつかんだ。

▶本時の様子

（1）読みの交流【グループ学び】

　①A児のこだわり

　A児は，19・20段落のかにの子どもらの行動から「五月」とは描かれているあわの印象が全然違うという気づきと28段落の「『月光のにじがもかもか集まる』とはどのようなことを表しているのか」という問題を出してきた。A児は，国語の話し合いを重ねる中で自信をつけてきた児童であり，知っている言葉でもその意味をしっかりと調べて予習をしてくるようになった。「あんまり明るく水がきれいな」夜に，子どものかにたちの「あわ比べ」の会話が10行以上も続いていることや「もかもか」などという独特な表現へと魅かれて，賢治が何を表そうとしていたのか追究を深めていった。

　〈資料1〉は，A児のグループの最初の話し合いである。

　子どもたちは，「五月」の描写と比べながら，

〈資料1〉【グループ学び】

A児　「十二月」は，かにの子どもらがあわの大きさ比べをずっとしていて，楽しそう。「五月」と違っているのはどうしてだろう？

C1　確かに，19段落で兄弟でしつこくずっとあわを比べてるね。

C2　あわにプライドをもってるんじゃない？

～中略～

A児　それにしても，「五月」に比べると，平和だね。

C2　上からくるのが，「五月」はカワセミで，「十二月」はやまなしだからね。

C3　「トブン」と，「黒い丸い大きなもの」が落ちてきたときは，子がにたちは，びっくりしたと思うよ。

C1　でも，今度はやまなしの甘い匂い。

A児　「五月」は，「魚が上へのぼって行った」。

C3　「魚はこわいところへ行った」。

C1　今度は，落ちてきたやまなしについていったんだね。

子がにたちのあわ比べの様子をていねいに読み取り，賢治が描こうとしている「十二月」の世界が「五月」とは異なっていることを深く感じ取った。

　②『まなボード』を囲んで賢治の世界に迫っていく子どもたち

　〈資料2〉は，A児のグループの『まなボード』である。

　「あわで競うわけ」→「プライド」→「父見てもない」→「泣きそうになりながら」と矢印でつながれ，弟のかにの気持ちに迫っていっ

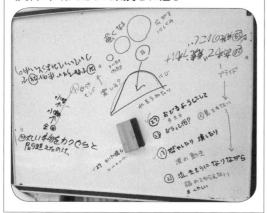

〈資料2〉弟のかにの気持ちに迫る

〈資料3〉絵に表してイメージを共有

ている様子が見て取れる。

　読みの交流の後半では，A児から出された「月光のにじがもかもか集まる」について，そのイメージをみんなで図に表しはじめた。水の「サラサラ」という音，青い焔ややまなしの淡いオレンジ，「月光の虹」などの色の描写から，この場面は全体的にやわらかさが感じられ，「もかもか」のもつ語感から考えると，月光の光のやわらかさを賢治が表そうとしているのではないかという考えにまとまった。

　また，この図の横には，「鋼」⇒「水銀」⇒「水晶」⇒「ダイヤモンド」の記述があり，「五月」から「十二月」に話が進むに従って，登場する鉱物がだんだん美しいものへと変化してきていることを読み取っているのがわかる。

　③イメージの視覚化〈言語・絵〉

　〈資料3〉は，3班の『まなボード』である。

　この班では，問題となった「水はサラサラ鳴り，天井の波はいよいよ青い焔をあげ……」について，そのイメージを絵に表して語り合う様子がみられた。その際，他班でも話題となっている月光の虹が「もかもか」集まるについて，「五月」に登場した「かぷかぷ」と対比しながらその語感が表すものについて話し合った。こうした交流を通して，子どもたちは，「十二月」では，穏やかさや平和な水の中の様子をつかんでいっ

た。

（2）「十二月」と「五月」【みんな学び】

　みんな学びでは，「十二月」の読み取りを交流する中で，「五月」との雰囲気の違いについて話は深まっていった。授業の計画では，「五月」との比較は次時の予定であったが，「五月」の描写が強く印象に残っている子どもたちは，自然とその違いを感じ取り，比べる意見が多く出された。

　読みの交流を通して，賢治が音や色，気持ちなどを独特な言葉を使いながら，絵を描き，音楽を奏でるように「やまなし」の世界を創り出していることを捉えることができた。

子どもの変容と評価

▶単元を通しての子どもたちの変容

　本単元までの国語のグループ活動は，感想の交流や教え合いであったり，決まった１つの問題について意見を出し合って比べたりすることに終始していた。今回，これまで全体で行っていたあるまとまった量のテキストの問題解決をグループに委ねてみたところ，子どもたちが話し合ってみたい問題を出し揃えること，根拠が書かれた文を指し示しながら共通解を見いだしていくことなど，ある程度の解決への糸口は，グループ活動で十分できることがわかった。それは，『まなボード』を活用して問題や意見を可視化していくことが大きな助けとなっている様子があちらこちらでみられたことからわかる。そして，『まなボード』で話し合われたことを自分の言葉で今一度解釈することによって，自信をもって全体の話し合いに参加することができた。

〈資料４〉　Ａ児の振り返り

　賢治は，「五月」のイメージと「十二月」のイメージをまったく異なって書くことで，自然の厳しさと優しさを僕たちに伝えようとしたのだと思います。僕が疑問に出したかにの兄弟のあわ比べの場面も，「あわ」をキーワードにすると，「五月」のカワセミの飛び込むこわい「あわ」につながっているのだとわかってびっくりしました。友だちの意見を聞くと，イメージがどんどん広がっていくので，グループでとことん話し合うのもとても楽しい勉強の仕方だと思いました。

▶評価の工夫

　本単元では，〈資料５〉に示すような評価基準を子どもたちに示した。

〈資料５〉　評価基準１（子どもと共有）

5　話し合いの全体を見て，ほかの問題との関わりを考えながら１つの問題について書ける。
4　対立した意見で自分がよりよいものと考える意見の根拠をほかの意見と比べて書ける。
3　対立した意見のそれぞれの根拠を書ける。
2　自分の答えの根拠が書ける。
1　問題とその答えが書ける。

　また，内容としては，〈資料６〉に示す評価基準を教師がもった。

〈資料６〉　評価基準２（教師）

5　叙述に即して，「五月」と「十二月」の幻燈を対比的に読み味わい，賢治が描こうとしたそれぞれの世界を自分の言葉で表すことができる。
4　叙述に即して，「五月」と「十二月」の幻燈を対比的に読み味わうことができる。
3　叙述に即して，「五月」と「十二月」の幻燈の表す世界の特徴を捉えることができる。
2　不思議な言葉や情景について，自分の描くイメージや考えを言葉で表すことができる。
1　不思議な言葉や情景を捉えることができる。

▶おわりに

　問題を出させて自由に話し合わせ，その後，短い言葉や文に集中させて議論させたり，思考の中で限られた言葉にしてまとめたりすることが大切であると，本実践で改めて確認することができた。

愛知県豊川市立一宮南部小学校の実践の見どころ

子ども主体の創発的コミュニケーションのある授業づくり

「まなボード」による伝え合いを通して

石井英真

　一宮南部小学校の実践で目を引くのは、「まなボード」の記述の変化に表れているような、子どもたちが活発に学び合い思考を広げていっている姿である。「まなボード」を軸にしたグループ学習には、子どもたちの対話を触発する上で有効な構造を見て取ることができる。それは、同校で行われている Round Study というワークショップ型の研修において、教師たちの中に活発な対話が生まれる要因ともつながる。

　少人数で学ぶことの意味はもちろん大きいが、みんなで鍋をつついているような構造が形成されている点がまずは重要である。グループ学習のサイズについては、机を寄せ合ったときに円になって中心を囲むような構造をつくりうる4名、あるいは3名が適当だろう。5名だと4＋1のような形でお客さんが出てしまいがちである。さらに、何かを囲んで膝つき合わせて話し込む構造をつくるには、思考とコミュニケーションの過程や結果を共有したり集約したりするための媒体（拡大したワークシート、ホワイトボード、タブレット端末など）などのモノを、グループの中心（メンバーの視線が集中するポイント）に置くような構造がつくれるとよいことがわかるだろう。

　また、グループ学習は、教師の目の届かない自分たちの隙間空間（インフォーマルなコミュニケーションの空間）を生み出すことに意味がある。授業が終わった瞬間、「はぁ〜」っと雰囲気が緩み、気楽な感じの語らいが始まる、そんな休み時間のような空気感を授業中に生み出すこと（網の目のように張り巡らされた教室の秩序に穴を開けること）で、カフェでの語らいのような自然体のやわらかいコミュニケーションが生まれることを期待するわけである。

　「まなボード」をめぐる対話がこれらの特徴を備えていることは明らかだろう。さらに、「まなボード」は、話し合いながら書き、書くことでさらに話し合いを触発するような、いわば広場や作業場として機能することで、思考とコミュニケーションをつながりやすくし対話を持続しやすくもしている。

　しかし、「まなボード」は思考やコミュニケーションを触発するツールではあっても、その質や深まりを保証するものではない。学びの質を保証するには、思考しコミュニケーションする中身が妥当でポイントを外していないかという点と、そのプロセスが本質的であるか（「教科する」ことを経験しているか）という点がまずは問われねばならない。何について、どのように学んでいるかという、内容とプロセスの両面にお

いて教科の本質を追求することが肝要である。
　一宮南部小学校では，単元構想で問いがどうつながり出口でどうなっていればいいかを記述したり，本時についてもゴールを明確にしたりと，「目標と評価の一体化」（コラム②）を意識することで，内容面の妥当性を担保することがめざされている。そして，実際の授業の中では，子どもたちの対話の中にホンモノに迫るプロセスを少なからず見いだすことができる。たとえば，5年生算数の分数の授業で，分数の割り算の手順とその意味について，式だけでなく線分図や面積図なども用いて，自分たちが納得のいくまで粘り強く説明の論理を組み立てていく姿は，「数学する」上で本質的なプロセスといえる。また，4年生社会の学校創設の歴史を探る授業で，ほかの都道府県の学校の事例の研究から得られた分析の視点をふまえつつ，『一南小この十年』という資料や自分たちで作った学校歴史年表などを根拠にしながら，学校を創った当時の人々の思いを推理していく姿は，「歴史学する」上で本質的なプロセスといえる。
　こうして，深めるに値する内容について，その教科として本質的な頭の使い方をする学びの機会を保障した上で，その経験のクオリティや密度を高めるためには，新たな着想を得ることで視野が開けたり，異なる意見を統合して思考や活動がせりあがったりしていくための指導の手立て（枠組みの再構成やゆさぶり）が考えられる必要がある。たとえば，上記の社会の事例でいえば，よりよい学校を創るためにがんばった地域の人たちの願いに気づくだけではなく，そのような願いの背景にある当時の社会状況などについても学び深めることが大切であり，当時の状況をよりリアルに想像するよう促す発問の工夫，さらには，子どもたちが手元に置いて使う，思考の材料となる資料の量や質の吟味により，より深い学びがもたらされるだろう。

　教科の本質的なプロセスへの着目という点に関わって，特に，単元や授業レベルでの思考の必然性を生み出すために，ストーリー性をもった学習展開を組織する場合には，活動の目的と学習の目的とを混同しないよう注意が必要である。たとえば，1年生国語の「『じゃんけんやさん』をひらこう」の授業では，子どもたちが新しいじゃんけんについて，さまざまにアイデアを出し合い，つなげて考えている姿が見られ，その活動の中には，さまざまな言葉の経験が埋め込まれている。学習活動において教師が着目すべきは，おもしろい新しいじゃんけんを発案できたかどうか以上に，互いの考えをわかりやすく伝え合うといった，活動の過程における言葉の経験の質である。また，2年生の生活科の「ありがとう生活科！」の授業において，新1年生に伝えたい内容を決めて，わかりやすく伝える方法を考えるという活動の目的に，子どもたちの意識は集中しているが，教師の側で意識すべきは，子どもたちが小学校での学びの経験を振り返り，学びの意味や自己の成長について深く考えられているかどうかである。
　また，学びのクオリティを高めることを急ぐあまり，教師の想定する考えや読みに子どもたちを至らせるような学びにならないよう注意が必要である。3年生の「モチモチの木」，6年生の「やまなし」にしても，全校に向けた音読のために，あるいは，本の帯づくりのためにといった目的意識をもちつつ，テキストの微細な言い回しを読み解くことを通じて，登場人物の心情や場面の情景や物語の主題を読み取る学びが展開されている。そこで展開されている緻密な読みについても，結果として至った解釈の妥当性以上に，子どもが自分たちで相互に触発し合い，読み深める経験をした，そのプロセスこそが重要なのである。

column

日々のわかる授業を創るために意識しておきたいポイント

指導に生かす評価とパフォーマンス評価

　評価を指導改善につなげていくためには，めざす学力の質に応じて，適した評価方法を用いることがポイントとなる。たとえば，「使える」レベルの学力については，「パフォーマンス評価（performance assessment）」が有効である。パフォーマンス評価とは，一般的には，思考する必然性のある場面で生み出される学習者のふるまいや作品（パフォーマンス）を手がかりに，概念の意味理解や知識・技能の総合的な活用力を質的に評価する方法と定義できる。狭義には，現実的で真実味のある（真正な）場面を設定するなど，学習者のパフォーマンスを引き出し実力を試す評価課題（パフォーマンス課題）を設計し，それに対する活動のプロセスや成果物を評価する，「パフォーマンス課題にもとづく評価」を意味する。また広義には，授業中の発言や行動，ノートの記述から，子どもの日々の学習活動のプロセスをインフォーマルに形成的に評価するなど，「パフォーマンス（表現）にもとづく評価」を意味する。

　パフォーマンス評価においては，伝統的な客観テストのように，目標の達成・未達成の二分法で子どもの反応を評価することは困難である。パフォーマンス課題などへの子どもの反応には多様性と幅が生じるため，教師による質的で専門的な判断に頼らざるをえない。よって，パフォーマンス評価では，主観的な評価にならないように，「ルーブリック（rubric）」と呼ばれる，パフォーマンスの質（熟達度）を評価する採点指針を用いることが有効となる。ルーブリックとは，成功の度合いを示す3〜5段階程度の数値的な尺度と，それぞれの尺度に見られる認識や行為の質的特徴の言語記述や典型的な作品事例を示した評価基準表のことをいう。

　こうして見えにくい学力を可視化する手立てを講じるのみならず，何のための評価かという評価の目的を考えておく必要がある。評価の目的やタイミングに関わって，これまで診断的評価，形成的評価，総括的評価という言葉が使われてきた。近年，総括的評価については「学習の評価（assessment of learning）」という概念が用いられ，形成的評価については「学習のための評価（assessment for learning）」と「学習としての評価（assessment as learning）」の2つが区別されている。両者は，フィードバックを改善に活かす主体が違う。「学習のための評価」は，フィードバック情報を教師が指導の改善に活かすということである（つまずきを教師が活かす授業）。これに対して，「学習としての評価」は，フィードバック情報を学習者自身が学習改善に活かすということである（つまずきを学習者自身が活かす授業）。たとえば，評価基準を学習者と共有し彼らの自己評価や相互評価を促すことで，自らの学習の舵取りをしていく力が育っていくのである。

（石井英真）

第5章 秋田大学教育文化学部附属小学校の実践

仲間と共につくる豊かな学び

新たな価値を創造する「対話」を目指して

ALといえば，グループ活動を活かした学習者主体の授業が想起されるが，まとまった単位の意味ある活動を子どもたちにゆだねつつ，学びのクオリティや深さを保障し，確かな育ち（結果）につなげるための手立てをどう打っていけばよいのか。個人やグループでの学びをふまえて，クラス全体で対話する際に，思考の深まりをどう組織化していけばよいのか。秋田大学教育文化学部附属小学校の実践から学んでいこう。　　　　　　　　　　　　（石井英真）

実践概要

仲間と共につくる豊かな学び
新たな価値を創造する「対話」を目指して

菅野宣衛

本校の取り組み

　本校の取り組みを示すキーワードは「教科の本質に迫る深い思考」「仲間と共につくる」「資質・能力の育成」の3つである。

　1969(昭和44)年度の研究主題「本質に迫る思考過程——思考の深化を目指して」が示すように、本校では、事象の本質を捉えようとする深い思考力をもち、新たな知をつくり出す主体的で創造的な子どもの育成に継続して取り組んできた。

　また、2006(平成18)年度の研究副題「創造的に人とかかわる力を育てる授業づくり」が表すように、お互いを受け入れる温かい人間関係を基盤として、子ども同士が多様な思いや考えを交流しながら、新たな気づきや発見、新しい見方や考え方の創出、認識の更新などといった学びの成果を共につくり上げていく過程を重視して実践に取り組んできたことも、本校のもう一つの特徴である。

　さらに、小学校6年間で育てるべき資質・能力を教科等ごとに抽出し、全教師が系統性を意識した指導を可能とするため、1995(平成7)年から独自に「資質・能力表」の作成に着手し、改訂を進めながら現在に至っている。この「資質・能力表」の項目は、学習指導要領、各教科の専門的知見、これまでの実践記録から、学びの質を深めていくために必要とされる見方・考え方、理解や表現の方法を中心に抽出されている。内容と共に、その教科等の本質をより深く学ぶための資質・能力の高まりを目指し実践・研究を重ねている。このように、アクティブ・ラーニングで求められる主体的・協働的な活動を通して深い学びをつくり上げていく授業の方向性と、本校がこれまで取り組んできた研究の方向性は重なりあう部分が多い。

　2012(平成24)年度からは、研究主題「仲間と共につくる豊かな学び」のもと、「言語」と「思考」の間の密接な関係に目を向け、授業における子ども同士の「対話」を重視したⅡ期6年に渡る実践・研究を進めており、5年目を迎えている。

　第Ⅰ期(3年)は、研究副題を「『対話』を通して思考を深める授業づくり」とし、「対話」という新たな切り口から授業における子ども同士の関わり合いのあり方を問い直し、授業改善を図った。その結果、各教科等で目指すべき「思考を深める子どもの姿」の具体像と、それぞれの教科等の特質を考慮した「対話」の効果的な活かし方を見いだすことができた。内言による思考と、その外言化を往還させることで思考を深める「対話」の機能を活かした授業は、各教科等における言語活動の充実をもたらした。その結果として、あらゆる学習活動の基盤となる言語に関する能力の育成が図られたことは、大きな成果であった。

授業改善の方向性

　先に述べた成果の反面、「対話」による思考の深まりを明確に示す必要があるという課題も

見えてきた。

こうした成果と課題をふまえ，設定されたのが現在の研究副題「新たな価値を創造する『対話』を目指して」である。ここに私たちの目指す授業改善の方向性が示されている。

研究副題にある「新たな価値」とは，新たな気づきや発見，新しい見方や考え方の創出，認識の更新などといった学びの成果である。こういった学びの成果は，仲間と共に学ぶ中でこそつくり出されていくものであり，子どもが自分1人の力だけで到達できる範疇を超えていくものである。「対話」において，子ども一人ひとりが自分なりの思いや考えを表現し，自分とは違う他者の多様な思いや考えにふれ，再考し，それまでの学びの過程になかった新たな知見や結論をみんなで見いだしていくのである。

「新たな価値を創造する『対話』」とは，課題の解決に向け，そこに参加する一人ひとりが知恵を出しあい「新たな価値」をつくり出していく建設的な「対話」である。学習過程で生まれた「困った」「できない」「もっとこうしたい」という問題を突破するために，子どもたちは自分の考えを出しあい，仲間と共に探究する中でよりよい解をつくり上げていく。こうした協働的な問題解決の経験を積み重ねていく中で，より深く質の高い学びをつくり上げていく学習方法も学んでいくことができると考える。

これまでの実践における子どもの姿から，新たな価値を創造する「対話」は，次の4つのプロセスを経て展開されるものと考えられる。

> ① 自分との「対話」→仲間と共に追究したい「問い」について，自分なりの考えをもつ。
> ② 表現する→今，自分が考えていることを表現し，仲間と共有できるようにする。
> ③ 仲間との「対話」→多様な考えをもつ仲間と交流し，自分の考えを広げ，深める。
> ④ 表現し直す→仲間や自分との「対話」を通してわかったことを再構成し，自分のものとして表現し直す。

図の4つの過程を結ぶ矢印が双方向になっていることからもわかるように，子どもたちは表現しながら考え，考えながら表現し直す活動を，絶え間なく往還しながら，よりよい考えにつくり変えていく（三宅，2010）。こうした学びの姿から，今後の授業改善に向け重要となるのは以下の2点である。1点目は，学習過程の中に思考したことを表現する機会を効果的に位置づけること，2点目は，個々が表現した多様な考えを，子どもたちの手で，比較，吟味したり，関連づけたり，本質を追究したりしながら協働的に思考を深めていくための手立てを具現化していくことである。そのためにも，教師集団が協働で教材や指導案の分析を行う事前検討会，子どもの学びの姿から質的な高まりを見取り，成果や課題を明らかにしていく授業研究会や事後検討会，そこで見いだされた改善点を活かした事後の実践というプロセスを確実に積み重ねていくことが肝要である。こうした授業研究を通して効果的な手立てや教師の働きかけを一つひとつ積み重ねていくことが，知識創造型の学習の具現化につながっていくものと考える。

● 新たな価値を創造する「対話」のプロセス

出所：三宅，2010を参考に作成

（参考文献）三宅なほみ，2010，「協調的な学習の仕組み」『協調が生む学びの多様性』東京大学 大学発教育支援コンソーシアム推進機構

おしえてあげるよ，くらべかた
比較する活動を通して，量や測定の意味を明らかにする

「くらべかた」

授業者 小野寺拓矢　研究協力者 杜 威　佐藤 学　山名裕子

全体の単元構想

◆子どもについて

　子どもは日常生活の中で，鉛筆の長さ，花壇や部屋の面積，水筒に入る水の量などをしばしば比べている。

　しかし，水筒の高さだけに着目してどちらの水筒に多くの水が入るのかを判断したり，単に見た目の形によって，どちらの紙が大きいかを判断したりしている子どもも見られる。このことから，量概念が必ずしも明確にはなっておらず，量の大小についても感覚的に判断していることが少なくないと考えられる。

◆単元について

　本単元では，長さ，面積，体積という量の概念，および測定の仕方を理解する上での基礎となる経験をさせることをねらいとしている。

　そのために，長さ，面積，体積を直接重ねて比べたり，テープ等の媒介物を用いて比べたりする学習を行う。また，任意単位を用いて大きさを比べる学習も行う。

　算数科の本質は，自分の考えを数学的に表現し，それを再構成することをくり返しながら，数学的な考えや理解を深め，納得して新しい知識や考え方を見いだす学習過程にあると考える。

　本単元でも，長さ，面積，体積の大きさを試行錯誤しながら比べる活動を通して，量の意味や測定の意味を明確にしていくことができるであろう。

◆指導について

　長さ，面積，体積いずれの学習の場合も，まずは直接あるいは間接的に大きさを比べる活動を行う。それによって，どのようなものの量を比べようとしているのか，その量がどのような大きさであるのかを捉えられるようにする。

　また，ものの大小を比べる際には，「長い，短い」「広い，狭い」「大きい，小さい」など，大小を表す言葉を用いると量の意味が捉えやすくなるので合わせて指導する。

　任意単位の学習では，試行錯誤の過程をより大切にする。試行錯誤することによって何か基準になるものを決めて，そのいくつ分かで大きさを比べればよいことや，大きさを数値化することによって大きさの違いが明確になることなどを捉えられるようにする。

　単元を通して，子どもの身のまわりにあるさまざまな具体物について大きさを調べたり，確かめたりする作業的・体験的な活動を積極的に取り入れる。そのことによって，量の概念や測定の仕方についての理解をより確かなものとし，量の大きさについての感覚を豊かにしていく子どもの姿を期待している。

指導計画

●単元の目標

（1）身のまわりにあるものの長さ，面積，体積に関心をもち，大きさを比較しようとする。〈関心・意欲・態度〉

（2）長さ，面積，体積について間接的に比べたり，ある大きさを単位としてそのいくつ分かで数値化したりするなど，比べ方を考えることができる。〈数学的な考え方〉

（3）長さ，面積，体積について直接比べる方法，間接的に比べる方法，ある大きさを単位としてそのいくつ分かで数値化する方法で，比べることができる。〈技能〉

（4）長さ，面積，体積の量の意味や，ある大きさを単位としてそのいくつ分かで大きさが比べられることを理解する。〈知識・理解〉

●単元の構想（総時数9時間）

時間	学習活動	教師の主な支援	評価
1	（1）2本の鉛筆，2本のひもなどの長さを直接比較で比べる。	・「端をそろえて並べる」といったキーワードを引き出せるように，向きの違う2本の鉛筆を掲示する。	・長さの意味と直接比較による長さの比べ方を理解している。〈知識・理解〉
2	（2）紙テープを使っていろいろなものの長さを比べる。	・2つ以上のものの長さも一度に比べられることに気づくように，子どもが長さを写し取った紙テープを並べて掲示する。	・紙テープを用いた間接比較で，すすんで長さを比べようとしている。〈関心・意欲・態度〉
3	（3）本の縦と横の長さの違いを表す方法を考える。	・任意単位によって，長さを表す数値が変わることに気づくように，発表する際には，何を用いて調べたかを最初に確認する。	・ブロック等の任意単位を用いることによって，長さの違いを数値で表せることを説明している。〈数学的な考え方〉
4	（4）長方形の広さを直接比較で比べる。	・広さの概念を捉えられるように，全員が直接比較による広さ比べを経験することができるようにする。	・広さの意味と直接比較による広さの比べ方を理解している。〈知識・理解〉
5 本時	（5）重ねることによって広さを比べられない図形の広さを比べる方法を考える。	・ブロックやおはじきのいくつ分で広さを表せばよいことを明確に捉えられるように，互いの考えを共有できたところで，どうすれば重ねずに広さを比べられるのかを問い直す。	・ブロック等のいくつ分で広さを表すことによって，重ねずに広さを比べられることに気づいている。〈知識・理解〉
6	（6）数種類の容器のどれに水が多く入るか比べる方法を考える。	・間接比較に目を向けることができるように，3種類の容器のどれに水が多く入るかを問いかける。	・体積を比べる方法をすすんで考えようとしている。〈関心・意欲・態度〉
7	（7）2種類の容器のどちらにどれだけ多く水が入るか調べる方法を考える。	・単位が必要なことに気づくように，どちらの容器にどれだけ多く入っているかを問いかける。	・同じ大きさの容器のいくつ分で体積を比べられることを説明している。〈数学的な考え方〉
8	（8）数種類の箱の大きさを直接比較で比べたり，任意単位を用いて比べたりする。	・箱の大きさの比べ方に気づくように，これまでの学習を想起させ，直接比較，間接比較，任意単位による方法があったことを確認する。	・箱の大きさを直接比較や任意単位を用いた比較によって比べている。〈技能〉
9	（9）既習事項を使って，問題を解く。	・単元での学習を確実に身につけることができるように，問題の解決方法について話し合う場を設ける。	・学習したことをもとに，問題を解決している。〈技能〉

本時の学習

本時 5/9

●ねらい
・重ねても広さを比べることのできない図形の広さの比べ方を話し合うことを通して，任意単位による広さの比べ方を理解することができる。

●展　開

時間	学習活動	教師の支援
5分	①問題を把握する。  あおむし君がどちらかの広場で遊ぼうと思っています。どちらが広いでしょうか。 《予想される子どもの反応》 ・重ねても，どちらが広いかわからない。 **学習課題** 重ねて広さを比べられないときは，どうすれば広さを比べられるかな？	・「重ねずに広さを比べる方法を考える」という目的意識をもって学習に臨むことができるように，あおむし君がどちらが広い広場なのかわからずに困っていることと，あと○は重ねても広さを比べられないことを確認する。 ・課題解決の見通しをもてるように，長さを比べる際に直接比較できない場合は，数え棒，ブロック，おはじき等を用いた学習を想起させる。
15分	②あと○の広さを比べる方法を考える。 《予想される子どもの反応》 ・数え棒を使う。 ・紙テープを使う。 ・ブロックを置く。	・試行錯誤しながら，ブロックやおはじきを利用するとよいことに気づくことができるように，ブロックやおはじき等の道具を自由に使ってよいこと，うまくいかないときは違う方法も試してよいことを確認する。
20分	③自分たちが考えた比べ方について話し合う。 　　　　　　　　【自分との対話】【仲間との対話】 《予想される子どもの反応》 ・あが広い。 ・ブロックをあと○の上に置いて数を数えたら，あは10個で，○は9個だったから，あの方が広い。 ・おはじきの数を数えても，ブロックを置いた場合と同じになった。 ・あの方がブロックやおはじきの1つ分広い。 ・ブロックやおはじきを広場の上に隙間なく置いて数を数えると，重ねなくてもどちらが広いかわかる。	◎重ねずに広さを比べる方法を見いだすための話し合いに集中できるように，初めにあが広いことを確認する。その後，その根拠について話し合うようにする。 ◎ブロックやおはじきのいくつ分で広さを表せばよいことを明確に捉えられるように，互いの考えを共有できたところで，どうすれば重ねずに，広さを比べられるのかを問い直す。 ・ブロックやおはじきを図形の上に隙間なく置く必要があることを捉えられるように，ブロックやおはじきの間が開いたり，図形からはみ出したりしてもよいか問いかける。
5分	④本時の振り返りをする。　　　【自分との対話】 《予想される子どもの反応》 ・ブロック（おはじき）を隙間なく置いて，数を数えるといいんだよ。 ・ブロック（おはじき）の数を数えると，どれだけ広いのかもわかるよ。	・本時で新しく学んだことを自分の言葉でまとめられるように，「重ねずに広さを比べる方法をあおむし君に教えてあげよう」という視点を示し，あおむし君に手紙を書く場を設ける。 ☑ **評価** ブロックやおはじき等のいくつ分で広さを表すことによって，重ねずに広さを比べられることに気づいている。　　　（ノート，発言）

◎：「対話」の機能を活かすための手立て

授業の様子

▶重ねても広さを比べられない

まずは直接比較で広さを比べることのできない，あといの2つの図形（問題文中では広場となっている）を提示し，「それぞれの広場に色を塗る」ように指示した。本時は広さの比べ方の学習の2時間目なので，まだ広さの概念が明確になっておらず，どこを比べるのかが曖昧なまま学習を進める子どももいる可能性がある。そこで，色を塗ることによって，比べる対象である広さを明確に意識させることをねらった。

次に，どちらが広いのか問いかけると「形が合わないから…」という反応があった。そこで重ねて比べられるか問いかけると「重ねても比べられない」という声が大半を占め，次いで「あが広い」「いや，いが広い」という声が，あちらこちらからあがった。そこで「重ねて広さを比べられないときは，どうすれば広さを比べられるかな」という課題を設定した。子どもたちは，それまでの学習経験をもとに，ブロック，おはじき，紙テープ，数え棒，数カード等を用いると比べられそうだと言いはじめた。

▶試行錯誤による自力解決

量の意味や測定の仕方をより確かに理解するためには，作業的・体験的な活動が有効である。本時でもブロック，おはじき等の道具を子どもが自由に選択できるようにすることで，試行錯誤しながら，自力解決する子どもの姿が見られることを期待した。

自力解決の前に子どもが選択した道具を確認したところ，ブロック14名，おはじき2名，紙テープ7名，数え棒3名，数カード3名，迷っている3名，であった。途中で道具を代えてもよいことを確認し，自力解決へと移った。

▶どうすれば重ねずに広さを比べられるのか

自力解決の様子を見ていると，道具を広場の中に敷き詰めていく子どもと，まわりに並べていく子どもがいた。広場のどこを測定することによって，広さを比べられるのかを再確認することから話し合いが始まった。

T ：広場の中にブロックや紙テープを並べている人と，まわりに置いている人がいたけれど，どっちに置けばいいのかな。
C1：まわり。
C2：中。
C3：まわりに置いた方がわかりやすい。
C4：<u>広場は中だから</u>，中に置く。
C5：中。（中という声がほとんどになる）
T ：そうか，広場は中だもんね。

導入で広場に色を塗った活動がここで生きた。広場の大きさは色を塗った部分で決まるのだから，中の大きさそのものを比べなければならないという思考が働いたと思われる。次に広さを測定するには，適当な道具と不適当な道具があることを明らかにしたいと考えた。

T ：広さを比べているときに，困っている人がいたようなんだけど。
C6：紙テープを使ったけれど，ここに<u>隙間ができてうまくはまらなかった。</u>
C7：あ，<u>隙間が空いている。</u>
C8：僕も最初に紙テープを使ったけれど，うまくいかなかった。次に数え棒を使ったけれど，うまくいかなかった。<u>はみ出してしまった。</u>
C9：<u>困っちゃう。</u>
T ：紙テープや数え棒を使った人は，ここで止まっちゃった。比べられた人はいる？

C10：ブロックを使った。

C11：あが広かった。

T　：⒤が広かった人はいない？
　　（反応なし）

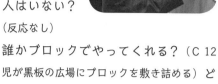

誰かブロックでやってくれる？（C12児が黒板の広場にブロックを敷き詰める）どうしてこれであが広いってわかるの？

C12：だってあが10個で，⒤が9個。

C13：ブロックを比べればわかる。

C14：1個多いから。

C15：あの方が1個多い。

T　：ただあが広いということだけじゃなくて，ブロックの1個分広いということもわかるんだね。

C16：おはじきでも同じになった。

　C6〜C8の発言から，広場からはみ出さず，隙間なく敷き詰められる道具を選択する必要があることが明らかになった。また，C12〜C15のように広さを数値化できるので，その値によって広さを比べられることや広さの違いを明確に表せることを捉えている発言が出てきた。ここで任意単位による広さの測定の仕方を整理するために「どのようにして2つの広場の広さを比べたの」と問い返した。

C17：ブロックやおはじきを並べる。

C18：並べて数える。

T　：並べるって，これでもいいの？（隙間を空けてブロックを並べる）

C19：だめ。（多くの子どもから声があがる）

C20：全部埋めないとだめ。

C21：形に沿って全部埋めないとだめ。

C22：だから，それに合うものを探す。

　ここで特に注目したいのは，C22の発言である。この子どもは紙テープ，ブロックの順番

で道具を選択していた。試行錯誤があったからこそ，測定に用いる適当な道具を選択する際のポイントを捉えることができたといえる。

▶**任意単位を用いることのよさ**

　任意単位を用いることのよさとして，直接比較によって広さを比べられないものでも広さを比べられることのほかに，①量の違いを明確に表すことができる，②複数の量を比べやすい，③動かすことができないものや離れているものの量を比べやすい，ということが挙げられる。任意単位を用いた広さの測定の仕方を一人ひとりが再確認しつつ，それらのよさを少しでも実感することを期待して，さらに次のような問題を提示した。32名全員がブロックかおはじきを選択し，スムーズに解決することができた。

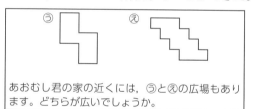

あおむし君の家の近くには，うとえの広場もあります。どちらが広いでしょうか。

T　：うとえ，どっちが広かった？

C23：同じ。（あちらこちらから声があがる）

T　：どうしてわかった？

C24：ブロックを数えた。

C25：おはじきを数えた。

C26：どっちも12個分。

T　：あと比べるとどう？

C27：うとえが広い。

　任意単位を用いることのよさをどこまで実感できたかは不透明だが任意単位による測定は全員ができていた。試行錯誤を通してねらいに到達することのできた1時間であったといえる。

子どもの変容と評価

本単元では、「あおむし君」という架空のキャラクターを登場させた。性格はちょっと欲張りで、鉛筆なら長い方、食べるものなら多い方が好きという設定である。

毎時間導入では、あおむし君がどちらの（どの）量が大きいのかわからなくて困っていることを伝え、目的意識を高める一助とした。また振り返りは、あおむし君にどちらの（どの）量が大きいのかを比べる方法を手紙で教える形式とすることで、評価に活かすことができるようにした。

本単元の学習は、「長さ比べ」からスタートした。鉛筆やひも等の長さをどのようにして比較したのかを話し合うことによって「端をそろえる」「並べる」「真っ直ぐにする」といった、自分たちの言葉で、長さを直接比較する際のポイントを捉えることができた。次に行った本の縦と横の長さを比較する学習では、直接比較をすることができないため、媒介物を通して比較する必要が生じる。子どもが試行錯誤しながら、その方法に気づくことができるように、紙、紙テープ、ブロック、おはじき、数え棒等を準備した。

初めは、紙や紙テープに長さを写し取ることによって、長さを比較する子どもが多かった。そこで「どれだけ長いのかなあ」という「あおむし君」のつぶやきを紹介し、長さの違いへの気づきを促した。長さを写し取る方法では、長さの違いを明確に表せないことに気づいた子どもたちは、数え棒やブロックを使って再び長さ比べに取り組んだ。そして、任意単位を用いた場合の特徴として「長さの違いを明確に表すことができる」ことと「任意単位に何を用いたかによって、長さを表す数値が異なる」ことを見いだすことができた。

これらの学習経験をした上で移行した「広さ比べ」の学習では、前述のとおり、全員が任意単位を用いて広さを比較することができた。下の手紙は任意単位による「広さ比べ」の学習の振り返りである。これは、①ブロックやおはじきの道具を使う、②道具を図形の中に入れる（並べる）、③道具を数える、という３つの観点で書かれており、任意単位を用いる際のポイントを捉えているといえる（実際この子どもが敷き詰める様子からもポイントを捉えることができていたことがわかる）。

できれば「かたちにそってぜんぶうめる」といった、隙間なく敷き詰めることの大切さにもふれた記述がほしいところである。しかし、１年生の子どもに記述によってそこまで表現することを求めることはかなり難しい。そこに手紙だけで子どもの変容を見取る場合の課題がある。とはいえ、手紙を書いているときの子どもの様子は、あおむし君に比べ方を教えたいという気持ちにあふれていた。手紙は、子どもにとってはその時間で学んだことを再認識するための、教師にとっては子どもの変容を見取るための、有効な手段となる可能性がある。

本単元の学習前は、単に見た目の形によって、どちらの紙が大きいかを判断している子どもも見られたが、試行錯誤しながら比較することによって、長さや広さの意味と測定の仕方について理解を深める姿が見られた。

子どもが書いたあおむし君への手紙

つなげて読もう～ことば・ばめん・ものがたり～
言葉を関連づけて読む活動を通して，想像の世界を広げる

「スイミー」『国語 二上』(光村図書)

授業者 **菅野宣衛**　研究協力者 **阿部 昇**　**成田雅樹**

全体の単元構想

◆子どもについて

子どもたちはこれまでの物語文の学習を通して，言葉をもとにして登場人物の行動について考えたり，場面の様子について想像を広げたりしながら読む経験を重ねてきている。

自分が着目した語や文を取り出して，想像したことや考えたことを話すことのできる子どもがふえつつあるものの，ほかの文と関係していることに気づかず，部分的な読みに終始してしまう姿も時折見られる。

◆単元について

本教材「スイミー」の特徴は，登場人物と情景の豊かな描写にある。小さな魚の視点から海という世界を描くことによって，スイミーが海の広さ，厳しさ，美しさにふれ，自身の個性と役割を発見していく過程が，生き生きと描かれている。また，簡潔な表現と倒置法や直喩，隠喩，体言止め，反復といった表現技法が物語の展開に即して効果的に用いられており，語と語，文と文を関係づけながら場面の様子や登場人物について想像を広げ読み方を学ぶ上で非常に適した教材であると考える。

国語科の本質は，言葉に対する認識が更新され，思考が深まり，新たな意味や使い方を理解したり産出したりする中で，言葉を生きた形で習得していく学習過程にある。

本単元でも前後の語句や文を関係づけることで，新たな意味を見いだし，想像をより豊かに広げ深める読み方を学ぶことができるであろう。

◆指導について

自分が着目した語や文だけを取り出して，限られた根拠から想像しているという実態をふまえ，本単元では，「言葉と言葉を関係づけ想像を広げながら読む力」を育てることを新たな価値として位置づける。行動や情景を表す言葉から想像を広げ，主体的に物語世界を描き上げていくおもしろさを味わうことができるように，一人ひとりが自分の読みをもとに，スイミーから見た海の世界について想像したことを話し合う活動を設定する。ここでは互いの想像した海の世界の微妙な違いに着目し，どの言葉から何をどのように感じたのか叙述に即して考える姿勢を大切にする。また，全文を掲示し，子どもたちが注目した言葉や文を物語の展開の中に位置づけることで，文脈に関係づけて読んだときの意味の広がりや深まりに気づくことができるようにする。さらに，毎時間の終末に，「対話」を通して深まった自分の読みを授業日記に記録していくことで，つなげて読むことによる意味の広がりと深まりを自覚できるようにした。

指導計画

●単元の目標
（1）言葉をもとに登場人物の行動や場面の様子について想像を広げながら，物語をすすんで読もうとしている。〈関心・意欲・態度〉
（2）物語の中で言葉や文が関係していることに気づき，そのつながりが表す意味を考えることで，登場人物や出来事，まわりの様子について想像を広げながら読み取ることができる。〈読むこと（1）ウ・エ〉
（3）比喩表現によって強調されている意味や内容があることがわかる。〈伝統的な言語文化と国語の特質に関する事項（1）イ（ア）〉

●単元の構想（総時数8時間）

時間	学習活動	教師の主な支援	評価
1〜2	（1）本文を読み，気づいたことや疑問に思ったこと，想像した海の様子を授業日記に書き，単元の見通しをもつ。	・一人ひとりが感じた海の様子を板書に整理し，異同に気づくことができるようにする。 ・物語の大まかな構成を捉えることができるように，「いちばん大きな出来事は何か」という視点を示す。	・書かれていることをもとに，気づいたことや疑問に思ったことを本文に書き込み，それをもとに海の様子を想像している。〈読むこと（1）ウ〉
	学習課題　スイミーには，どんな海に見えたのかな。		
3〜5	（2）スイミーの見た海の様子について考える。	・「昨日の海とどう変わったのか」を問い，前後の場面を比較し，つなげて読む視点を示す。 ・比喩表現の豊かさについて考えることができるように，抜き取ったり，言い換えたりしたときの違いについて話し合う時間を設定する。	・言葉をもとに登場人物の行動や場面の様子について想像を広げながら，物語をすすんで読もうとしている。〈関心・意欲・態度〉 ・比喩表現や体言止め，倒置法などによって強調されている意味や内容があることがわかる。〈伝国（1）イ（ア）〉
6〜7 本時		・いくつかの文章を関係づけて読むことができるように，着目した文章や語句が物語展開のどこに位置づけられているのかを確かめ，そのつながりから何が読めるのか話し合う場を設定する。	・言葉や文が関係していることに気づき，そのつながりが表す意味を考えることで，登場人物や出来事，まわりの様子について想像を広げながら読んでいる。〈読むこと（1）ウ〉
8	（3）授業日記をもとに，これまでの学習を振り返り，心に残ったことをまとめ，読み合う。	・読みの深まりが実感できるように，以前の読みと比べて変わった点や，なるほどと思った点を互いに伝え合う活動を設定する。	・叙述をもとにスイミーが見た海の世界を想像し，授業日記にまとめている。〈読むこと（1）エ〉

本時の学習

本時 7/8

●ねらい

・スイミーが目になった理由を考える活動を通して，複数の語句や文を関係づけながら「目」に象徴されるスイミーの個性と役割を読み取ることができる。

●展　開

時間	学習活動	教師の支援
10分	①4場面と5場面を音読し，変わっていることを探す。	・4場面と5場面の海への変化を問い，一匹の大きな魚みたいに泳げるようになっていることを確かめる。その上で，「にげたのはスイミーだけ」と「ぼくが，目になろう」の2文を比較しスイミーの行動の変容に気づくことができるようにする。
	学習問題　スイミーはなぜ「ぼくが，目になろう」と言ったのかな。	
25分	②スイミーが「ぼくが，目になろう」と言った理由を考える。 【自分との対話】→【仲間との対話】 《予想される子どもの反応》 ・黒いからだよ。目は黒いし，一匹だけまっくろだから。 ・ほかの魚じゃだめだよ。泳ぎ方を教えたのはスイミーだから。 ・もちばを守って，はなればなれにならないように声をかけるため。 ・小さい魚を何としても助けたいから。スイミーの兄弟は食べられちゃったもの。	・個々の考えを明確にした上で話し合いに参加することができるように，黒いから，リーダーだから，など理由別に意見を整理しながら板書する。 ◉「目」とスイミーの個性や役割との関係を明確に捉えることができるように，子どもたちが根拠として挙げた語句をつなぐと何が読めるかを問う。 　色：「みんな赤いのに」「一ぴきだけ」「まっくろ」 　リーダー：「考えた」「みんないっしょに」「教えた」 　中心：「はなればなれ」「もちば」 ◉中心・導くといった「目」の意味を多面的に読むことができるよう，ほかの意見との関連性に気づかせる問い返しを行う。 　色：「黒ければほかの魚でも目になれるの」 　リーダー：「なぜしっぽではなく目になるの」 　中心：「なぜスイミーもいっしょに泳ぐの」
10分	③話し合いを通して深めた考えを授業日記にまとめる。　【自分との対話】 《予想される子どもの反応》 ・スイミーが目になった理由は2つあります。1つめは黒いからです。「みんな赤い」からスイミーしか目になれないからです。2つめはリーダーだからです。「教えた」とあるので赤い魚に泳ぎを教える先生になっていることがわかります。	・話し合いを通して自分の考えが深まったことを自覚できるように，友だちの考えから得られた新たな気づきを含めてまとめ直すよう助言する。また，書く前に考えたことを整理できるように，ペアの友だちに説明する時間を設定する。 ☑ 評価 「まっくろ」「教えた」などといったスイミーの個性や役割がわかる叙述と「目」を関連づけながら，スイミーが目になった理由を2つ以上挙げて，自分の考えをワークシートにまとめている。 〈読むこと（1）ウ〉（ノート）

◉：「対話」の機能を活かすための手立て

授業の様子

▶スイミーはどうして「目」になったのか

「どうしてスイミーは『ぼくが目になろう』って言ったのかな」という子どもの素朴な疑問がそのまま本時の学習問題となった。これまで読んできたことをもとに，スイミーが目になった理由を考える1時間である。

授業開始時点で，次の3つの考えが出された。
①黒いから
②赤い魚たちの仲間に入りたいから
③リーダーだから

同じ考えの友だちと根拠となる叙述をもとに話し合った後，全体での話し合いに入る。そこでは次のような子どもたちの姿が見られた。

▶「一ぴきだけ」の新たな意味を見いだす

まず話し出したのは，①「黒いから」目になっていると考えた子どもたちである。

C1：スイミーは「からす貝よりも」黒いから目になった。
C2：黒じゃないと目に合わない。ほかの色じゃだめ。
C3：(掲示した本文を指し)「一ぴきだけ」黒いから。
(みんなから声があがる) そうそうそう。
C4：みんなと同じ色じゃ目になれない。
C5：「一ぴきだけ」だから目になれた。

初めて1場面を読んだとき，子どもたちはスイミーが「一ぴきだけ」黒いことを「みんな赤いのに，一ぴきだけは，からす貝よりもまっくろ」という一文の下線部分の言葉から，「ざんねん」「恥ずかしい」「兄弟と自分だけ違う」というマイナスのイメージで読んでいた。

しかし，この場面では，「一ぴきだけ」に着目したC3児の発言が引き金となり，スイミーのもつ一匹だけ黒いという異質性の意味がプラスのイメージに変容していく。「みんなと同じじゃ目になれない」「一ぴきだけだから目になれた」という発言がその象徴である。子どもたちは，冒頭の状況設定の部分と山場の部分を関連づけて読むことで，「一ぴきだけ」の新たな意味を見いだしたのである。

▶目になった理由を"自分の言葉"で説明する

次に挙げるのは，スイミーが目になったのは「②赤い魚たちの仲間に入りたいから」と考えた子どもたちが根拠を述べている場面である。

C6：(スイミーが)自分で考えたから，自分でやらないなら意味がない。
T ：自分で考えたって何を考えたの。
C7：一匹の大きな魚みたいに泳ぐって考えた。だから，自分でやらなきゃ。みんなにばっかりやらせちゃだめだから。
T ：どの言葉からわかるの。
C7：(掲示した本文を指し)「スイミーは考えた。いろいろ考えた。うんと考えた」ので「そうだ，みんないっしょにおよぐんだ」って考えた。だから入らないと。
(みんながうなずく) うんうん。
T ：アイデアを出したんだから，自分まで入らなくてもいいんじゃない。危ないよ。

異なる場面の叙述を関連づけながら説明する子どもたち

C8：また、その魚たちも大きな魚に食べられると困るから。

C9：それより、スイミーが考えたんだからスイミーが動かなかったらみんなもバラバラになっちゃうんじゃないかな。（黒板を指差し）あそこにもリーダーだからって書いてある。

T：リーダーだから目になったって、どの言葉からわかるの。

C10：「スイミーは教えた」って書いてて、みんなが一ぴきの大きな魚みたいに泳げるようになったのは、スイミーのおかげだからスイミーがリーダー。

C11：「なった」だからその前はできなかった。

C12：「なった」だから練習してる。スイミーが先生みたいになってる。

ここでは「仲間との対話」によって、スイミーが「目」になろうとした理由を多面的に引き出したいと考えた。まず、C6児から、スイミーが「考えた」からこそ自分もやらなければいけないという意見があがる。ここで、注目したいのはC6児、C7児共に前の場面の文と関連づけながら発話している点である。さらに、C7児は考えるだけで、「みんなにばっかり」やらせてはいけないという点を強調している。つまり、外で指示するだけでなく、一緒に泳ごうとする行動は、リーダーとしての自覚や責任感の現れであることを指摘している。

こうした点は、文章に直接的には書かれていない。しかし、子どもたちは「考えた」「教えた」「目になろう」といった言葉を関係づけることによって、発案する人から、指示する人、そして共に行動するリーダーへと成長していくスイミーの姿を読み取っている。ここにヴィゴツキーの指摘する「個々の要素から、全体の意味に移行する」（ヴィゴツキー、2005、p.248）という読みの発達を見いだすことができる。

ただ、この時点では「リーダーへの成長」という読みは全体のものになっていない。そこで、スイミーが仲間に入ろうとした理由を明確にするために、「危険を冒してまで入らなくてもいいのではないか」という問い返しを行った。その結果、C9児から「スイミーがいないとバラバラになってしまう」という中心としての役割にふれる発話が見られた。

また、C10児の発言にも変化が見られる。前半のグループでの「対話」では、「スイミーが思いついたから、リーダーになって指示を出した」と話すのみだったが、「対話」を重ねることで、読みの根拠となった言葉を明確に示しながら説明することができるようになっている。

さらに、ここで注目したいのは、C9・C10児の「リーダー」、C12児の「先生」のように、複数の文をつなげて読んだときにわかったことを"自分の言葉"で意味づけ、説明する子どもの姿が見られるという事実である。「理解と呼ばれている過程は<u>関係を確定し、重要なものを析出すること</u>」（同左、p.248、下線は筆者）であるとヴィゴツキーが述べているように、読みの深まりを自覚し、共有化していくためには、言葉のつながりから見いだした新たな意味を「リーダー」「先生」といったほかの言葉に置き換え、価値づけていくことが重要である。

こうしてみてくると、本時の学習は、「対話」を通して本文や自分の読みを捉え直し、そこから見いだした新たな意味を"自分の言葉"で表現することによって、一人ひとりが解釈をつくり上げていくプロセスであったといえる。

(引用文献) ヴィゴツキー／柴田義松監訳、2005、『文化的－歴史的精神発達の理論』学文社

子どもの変容と評価

本単元の1時間目，スイミーの住む海について話し合った際，「楽しい海だね」「いや，恐ろしい海だよ」とさまざまな意見が出された。「同じお話を読んだのに，どうしていろんな海に見えるんだろう」という子どものつぶやきがきっかけとなり「スイミーにはどんな海に見えたのかな」という学習課題が生まれた。この課題によって，スイミーから見た海の世界を想像しながら読むと共に，それぞれの海のイメージがどの言葉からつくられたのか根拠となる叙述を仲間と一緒に探究していく必然性が生まれた。

評価の工夫としては，学習日記と関連づけながら，毎時間の「仲間との対話」の前後に学習問題について自分の考えを書く場面を2回設定することで，単元および1時間単位での，「対話」を通した読みの深まりを子どもも教師も捉えることができるようにした。

▶関連づけることによる読みの広がりと深まり

下の写真からわかるように，単元の導入の段階では，「楽しい海」と考える児童の多くが1場面の言葉のみを根拠として挙げていた。

スイミーには楽しい海に見えたと思います。「たのしくくらしていた」という言葉と「小さな魚のきょうだいたち」という言葉から，仲間がたくさんいて楽しいということがわかるからです。

このA児の振り返りでも，関連づけている語句は1場面のみと狭い範囲に限られている。また，読み取ったことの説明も本文中の言葉をそのまま用いている。

これに対し単元終盤の7時間目，A児は振り返りを次のように記している。

スイミーが目になった理由は3つあります。1つめは「からす貝よりもまっくろ」だからです。どうしてかというとまっくろだから目にちょうどいいからです。2つめは，「それからとつぜんスイミーはさけんだ」です。どうしてかというとリーダーだから自分で考えて教えるからです。3つめは「一ぴきのこらずのみ込んだ」です。スイミーはまた一人ぼっちになったらいやだからです。

ここでは，根拠となる言葉を1・2・4場面という広い範囲から抜き出して自分の解釈を述べているという変容が見られる。

次に注目したいのは，3つめの主張の理由づけにあたる部分である。「また一人ぼっちになったらいやだから」という表現には，C8児の「また，その魚たちも大きな魚に食べられると困るから」という発話の影響が見られる。しかし，A児が用いた「一人ぼっち」という表現は，本文はもちろん，授業中の発話にも一度も表れていない。つまり，A児はスイミーがまぐろによって兄弟を失ったという文脈をまとまりとして捉え「一人ぼっち」という"自分の言葉"に置き換えて表現しているのである。このようにA児の振り返りからは関連づける範囲の広がり，読み取ったことを"自分の言葉"で表現するという2つの変容が見て取れる。

本実践を通して，言葉や文のつながりからより広く深い意味を読み取っていく子どもの姿が見られた。

出来事に気をつけて読もう
複数の視点で読む活動を通して，伏線を捉える

3年 国語 実践③

「もうすぐ雨に」『国語 三上』（光村図書）

授業者 **鎌田雅子**　研究協力者 **阿部 昇　成田雅樹**

全体の単元構想

◆子どもについて

　オノマトペや反復による効果，助詞による意味の違いなどを感じ取る力が育ってきており，これまでの学習を思い出しながら読み進める姿も見られる。個々の読みを発表する場を保障しつつ，話し合いを通して，友だちの考えのよさに気づいたり，自分の読みの妥当性を考えたりする経験を重ねることで，読み深める楽しさを学んでいる段階である。

◆単元について

　国語科の本質は，言葉に対する認識が更新され，新たな意味や適切な使い方を理解したり自己の言語活動に取り入れたりする中で，言葉を生きた形で習得していく学習過程にある。本教材「もうすぐ雨に」は，子どもたちにとって初めてのファンタジー作品である。「チリン」という音が聞こえるという合図の後，生き物の会話が聞こえるという仕組みがわかりやすく，主人公と一緒に不思議な出来事に驚き，次の展開を予想しながら読み進めることができる。「導入」「展開」「山場」「終結」の物語の基本的な構成を学ぶことや主人公の心情の変化を考えること等，物語の基本的な読み方や構成を学習するのに適している。作品を俯瞰的に読み，叙述をもとに想像力を働かせてファンタジー作品を読み味わおうとする子どもの姿を期待したい。

◆指導について

　この単元で身につけさせたい新たな読みの力は，作品を俯瞰的に読み，物事を多面的に捉える力である。複数の叙述を関係づけて読む力をつけるために，山場を考える学習を設定し，場面と場面とをつなげて変容を読む姿をねらう。また，いくつかの場面を関係づけて読むことで見えてくる深層的な読みの楽しさに気づき，読み深めていく姿を期待したい。

　不思議な出来事や，「ぼく」の段階的な変化を作品全体から読む必要が生じる学習問題を子どもと共に考え，設定する。幾度となくくり返される「もうすぐ雨に」の言葉に注目し，雨と不思議な出来事の関係を読む中で「姿が見えないのに歌声からかえるたちを思い浮かべるまでに変容した『ぼく』」に気づいていく授業を展開したい。また，「雨と共に生き物の声が聞こえなくなった理由」を，不思議な出来事の終結や雨が降ったことだけでなく，生き物の声が聞こえなくても生き物の思いや立場に共感できるまでになった主人公の変容を含めて考えることで物事を多面的に捉える力を育てたい。

指導計画

● 単元の目標

（1）友だちの考えのよさを認めながら，一人ひとりの感じ方の違いに気づき，文章を読んで考えたことをすすんで伝えようとする。〈関心・意欲・態度〉

（2）場面の移り変わりに注意しながら，登場人物の行動や気持ちの変化について，叙述をもとに想像して読むことができる。〈読むこと（1）ウ〉

（3）文章中の語句の効果を考えながら読んだり，感想を交流する学習を通して，読み深めた感想を表すための言葉を増やしたりすることができる。〈読むこと（2）ア〉

● 単元の構想（総時数8時間）

時間	学習活動	教師の主な支援	評価
1	（1）題名から話の内容を想像する。 （2）教材文を読み初発の感想を書く。	・「不思議に思ったところ」「いちばん心に残ったところ」を感想の視点として示し，個々の読みを把握して授業に活かす。	・題名から内容を想像したり，初発の感想をもったりしている。〈関心・意欲・態度〉
2	（3）物語を通読して話のあらすじをつかむ。 （4）学習課題を設定し，学習計画を立てる。	・表し方を確認することができるように，「きつつきの商売」のあらすじを表す活動を設定する。	・感想をもとに学習課題を考え，学習計画を立てている。〈関心・意欲・態度〉
	学習課題　物語のおもしろさのひみつを見つけよう。		
3	（5）「ぼく」の行動から，人柄を読み取る。	・叙述に着目できるように，語句を置き換えて提示する。	・主人公の言動に着目して人柄を考えている。〈読むこと（1）ウ〉
4	（6）9つの場面を4つのまとまりに分ける。	・山場を絞り込むことができるように，「ぼく」の不思議な出来事を信じる度合いを話し合う活動を設定する。	・場面の変化に着目して4つのまとまりに分けている。〈読むこと（1）ウ〉
5 本時	（7）変化に着目して読み山場はどこか考える。	・複数の変化を読むことで山場を判断することができるように，これまでに見つけた読みの視点を想起させる。	・場面を比較して読み取ったことを根拠に，山場である理由を考えている。〈読むこと（1）ウ〉
6	（8）トラノスケが言いたいことがわかるようになった理由を考える。	・「ぼく」の変容に着目することができるように，2時間目に書いたあらすじを推敲させる。	・生き物の言葉が聞こえなくなった理由を，叙述をもとに説明している。〈読むこと（1）ウ〉
7・8	（9）ほかのファンタジー作品を友だちに紹介する。	・自分の感じた面白さを確かにできるように，発表の後に質問したり答えたりする場を設定する。	・作品の面白さをすすんで伝えたり，友だちの紹介に関心をもち質問したりしている。〈読むこと（2）ア〉

本時の学習

本時 5/8

●ねらい
・変化に着目して読み，物語の山場を場面と場面とを関係づけて考えることができる。

●展　開

時間	学習活動	教師の支援
3分	①学習問題を確認する。 **学習問題** 「大きくかわったこと」を読んで，山場はどこか考えよう。	・前時の学習で山場を考える際に生まれた問いを本時の学習問題とし，学習への意欲を高める。
20分	②昨日絞り込んだ場面の中で大きな変化がわかる叙述を探しながら読む。 【仲間との対話】 《予想される児童の反応》 (6場面) ・動物たちの「すぐ」は，ぼくらの「すぐ」とは違うと生き物の言葉を信じている。 ・ぼくも「もうすぐ雨に—」と言った。 (7場面) ・「もうすぐ雨に」と動物たちが言っていたけれど，ついに雨が降ってきた。 ・「しいく小屋の中より」とあるから，飼育小屋より音が鳴っていることがわかる。 ・「心に思いうかべた」とあるから7場面では見えない生き物の姿を想像するくらい信じるようになった。	・根拠となる叙述を共有しながら話し合うことができるように，全文を掲示する。 ・物語全体の変化で考えることができるように，2か所のみの比較から離れられないときには関連箇所の読みを促し，どのように変化したのかを問う。 ◉「歌声＝生き物の声」だと「ぼく」は思っていると理解していない子どもが多いと予想される。そこで，「この話の出来事は生き物の声が聞こえること」の読みの視点に戻り，7場面では生き物の声は聞こえているか問う。 ・複数の変化に着目して山場を考えることができるように，何を読む必要があるのか投げかける。
15分	③山場で変化したものに注目し，物語の山場は何で決めたらいいのか話し合う。 【仲間との対話】 《予想される児童の反応》 ・変わった部分が多いのが山場だ。 ・主人公が大きく変わるかどうかで決めると思う。	・山場の一般化の必要性を感じることができるように，「盛り上がる」という条件だけでは曖昧であることを押さえる。その上で，自分たちが発見した山場の条件を定義していく。
7分	④学習問題に対する自分の考えを書き，学習をまとめる。【自分との対話】	・自分の考えを確かなものにしてから書くことができるように，ペアで自分のまとめを話す時間を設定する。 ☑ 評価 場面の比較から読み取れる変化を根拠に，山場である理由を考えている。 〈読むこと（1）ウ〉（発言・ノート）

◉：「対話」の機能を活かすための手立て

授業の様子

▶複数の視点をからめて読む

　感想を書く視点として「不思議に思ったところ」「心に残ったところ」の2つを与えて初発の感想を書いた。子どもたちは，低学年から「問いづくり」に慣れており，初発の感想も問いの形で書くことが多い。感想を交流する中で，主人公と不思議な出来事に関する感想が多いことに気づいていった。

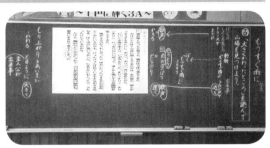

最終板書

....
～初発の感想より～
〈「ぼく」に関わって〉
・なぜ，「ぼく」にだけ動物の声が聞こえるのか。
・「ぼく」はかえるを助けてあげて優しい。
・チリンという音も鳴らなくて，トラノスケも何も言わないのに，トラノスケの言いたいことがようくわかったのはなぜか（トラノスケが言いたかったことは何だったのか）。
〈不思議な出来事に関わって〉
・誰がチリンと鳴らしているのか。
・チリンとなると動物の声が聞こえるのが不思議だ（面白い）。
・かえるを助けたら動物の声が聞こえるようになった。かえるは魔法が使えるのか。
・どうして最後に動物の声が聞こえなくなったのか。
・動物たちは，なぜもうすぐ雨が降るということがわかったのか。
....

　学習を進める中で，問題に応じて教師が読む視点を与えたり，何を読めばよいか投げかけたりしながら，「天気（題名に関わって）」「出来事（動物が話すこと）」「『ぼく』の言動」という読みの視点を確認していった。

　複数の視点で読む必要性が生まれたのが，第5時の山場を考える場面である。まず「天気」の視点で読んだ意見が出されたが，いよいよ雨が降り出す場面と雨の降り方が強くなる場面のどちらの変化が重要なのかで話し合いが停滞してしまった。そこで，ある子どもの発言を取り上げて全体に問い返すことで，別の「出来事」という視点での読みを促した。その後，グループの「対話」の中では，次のような考えが出され，根拠となる叙述が7場面に集まっていった。

....
・「飼育小屋の中よりにぎやかだった」の部分から，7場面の方がたくさんすずみたいな音が鳴っていたことがわかる。すずがなると動物の声が聞こえるから，7場面の方が動物の声がたくさん聞こえている。
・「ひっきりなし」は6場面の「つづけざま」よりたくさん音が鳴っている。
・「遠くから」でも聞こえるくらいの歌声だからよっぽど大きいんじゃないか。
....

　この後，「もう一つ読んでいないことがありますよ」という教師の投げかけと全文掲示の学習の足跡を頼りに「『ぼく』の信じる気持ち」という視点が出され，3つの視点から読むことで山場は7場面であるという考えに収束した。「複数の視点で読むことで作品を俯瞰的に捉えることができる」という読みに気づいたことは，子どもたちが得た「新たな価値」といえるのではないだろうか。

▶「対話」を通して読みを共有する

　主人公の心情変化を考えるときに，7場面の「ぼくは心に思いうかべた」の読みを全体で共有する場が重要と考えた。次のやり取りは，「思いうかべる」からわかる読みを出しあいながら具体化していった場面である。

C1：僕は，7の場面の7行目から10行目に線を引きました。なぜかというと「思いうかべる」ということは「うれしかったり，ゆかいだったりするだれかが」と書いてあるので，それと「思いうかべた」がつながると思うからです。

C2：私も，「ぼくは心に思いうかべた」だと思います。わけは，信じていないと心に思い浮かべられないと思うからです。

（つぶやき：同じです。似ています。等）

T　：「同じです」「わかりました」の意見が聞きたい。どうして心に思いうかべると信じていることになるの？

C3：「思いうかべた」は心にだから，本当になるかは……イメージ。

C4：信じていないと心に思い浮かべられなくて，疑うような気持ちがあるから，「かえるが」って思ったのが信じている。

C5：信じてなかったら，かえるじゃなくて本当に人がいるのかなって疑うから，「かえるが」って思ったのが信じている。

T　：もし，この歌声を聞いたのが，このトラノスケの辺り（1場面）だったら？この歌は誰の歌？

（つぶやき：人間。人。等）

T　：でも，「ぼく」は歌声で誰を思い浮かべたの？

（つぶやき：かえる。かえるたち。等）

T　：そうだね。「ぼく」の目の前でかえるがぴょんぴょんしているのね？

C6：遠くで。「遠くから歌声が」とある。ぼ

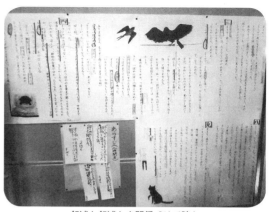

叙述と叙述とを関係づけて読む

くには見えていない。

C7：私は最初は「飼育小屋の中よりもにぎやかだった」のところだと思っていたんですけど，いっぱいその前に経験をしているので，トラノスケのときは「まさか」と言っているので信じないと思うんですけど，もう5，6回経験しているのでだいぶ信じてきたときに聞いたのでイメージできるようになったのだと思います。

　友だちの発言を聞いて「わかった」「そのとおりだ」と思っても，自分で話してみると曖昧な部分が浮き彫りになる。本時のねらいに迫るときに核となる言葉である「心に思いうかべた」を教師の問い返しによって全体に投げかけることで，自分の読みを自分の言葉で表現し直し，言葉をより深く明確に捉えていく子どもの姿が見られた。

　子どもがよりよい読みに気づくために，注目させたい叙述を厳選し，共有したい発言を逃さずに教師が意図的に問い返すこと，自分の言葉で言い換える活動を積み重ねることを通して，言葉と豊かに向きあい，言葉の「新たな価値」を創造する授業に近づくことができた。

子どもの変容と評価

▶【評価の工夫1】あらすじの変容を見る

2時間目に動物の会話文に注目して読み、あらすじをまとめた。「どうなる」にあたる部分に多少の違いはあるものの、「ぼくが、かえるを助けて、動物と話せるようになる不思議な（面白い、ありえない）話」とまとめたものが大半を占めた。「この物語で動物と話せたことがいちばん大切だから」という理由に賛同する意見や振り返りが多いことから、物語を読む上で注目する視点をつかみかけていることがわかった。

しかしながら、「動物の言いたいことがわかる」「動物の言葉がわかる」「動物と話ができる」の違いまで考えが及んでいないことや、不思議な出来事が終わっても動物の言いたいことがわかるようになった主人公の変容を読むまでには至っていないことも同時に把握できた。

学習を終えた後で再度あらすじを書く場面では、「動物の気持ちを想像できるようになった話」「不思議な力がなくても動物の考えていることがわかる『ぼく』になった話」のように「ぼく」の変容の捉えに変化が見られた。姿が見えないかえるたちを思い浮かべた「ぼく」、トラノスケが言いたいことがわかる「ぼく」の読みが加わり、それがあらすじの「どんな話」の部分の変化として現れたのではないかと推測できる。

▶【評価の工夫2】初発の感想から立てた問いに対する読みで変容を見る

みんなで考えたい部分としていちばん多く意見が集まった一文から「なぜ、『ぼく』は、トラノスケがなんて言いたいのかようくわかったのだろうか」という問いを立て、学習を進めた。

....
（山場を考える学習を終えて）

- 不思議な出来事を5度も経験しているので、言いたいことがわかるようになったのだと思う。
- 不思議な出来事を何度も経験し、1の場面ではトラノスケのことをよく知らなかったけれど、9の場面になってトラノスケの言いたいことをわかるようになった。
- 2の場面でトラノスケが何をしているのかわかった。そして、9の場面ではいつもトラノスケがしていることをもとにして予想できるようになったから、トラノスケが言いたいことがわかったのだと思う。

....

複数の視点で物語全体を読むという経験をした子どもたちは、前時の学習を思い出し、俯瞰的な読みを通して問いに対する答えを考えていた。また、読みの視点を自分で選択し、考えをまとめる姿が見られた。

本単元では、1単位時間の中だけでなく、単元全体を通して自分の読みを振り返る場を位置づけた。そのことによって、子ども自身が読みが更新されることを実感し、主体的に読む姿が見られた。また、言葉と言葉をつなげて読むことの意義を見いだし、クライマックスへの伏線を捉えながら作品を読み進める姿へと結びついたとも感じる。

叙述と叙述のつながりを見いだし、読み味わうことの楽しさ。学習の中でその感覚と出会い、確かな読みの力に変え、いずれ一人ひとりが自分の読み方を確立していく。どのように読むかを子ども自身が選択し、実践した読みを学びとして積み重ねていくために、読みを見つめ直し、自己・他己両面から評価する場を設定することが有効であったと思う。

しょうかいしよう 秋田市のおすすめの場所
～ぼくも わたしも 秋田市はかせ～

複数の条件を関連づけて考え，場所による様子の違いを表す

「市の様子」

授業者 鈴木 聡　　研究協力者 外池 智

全体の単元構想

◆子どもについて

　子どもたちは，前単元において，本校周辺の様子について観察・調査し，本校周辺の土地の多くは，住宅地のほか，公共施設・商店や銀行などの施設に利用されていることに気づいた。交通の様子については，交通量が多い道路は道幅が広くバス停が設置されていることや，交通量が多い通りに商店が多くあることに気づいた。しかし，土地利用の様子と交通の様子とを関連づけて考える力には個人差が見られた。また，これまでの生活経験で，秋田市内のさまざまな場所に出かけている子どもが多いが，それぞれの場所の位置関係や地形，土地利用の捉えが十分とはいえない。

◆単元について

　本単元は，秋田市の様子に興味・関心をもち，特色ある地形や土地利用の様子，交通の様子など社会的事象への視野を広げていくことが期待できる。そして，市の場所による様子の違いや，場所ごとの特色を理解することを通して，自分たちが暮らす秋田市への誇りと愛情をもつことができると考える。また，地図や資料などの読み取り方を身につけたり，読み取ったことを複数の条件と関連づけて考えたりすることの基礎を学ぶ機会となる。

　社会科の本質とは，観察・調査したことや資料から読み取ったことを比較・関連づけ・総合しながら再構成し，社会的な見方や考え方を成長させていくことである。本単元でも，場所による様子の違いを複数の条件を関連づけて考え，再構成することを通して，社会的な見方や考え方を成長させることができるであろう。

◆指導について

　調べる段階では，地形・土地利用・建造物・交通の様子において特色がある6つの場所を取り上げる。場所ごとの特色について考える段階では，おすすめの場所を選択し，その場所の特色を表す「おすすめポイント」の内容を考える活動を設定する。「おすすめポイント」の内容について視野を広げることや，特色を表すのに適しているか見直すことができるように，交流するグループ編成を工夫する。また，6つの場所の土地利用に相違点や類似点がある理由を問うことにより，土地利用の様子を地形的条件や社会的条件と関連づけて考えることができるようにしたい。単元の終末では，相手意識をもった学習のまとめをすることができるように，函館市の小学3年生に秋田市のおすすめの場所の「おすすめポイント」を発信する活動を取り入れる。

指導計画

●単元の目標

(1) 秋田市の特色ある地形，土地利用の様子，主な公共施設などの場所と働き，交通の様子などに関心をもち，意欲的に調べようとする。〈関心・意欲・態度〉

(2) 秋田市の土地利用の様子を地形的条件や社会的条件を関連づけて考え，場所による様子の違いを適切に表現することができる。〈思考・判断・表現〉

(3) 秋田市の様子について観察や聞き取り調査をしたり資料を活用したりして，必要な情報を集め，読み取ることができる。また，調べたことを地図などにまとめることができる。〈観察・資料活用の技能〉

(4) 秋田市の場所による様子の違い，秋田市の特色やよさを理解することができる。〈知識・理解〉

●単元の構想（総時数 13 時間）

時間	学習活動	教師の主な支援	評価
1	(1) 秋田市のおすすめの場所を考え，紹介しあう。	・市内の様子を具体的に捉えることができるように，写真や地図，パンフレット等を準備する。	・秋田市内の建物や土地の様子についてすすんで紹介しようとしている。〈関心・意欲・態度〉
	学習課題　ほかの場所にはない「おすすめポイント」を考え，秋田市について紹介しよう。		
2 3	(2) 自分が住む地域の様子を紹介しあい，気づいたことを話し合う。	・地域ごとの違いに目を向けることができるように，「土地の様子・建物の様子・人の様子・交通の様子」の視点を設定する。	・自分が住む地域と他地域を比較し，類似点や相違点を考えている。〈思考・判断・表現〉
4 5 6 7	(3) 地図や資料を活用して秋田市内の各場所の様子を調べる。	・市の様子は場所による違いがあることを捉えることができるように，地形・土地利用・建造物・交通の様子において特色がある6つの場所「①秋田駅のまわり②市役所のまわり③秋田港のまわり④御所野地区⑤太平山のまわり⑥田や畑の多い場所」を取り上げる。	・複数の視点から，それぞれの場所の土地利用の仕方について考えている。〈思考・判断・表現〉 ・秋田市の様子について必要な情報を集め，読み取っている。〈観察・資料活用の技能〉
8 9 **本時**	(4) おすすめの場所を選択し「おすすめポイント」の内容を考える。	・土地利用が地形的条件や社会的条件と関わりがあることを考えることができるように，6つの場所の土地利用に相違点や類似点がある理由を問う。	・土地利用の仕方の理由を地形的条件や社会的条件をもとに説明している。〈思考・判断・表現〉
10	(5) 秋田市の場所ごとの特色について，地図や表にまとめる。	・秋田市の場所ごとの特色を理解することができるように，「土地の様子・建物の様子・人の様子・交通の様子」の視点ごとに整理する。	・それぞれの場所における違いを比較し，特色やよさを理解している。〈知識・理解〉
11 12 13	(6) 秋田市のおすすめの場所について紹介するガイドマップを作る。	・相手意識をもった表現をすることができるよう，函館市の小学3年生に秋田市のおすすめの場所を発信する機会を設定する。	・秋田市の特色やよさを相手にわかりやすくまとめている。〈観察・資料活用の技能〉

本時の学習

本時 | 9/13

●ねらい
・2つの場所を比較することを通して，それぞれの場所の土地利用は地形的な条件と社会的な条件に関わりがあることを考えることができる。

●展開

時間	学習活動	教師の支援
3分	①本時のめあてを確かめる。	・太平山のまわりと田や畑の多い場所の土地利用は，地形と関わりがあることを想起することができるように，前時の学習内容を確かめる。
	学習課題 土地利用は，地形のほかに何と関係があるのだろう。	
17分	②秋田駅のまわりと市役所のまわりを比較し，土地利用に相違点がある理由を考える。　　　　　　　【仲間との対話】 《予想される子どもの反応》 ・駅を利用する人にとってお店が駅に近いと買い物するときに便利。 ・電車や新幹線を利用して市外から来る人にとって，ホテルが駅から近いと便利。 ・市役所のまわりは公共施設が集まり，大きな道路が通っているから用事があるとき利用しやすい。	・2つの場所の土地利用や交通の様子の特色を共有することができるように，それぞれの場所の「おすすめポイント」を発表する場を設ける。 ・地形が似ていると土地利用が似ているという見方と比較して考えることができるように，2つの場所の土地利用の相違点はないか問う。 ◉秋田駅のまわりの土地は，駅やバスターミナルなど公共の交通施設が充実していることを活かして利用されていることを考えることができるように，秋田駅のまわりと市役所のまわりは地形が似ているのに，なぜ秋田駅のまわりに大きなお店やホテルが集まっているのか問う。
20分	③秋田港のまわりと御所野地区を比較し，土地利用に類似点がある理由を考える。　　　　　　　【仲間との対話】 《予想される子どもの反応》 ・秋田港のまわりも御所野地区にも工場が集まっている。 ・秋田港のまわりも御所野地区にも運送施設が集まっている。 ・御所野地区の近くに高速道路のインターチェンジがある。 ・秋田港は港があって，船を利用して荷物が運ばれている。	・2つの場所の土地利用や交通の様子の特色を共有することができるように，それぞれの場所の「おすすめポイント」を発表する場を設ける。 ・地形が異なると土地利用が異なるという見方と比較して考えることができるように，2つの場所の土地利用の類似点はないか問う。 ◉秋田港のまわりや御所野地区の土地は，港や道路など交通が充実していることを活かして利用されていることを考えることができるように，秋田港のまわりや御所野地区は地形が異なるのに，なぜどちらの場所にも工場や運送会社が集まっているのか問う。
5分	④本時の学習を振り返り，本時のまとめをする。	・それぞれの場所の土地利用が交通の様子とも関わりがあることをまとめることができるように，まとめに用いる言葉を確かめる。 ☑ 評価 土地利用は地形的な条件と社会的な条件と関わりがあることについて，「土地利用・地形・交通の様子」の言葉を用いてまとめている。 〈思考・判断・表現〉（ノート，発言）

◉：「対話」の機能を活かすための手立て

授業の様子

▶2つの場所の土地利用の比較

本時は,「秋田駅のまわり」と「市役所のまわり」の土地利用の比較と「秋田港のまわり」と「御所野地区」の土地利用の比較に焦点を当てて展開した。1つめの土地利用の比較では,地形が似ているのに土地利用に相違点が見られる「秋田駅のまわり」と「市役所のまわり」の組み合わせとした。学習課題の設定の様子を以下に示す。

T ：「秋田駅のまわり」と「市役所のまわり」の2つを比べてみよう。この2つの地形はどうかな。
C1：2つの場所の地形は似ている。
T ：地形は似ているんだね。では,2つの場所の土地利用は,「太平山のまわり」と「田や畑の多い場所」と同じで地形と関係がありそうだね。
C2：土地の利用のされ方が違う。
C3：地形のほかにも何かと関係ありそう。

以上のようなやり取りを経て,学習課題を「土地利用は,地形のほかに何と関係あるのだろう」と設定した。この場面での子どもたちの思考は,既習内容から「秋田駅のまわり」と「市役所のまわり」の土地利用には違いがあることをつかめているが,何がその要因となっているかまでは見いだすことができていないという段階だった。そこで,「秋田駅のまわり」「市役所のまわり」のおすすめポイントを紹介する活動を設定した。

【秋田駅のまわり】
C4：高い建物や店が多い。
C5：交通量が多い。
C6：深夜になっても,見渡すと（駅周辺の建物が）きれいに光っている。
C7：電車やバスで遠くから来る人が多い。
C8：ホテルがたくさん集まっている。

【市役所のまわり】
C9：スポーツ施設が多い。
C10：公共施設が多い。
C11：公園,寺,神社が多くある。
C12：交通量が多い。片側3車線。
（※下線は宿泊施設に関係した内容）

▶なぜ地形が似ているのに土地利用が違うのか

2つの場所の「おすすめポイント」を比較する中で,秋田駅のまわりにだけホテルがたくさん集まっていることが見いだされた。そこで,宿泊施設が集まっているという土地利用のされ方を,秋田駅のまわりの交通の充実という社会的条件と関連づけて考えるための視点として取り上げた。

T ：なぜ秋田駅のまわりは市役所のまわりと比べてホテルが多く集まっているのかな。
C13：遠くから電車で来る人は,ホテルが駅に近い方が便利だから。
C14：秋田駅があって,たくさんの人が遠くから来るから。
C15：駅やバスターミナルの交通(の便のよさ)を土地利用に活かしている。

C13児とC14児から遠方から電車で来る人の利便性,C15児から交通を土地利用に活かしている考えが出されたため,子どもたちは土地利用と交通の様子を関連づけて考えていると捉えた。そこで,課題である土地利用は地形のほかに何と関係があるのか問いかけた。

T ：土地利用は,地形のほかに何と関係あるのかな。
C16：交通と関係している。

2つの場所の土地利用を比較し,宿泊施設が

秋田駅のまわりに集まっている理由を考えることで、秋田駅周辺の土地利用のされ方は交通の充実と関係していることを見いだせたのである。

▶ **なぜ地形が違うのに土地利用が似ているのか**

2つめの土地利用の比較では、地形が異なるのに土地利用に類似点が見られる「秋田港のまわり」と「御所野地区」の組み合わせとした。1つめの比較と同様にそれぞれの場所の「おすすめポイント」を紹介する活動を設定した。

【秋田港のまわり】
C17：大きな工場が多い。
C18：港だから、セリオン（灯台）がある。
C19：貨物列車が走っている。
C20：海に面している。
C21：トラックがたくさん走っている。

【御所野地区】
C22：工場が集まっている。
C23：大きな会社にトラックがたくさんある。
C24：（ほかの地域から）買い物に来る人が多い。

（※下線は、交通の様子に関係した内容）

「秋田港のまわり」と「御所野地区」の土地利用の類似点に気づくことをねらい、「おすすめポイント」のどこが似ているかを問いかけた。

T ：秋田港のまわりと御所野地区は地形が違うのに、似ているところがあるね。
C25：工場が多いところが似ている。
C26：トラックが走っているところ。
C27：荷物を運ぶ会社が多いところ。

子どもたちは工場や運送会社が集まっているという類似点に気づいた。そこで、揺さぶりをかけた。これまでの思考の流れでは、地形が異なると当然土地利用も違うはずだからである。

T ：どうして地形が違うのに（土地利用が）似ているのかな。地形のほかに（土地利用に）何が関係しているのかな。

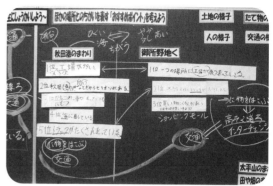

2つの場所の土地利用と交通との関係

C全：（悩んでいる様子）

そこで、2つの場所の類似点を共有するために、板書と言葉かけで再確認した。

T ：（2つの場所の「おすすめポイント」で）工場が多いことやトラックが走っていることが重なっていますね。
C28：（土地利用と関係しているのは）交通だと思います。高速道路が交通。トラックも交通。貨物列車も交通。
C29：C28さんの考えに付け足しで船も交通です。船も高速道路も貨物列車も、ものを運ぶ仲間です。その仲間だから交通が関係していると思います。

ここで、C29児の発言に注目したい。C28児の道路や線路の交通の利便性についての発言を受けて、さらに海上交通の視点を付加したのである。さらに、それらを関連づけ、土地利用と交通の関わりを見いだしたのである。

本時の学習は、2つの場所を比較し、相違点や類似点が見られる理由を考えることを通して、土地利用が社会的条件である交通の様子と関わりがあることを再構成するプロセスであったといえる。

子どもの変容と評価

　本単元では，学習課題を「ほかの場所との違いを表す『おすすめポイント』を考えよう」とした。また，目的意識や相手意識を高められるように，「おすすめポイント」を伝える相手を，本校と交流のある函館市の小学校とし，「秋田市はかせになって函小学校の３年生に紹介しよう」という課題も後に追加した。この２つの課題に共通する意義は，秋田市の場所による様子の違いや特色である「おすすめポイント」を見いだし，自分の言葉で説明するという必然性が生まれる点にある。

▶自分の言葉でまとめ，再構成する活動

　Ｃ１児は第１時に秋田市のおすすめの場所を次のように表している。

　おすすめの場所は新国道沿いです。青山（紳士服店）やいとく（スーパーマーケット）など役立つお店があります。

　第13時では，次のようにおすすめの場所が変わり，場所の様子を次のように表している。

　おすすめの場所は秋田港のまわりです。秋田港はセメントなどを作っている<u>大きな工場</u>があります。そして，荷物などを<u>トラックや貨物列車</u>などで運んでいます。貨物列車が通るので秋田港には<u>線路</u>があります。そして，<u>ポートタワーセリオン</u>が立っています。

　Ｃ１児は，単元で身につけた社会的な見方や考え方を総合的に用い，函館小学校の子どもに紹介したい「おすすめポイント」として秋田港を取り上げた。注目したいのは，秋田港のまわりに工場があることを，地形だけでなく交通との関わりからも捉え，その解釈を自分の言葉で「おすすめポイント」として表現している点である。２つの場所の土地利用の比較を通し，<u>地形的条件や社会的条件と土地利用の関わりを考える視点</u>が獲得されたといえよう。

▶比較・関連づけし，再構成する活動

　Ｃ２児は第６時に御所野地区の様子を調べ，次のように整理している。上段が自分の考え，下段が友だちの考えである。

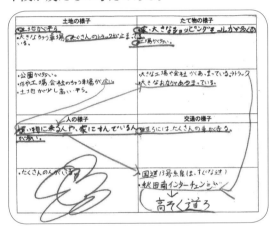

　大型商業施設があることから御所野地区に買い物に来る人が多いことに気づいていたが，そのことと国道13号線が通っていることや秋田南ICが近くにあるという交通の様子に関する友だちの考えを結びつけて考えている。また，大きな工場や運送会社が集まっていることと高速道路との関連を物流の面からも考えている。このようにＣ２児は<u>社会的事象の相互関係を見いだしている</u>。本単元では，複数の条件を比較・関連づけて考えることで，社会的事象の解釈を自分の言葉で表現する力を高めることができた。

ようこそ 古典の世界へIII
作品の魅力を探る活動を通して、古典への親しみを深める

「枕草子（うつくしきもの）」

授業者 **大庭珠枝**　研究協力者 **阿部 昇　成田雅樹**

全体の単元構想

◆子どもについて

『枕草子』（第一段）の学習では、作品の面白さを探しながら読み、作者の独特な視点（意外性）があるからこそ読者を惹きつける作品になっているのだということに気づくことができた。『徒然草』（友とするに）の学習では、一読すると疑問に感じることでも作者の人物像を手がかりに解き明かすことができる、という読みのおもしろさを味わっている。

これらの学習を通して、「古典」「随筆」という自分にとって新たなジャンルへの認識を深め、古典を現代につながる身近なものとして感じはじめている。

◆単元について

「うつくしきもの」は、表現や構成に着目しながら読み深めることのできる教材である。たとえば、「ちご」に関する叙述の多さから垣間見える母性の強さ。日常の何気ない瞬間を切り取って提示する観察眼の鋭さ。生き生きとした描写力。第一段とも共通する意外性あふれる展開。これらの特徴が作品の魅力となっており、このような魅力を探る学習に適した教材であると考える。

国語科の本質は、言葉に対する認識が更新され、思考が深まり、新たな意味や使い方を理解したり産出したりする中で、言葉を生きた形で習得していくことにある。本単元では、作品の魅力を探る読みを活かして「マイうつくしきもの」を書く活動を設定し、古典の中の言葉を使いながら自分を表現する楽しさを味わわせることで、国語科の本質に迫る学習をめざしたい。

◆指導について

単元導入では、第一段での学びを想起させ、作品全体についての解説を補足することにより、ほかの章段への興味をもつことができるようにする。また、教師が創作した「うつくしきもの～珠枝バージョン～」を提示することにより、古典をより身近に感じることができるようにすると共に、創作への意欲を喚起する。

読み取りは、「ちご」に関する叙述に焦点化して進めていく。「ちご」の部分にこの章段の魅力が集約されており、書かれている内容（作者のものの見方・感じ方）と書きぶりの両面から作品の魅力を見いだすことができると考えるためである。多様な補助発問を準備し、話し合いの状況を見取りながら適切な助言をすることで、互いの読みをつなぎ合わせることができるようにする。そして、「うつくしきもの」には、第一段と共通するおもしろさと、この段ならではの新たなおもしろさがあることに気づかせたい。

指導計画

●単元の目標
（1）『枕草子』（うつくしきもの）に興味・関心をもち，すすんで感想を交流したり，「マイうつくしきもの」の創作に活かしたりしようとする。〈関心・意欲・態度〉
（2）『枕草子』（うつくしきもの）について，言葉のリズムを味わいながら音読したり，作者が「うつくし」と感じているものの共通点を読み取ったりすることができる。〈伝国（1）ア（ア）〉
（3）作者の独特なものの見方や感じ方を読み取り，第一段との関連から作品の魅力を捉えることができる。〈伝国（1）ア（イ）〉
（4）体言止めの表現効果に着目したり，「うつくし」に代表されるような時間の経過による言葉の変化に気づいたりすることができる。〈伝国（1）イ（イ）（ケ）〉

●単元の構想（総時数4時間）

時間	学習活動	教師の主な支援	評価
1	（1）第一段の学習を振り返り，単元の見通しをもつ。	・第一段以外の「おもしろさの秘密」に興味をもつことができるよう，作品の全体像にふれる補助資料を提示する。 ・自分も書いてみたいという意欲につながるよう，「うつくしきもの～珠枝バージョン～」を提示する。	
	学習課題 『枕草子』のおもしろさの秘密をもっと探り，それを活かして「マイうつくしきもの」を書こう。		
2	（2）「うつくしきもの」を音読し，初発の感想を書く。	・みんなの疑問を解決しながら読んでいこうという見通しをもつことができるよう，感想を交流する場を設け，疑問点の共有化を図る。	・言葉のリズムを味わいながら音読をしたり，すすんで感想を交流しようとしたりしている。〈関心・意欲・態度〉〈伝国（1）ア（ア）〉
	（3）作者が「うつくし」と感じたものの共通点を読み取る。	・「うつくし」は自分より小さいものに対する愛情を込めた言葉であることに気づくことができるよう，「小さければ何でも『うつくし』なのだろうか」と問う。	・「うつくしきもの」の共通点をまとめている。〈伝国（1）ア（ア）・イ（イ）〉
3 本時	（4）「ちご」に関する叙述から，「おもしろさの秘密」を探る。	・「もし大人だったらどうか」「特筆すべき珍しい瞬間なのか」等の補助発問を通して，作者ならではのものの見方・感じ方に気づくことができるようにする。 ・作品の魅力を多面的に捉えることができるようにするために，第一段で見つけた「おもしろさの秘密」と比較して共通点・相違点を見いだすよう助言する。	・「ちご」に関する叙述から，作者の独特なものの見方・感じ方を読み取り，第一段と比較しながら「おもしろさの秘密」についてまとめている。〈伝国（1）ア（イ）〉
4	（5）「うつくしきもの」のおもしろさの秘密をまとめ，これまでの読み取りを活かして「マイうつくしきもの」を書く。	・「おもしろさの秘密」を全体でまとめてから創作活動に入ることで，これまでの学びを活かして書こうとする意識を高めることができるようにする。	・「おもしろさの秘密」を盛り込んで「マイうつくしきもの」を書こうとしている。〈関心・意欲・態度〉〈伝国（1）イ（ケ）〉

本時の学習

本時 3/4

● ねらい
・「ちご」に関する叙述から作者の独特なものの見方や感じ方を読み取り，第一段と比較しながら「おもしろさの秘密」を見いだすことができる。

● 展　開

時間	学習活動	教師の支援
5分	①「うつくしきもの」を音読する。	・言葉のリズムや文体，音の響きを感じることができるよう，一斉読を取り入れる。
3分	②単元の学習課題をもとに，本時の学習問題を見いだす。	・「『ちご』がかわいいのは当たり前で，意外性はないのではないか。それなのに千年も読まれているのはなぜか」と投げかけることで，本時の学習問題を見いだすことができるようにする。
	学習問題　「ちご」の部分の「おもしろさの秘密」は何か。	
30分	③「ちご」の部分の「おもしろさの秘密」を探る。 　【自分との対話】→【仲間との対話】 《予想される子どもの反応》 ア　普通の人は気にも留めないような日常に目を向けている。 イ　それぞれの年齢だからこそかわいいといえる仕草を，細かい部分まで書いている。 ウ　普通はみっともないことを取り上げている。 エ　「いとうつくし」と「〜もうつくし」をわざと混ぜて書いているのではないか。 オ　イは，第一段にはなかったおもしろさ。アとウとエは「意外性」という点で第一段と共通したおもしろさだと思う。	・自分の考えをもって学習に参加することができるように，着目した言葉に傍線を引いたり，考えをノートに書いたりする時間を確保する。 ・「日常の何気ない仕草の中にこそ『うつくしさ』がある」「不釣り合いだったりみっともなかったりすることだが，子どもだったらかえってかわいい」という作者ならではのものの見方・感じ方に気づくことができるよう，「特筆すべき珍しい瞬間なのか」「もし大人だったらどうか」「12歳の子どもだったらどうか」等の補助発問を通して思考をゆさぶる。 ・「マイうつくしきもの」を書く活動に活かすことができるよう，作者の書きぶりに迫るような意見も「おもしろさの秘密」として積極的に取り上げる。 ◎第一段で見つけた「おもしろさの秘密」と比較してみるよう促し，共通点・相違点を問う。最初はないと考えていた「意外性」が実はあり，さらに，新たなおもしろさもあると気づくことで，作品の魅力を多面的に捉えることができるようにしたい。
7分	④話し合いを通して深まった考えをノートにまとめる。　　【自分との対話】 ・最初は当たり前すぎて意外性はないと思ったが，普通はみっともないようなことを「うつくし」と言っているのは意外性という点で第一段と共通しているとわかった。また，それ以外の秘密にも作者らしさが表れていると感じた。	・「対話」を通して自分の考えが深まったことを自覚できるように，本時の学習問題に立ち返り，友だちの考えから得られた新たな気づきを含めてまとめるよう助言する。 ☑ **評価** 「ちご」に関する叙述から，作者の独特なものの見方・感じ方を読み取り，第一段と比較しながら「おもしろさの秘密」についてまとめている。 　　　　〈伝国 (1) ア (イ)〉（発言，ノート）

◎：「対話」の機能を活かすための手立て

授業の様子

▶**学習の方向性を自分たちで決める**

単元の学習課題「『枕草子』のおもしろさの秘密をもっと探り、それを活かして『マイうつくしきもの』を書こう」を受け、本時の学習問題を「『ちご』の部分の『おもしろさの秘密』は何か」とした。これは、前時の終わりに子どもたちが作った問題である。「うつくしきもの」の中には「ちご」に関する記述が非常に多いということに気づき、そこに焦点を当てていけば単元の学習課題に迫れるだろうと、子どもたちなりに判断してのことである。

ただし、このような学習問題についての話し合いは、ともすると単なる「出し合い」に留まってしまいかねない。そうはならないようにするのが、本時においてのいちばんの留意点であった。そこで、友だちの発言を捉え直して真に納得しながら思考を深めていく姿をめざし、話し合いを次のように構築していった。

▶**1つの意見について、ほかの部分にも当てはまることなのかを考える**

1か所にしか当てはまらないことは「おもしろさの秘密」とはいえない。多くの叙述に当てはまってこそ「おもしろさの秘密」だといえる。それを実感しながら話し合ってほしいと考え、適宜、助言をした。たとえば次の場面である。

C1：清少納言の見方がおもしろいと思いました。なぜかというと、普通は小さい子がゴミを取って見せてもかわいいとはあんまり思わないんですけど、清少納言はかわいいと思って書いているので、そこがおもしろいからです。

T ：普通なら、ゴミを取って見せるって変だけど、っていうことね。君たちぐらいの子どもがやったらどう？

C2：ゴミを拾うのは当たり前。

C3：かわいくない。

C4：ちっちゃい子が何かをしたら、何でもかわいく見えちゃう。

T ：もっと大きい子だったら変だけど、ちっちゃい子だからかわいいってこと？このことは、ほかの部分にも当てはまるかな？

この後、子どもたちは、下線部はすべての叙述に当てはまることだということを発見していく。C1の意見からC4の意見が引き出され、それをきっかけに全体を俯瞰して読み深める姿へとつながった。

▶**おもしろいといえる理由を明確にしていく**

子どもたちは、「なぜそれが『おもしろさの秘密』といえるのか」にふれないまま発言を終えることがある。そこで、あえて聴き手の子どもたちに問い返し、みんなで理由を明確にしていくようにした。たとえば次の場面である。

C5：言葉の使い方で、「いとうつくし」「うつくし」「みなうつくし」に分けられていることがわかりました。

T ：このほかに何があったっけ？

C6：「いとらうたし」もある。

T ：そうやって分けて書いているってことね。どうしてそこがおもしろさなの？

C7：全部同じだとつまんないから。

C8：全部同じだと，工夫がなくてまっすぐな感じの作品になっちゃうかなあ。
C9：さっき（「いろんな年齢の子どものことを混ぜて書いている」という話題のときに），Sさんも言ってたよ。
C10：混ぜているからおもしろいんだよ。

このように，C5の発言意図を汲み，前の話題とも関連させながらおもしろいといえる理由を明確にしていく子どもたちの姿が見られた。

▶「当たり前のことを書く」ことの意味を掘り下げる

作者が取り上げた「ちご」の様子は，すべて日常よく目にする当たり前の様子である。それをあえて書いてあるのはなぜか。これは，どの子どもも考えていなかった視点である。しかし，この点を掘り下げていくことで，「当たり前のことが書かれてあるのが意外でおもしろい」というところまで思考を深めることができるであろうと考え，授業の終盤で次のようにゆさぶりをかけた。

C11：この文章には当たり前のところとそうではないところがあって，意外性のあるところがあるなと思いました。
T：当たり前のところってどこですか？
（口々に文番号をつぶやく。全部だよ，の声も）
T：そうか，これはほとんど当たり前のことなんだ。でも，当たり前のことを書いていても，おもしろくないんじゃない？ 当たり前のことが書かれていて，何がおもしろいんだろう。当たり前のことだったら，書かなくてもいいんじゃない？
C12：いや，逆におもしろく感じる。

ここで，約1分間，グループで話し合う時間をとった。以下は，その後の全体での話し合いの様子である。

C13：当たり前って，毎日見ているけれど，やっぱり特にかわいいなとか，本当にかわいいな，と思えるものだから。
C14：清少納言さんが感じる当たり前のことを書いている。
T：それがどうしておもしろさなの？
C15：いつも見ていて，いつも感じているけれど，それをこうして書いて，いろんな人に読んでもらうことで，読む人は改めて「ああ，そうだよな」って共感できたり，「ああ，やっぱり子どもってこういうところがあってかわいらしいな」って思えるから，おもしろいんじゃないかと思う。
C16：当たり前のことだったら，普通は書かないじゃないですか。それをあえて書いているのが意外性だと思うんです。
T：あえて書くのが意外性になるんだ。C11さんが言っていたことと似ているかな。

C11の発言をきっかけにC12からC16へと考えが徐々にはっきりしていき，C11の「意外性」というキーワードに戻ったことがわかる。

この後，子どもたちはほかにも意外だといえるものを3つ見つけ出した。初発の感想に「意外性はない」と書いた子どもにとっては，大きな変容の瞬間である。さらに，第一段にはない新たな秘密があることも発見した。これは，全員にとっての新たな学びであったといえる。

学習問題に対する多様な考えを一つひとつ検討し，相互に関連づけながら新たな発見をしていく学びを通して，作品の見方や考え方を広げることのできた1時間であった。

子どもの変容と評価

▶【評価の工夫1】初発の感想からの変容を見る

　本単元の1時間目に初発の感想を書かせたところ,「意外性がある」という意見と「意外性はない」という意見とに分かれていた。感想を紹介しあう中で子どもたちも2つの見方があることに気づき,「『うつくしきもの』には意外性はあるのか,ないのか」というもう一つの学習課題が自然発生的に生まれたため,それを意識しながら単元の学習を進めていった。

　本時の「対話」を経て,「当たり前をあえて書くのが意外性だ」「これ以外にも意外性といえる秘密がある」という読みにたどり着いたことは,前述のとおりである。初発の感想に「意外性はない」と書いた子どもはもちろん,「意外性がある」と書いた子どもにとっても,意外性の中身は第一段と異なるという新たな発見ができたことは,大きな変容であった。

▶【評価の工夫2】単位時間ごとの振り返りで,単位時間内での変容を見る

　「対話」の前後でどのような思考の変容があったかを子ども自身が自覚できるようにしたい。そうすることで,1人では考えつかなかったことを協働によって導き出すことに価値を見いだす子どもになると考えるからである。

　そこで,学習問題に対する自分の考えを書く活動を2回設定した。1回目は話し合いの前,2回目は授業の振り返りの際である。

　本時では,振り返りを書く時間を残せなかったため,みんなで見いだした「おもしろさの秘密」の中でどれがいちばんの秘密だと思ったかを次時に書かせた。それを見ると,話し合いの前の自分の考えとは異なるものを選んだ子どもがほとんどであった。たとえば次のようにである。

(話し合いの前) 同じ年ばかりではなく,違う年の子どものかわいさを書いているところ。
(振り返り)「当たり前をあえて書く」をいちばんに選びました。理由は,確かに当たり前のことをする幼い子どもはかわいいと思えるからです。そして,逆に意外性があっておもしろいからです。

　このように,「当たり前をあえて書く」をいちばんに選んだ子どもが多かった。授業の終盤に読み深めた部分であり,真に納得できた「おもしろさの秘密」であったことがうかがわれた。

▶【評価の工夫3】単元末の「マイうつくしきもの」に表出されている本単元での学びを見る

　読み取った「おもしろさの秘密」を活かして「マイうつくしきもの」を書く活動を単元末に設定した。子どもの作品からは,その子の学びが見て取れる。たとえば次のような作品である。

うつくしきもの　きょとんとしているアリの顔。砂場の中で,足をこきざみに動かし,ちょこまかとうろうろするもうつくし。軍隊アリに,さなぎたまご取られ,巣穴のそばで幼児のように地団駄ふむもいとうつくし。(中略) なにもなにも,アリなるものはみなうつくし。女王アリが,おなかを引きずり,葉の上から飛び立とうとするも落ちていき,もう一度チャレンジするも,みなうつくし。触角。働き者。

　文章全体の構成や多様な文末表現,細かな描写など,作者の書きぶりを上手にまねつつ,「昆虫好き」という自分らしさを表現した作品である。読み取ったことを「書くこと」に積極的に活かす姿が見られたのは,大きな成長であった。

6年 理科 実践⑥

土地のつくりと変化を調べよう
ボーリング試料を活用して，土地の形成過程を推論する

「土地のつくりと変化」

授業者 髙橋健一　研究協力者 浦野 弘　川村教一　田口瑞穂

全体の単元構想

◆子どもについて

小学校第6学年理科のキーワードは，「推論」である。このことについて，6年の最初の単元「物の燃え方と空気」で，モデル図を用いて窒素や酸素，二酸化炭素の変化を推論したり，それに次ぐ単元「動物の体のつくりと働き」で，映像や模型を活用して臓器の働きについて推論したりする学び方を経験した。

◆単元について

理科の本質は，自然事象に対する見方や考え方が，主体的な観察や実験を通して科学的なものに変容していくことにある。このことに関わって，本単元では，推論する能力の育成を重視する。推論とは，ある事実をもとにして，未知の事柄を推し量り論じることである。そこで，学校の土地のつくりやでき方を教材の中心に位置づけ，それらを推論していく単元構成を工夫した。具体的には，土地が礫，砂，泥，火山灰および岩石からできており，幾重にも層状になって地層をつくっているものがあること，地層は，流れる水の働きや火山の噴火によってできたこと，土地は，火山の噴火や地震によって変化する場合があることについて推論する活動を設定した。

◆指導について

子どもたちの主体的な問題解決の活動を支援するためには，地層を直接観察する機会を確保することが望まれる。しかし，本校の周辺には，手軽に足を運んで観察することができる場所がない。そこで，身近な具体物として，学校建設時のボーリング試料を活用する。このボーリング試料からは，学校の6地点の深度50mほどまでの土質を読み取ることができる。この情報にもとづいて学校の土地のつくりを推論していくことで，学校の土地にも地層が広がっているという見方や考え方をもつことができるであろうと考えた。

さらに，子どもたちは，学校の土地のでき方に興味・関心をもつであろう。そこで，ボーリング試料で確認できる砂や泥の特徴に着目させる。この砂や泥の特徴にもとづいて推論していくことで，学校の土地が流れる水の働きによってできたという見方や考え方をもつであろう。ただし，学校周辺の土地は，多くの教科書で例示されている海や湖の底で堆積した土地ではなく，大きな川の氾濫がくり返されて陸上でできた土地であると考えられている。そこで，川の氾濫によって形成される土地のモデルとなる実験を工夫し，それを学校の土地のでき方を推論する根拠とさせたいと考えた。

指導計画

●単元の目標

（1）学校建設時のボーリング調査の試料を観察することを通して，学校の土地のつくりに興味・関心をもち，土地のつくりと変化について追究しようとする。〈関心・意欲・態度〉

（2）ボーリング試料を手掛かりにして地層の広がりを推論したり，土地の構成物や地層の様子を観察してそのでき方を推論したりすることができる。〈科学的な思考・表現〉

（3）ボーリング試料を手掛かりにして，調査地点の地下の予想図を作成したり，地層のでき方や変化を調べる実験に取り組んだりすることができる。〈観察・実験の技能〉

（4）土地は，礫（れき），砂，泥，火山灰および岩石からできており，地層をつくっているものがあること，地層は，流れる水の働きや火山の噴火によってでき，化石が含まれているものがあること，土地は，火山の噴火や地震によって変化する場合があることがわかる。〈知識・理解〉

●単元の構想（総時数12時間）

時間	学習活動	教師の主な支援	評価
1 2	（1）学校建設時のボーリング試料を観察し，学校の土地のつくりについての問題を見いだす。	・ボーリング試料のラベルに記入されている情報を適切に読み取ることができるように，砂，シルト，粘土の違いや深度の意味について説明する。	・ボーリング試料から得られた情報にもとづいて，学校の土地のつくりを予想している。〈関心・意欲・態度〉〈技能〉
	学習問題 学校の土地は，どのようなつくりになっているのだろうか。		
3 4	（2）ボーリング試料から読み取った情報にもとづいて，学校の土地のつくりを推論する。	・学校の土地のつくりを推論する手掛かりとなるように，ボーリング試料から読み取った情報にもとづいて作成する土地の柱状図と地質推定断面図を紹介する。	・学校の土地は，砂，泥からできており，それらが地層をつくっていることを推論している。〈思考・表現〉〈知識・理解〉
5 6 **本時** 7	（3）流れる水の働きや火山の噴火によって地層ができるモデル実験に取り組み，地層のでき方についての仮説を検証する。	・仮説を検証するためのモデル実験について，子どもたちがすすんで計画することができるように，第5学年の「流れる水の働き」との関連を考えさせたり，噴火のイメージを引き出したりして，モデル実験に反映させていく。	・地層のでき方を調べるための実験に取り組み，その結果にもとづいて地層のでき方を推論し，まとめている。〈思考・表現〉〈技能〉〈知識・理解〉
8 9 10	（4）火山の噴火や地震によって土地が変化する場合があることを知り，学校建設時のボーリング試料にその痕跡があるか調べる。	・火山の噴火や地震によって土地が変化する場合があることに対する具体的なイメージをもつことができるように，専門家の協力を得ながら，火山泥流や地震に伴う土地の液状化などのモデル実験を準備する。	・土地は火山の噴火や地震によって変化する場合があることを知り，それらの影響が学校の土地にもあったのかどうかを推論している。〈思考・表現〉〈知識・理解〉
11 12	（5）本単元で学習したことを振り返り，問題についての結論をまとめる。	・学校の土地のつくりについて要点を押さえて結論を導くことができるように，地層の広がり，地層のでき方，火山の噴火や地震による変化という視点を示す。	・学校の地下には，雄物川の洪水がくり返されて堆積した地層が広がっているという見方や考え方をしている。〈思考・表現〉

本時の学習

本時 6/12

● ねらい
・学校の土地が，海の底でできた場合と川の氾濫によってできた場合のモデル実験の結果を観察し，学校の土地のでき方を推論することができる。

● 展　開

時間	学習活動	教師の支援
	学習問題　学校の土地は，どのようにしてできたのだろうか。	
	仮説　学校の土地は，流れる水の働きによって運ばれた砂や泥が，海の底に堆積してできたのではないだろうか。	
10分	①前時に取り組んだ実験（海の底に堆積してできる地層のモデル実験）の結果を確認し，学校のボーリング試料にもとづいて作成した推定地質断面図と比較する。《予想される子どもの反応》・砂の層の上に泥の層が堆積した。これは，自分がつくった推定地質断面図と似ているところとそうでないところがある。	・学校の土地は，流れる水の働きによって侵食されて運搬された砂や泥が海の底に堆積してできたとする子どもたちの仮説を検証する情報の一つとなるように，砂と泥を含んだ土を水の中に何度か流し込んだ場合のモデルを準備し，提示する。・流れる水の働きがくり返し影響してできたと考えられる学校の土地が，海の底でできたと考えてよいのかどうかということについての興味・関心が高まるように，海の底でできた地層と川のまわりにできた地層の違いについて紹介する。
20分	②ボーリング調査を行った学校の土地は，雄物川の氾濫によってできたと考えられていることを知り，その場合の土地のでき方について仮説を立てる。【自分との対話】→【仲間との対話】・川の氾濫によってできたとすると，大量に降った雨水の流れによって地面が大きく侵食され，大量の砂や泥が運搬されて川からあふれ出し，それらが川のまわりに堆積したと考えたらよいのではないだろうか。	◎「学校の土地が，海の底ではなく雄物川のまわりでできたのだとすると，流れる水の働きがどのように影響したのだろうか」という新たな問いが生まれるように，学校の土地が雄物川の氾濫によってできたと考えられている根拠を提示する。◎流れる水の働きについて学習した5年生の内容にもとづいた推論を交流させながら仮説を立てることができるように，雨の降り方によって流れる水の速さや量が変わり，増水で土地の様子が大きく変化する場合があることを想起させる。
15分	③教師が準備した川の氾濫のモデル実験を観察し，学校の土地が雄物川の氾濫によってできたと仮定した場合のでき方を推論する。【仲間との対話】→【自分との対話】	・子どもたちの仮説を検証する根拠になるように，川が氾濫した場合のモデルとなる実験装置を準備する。**☑ 評価**学校の土地の地層が雄物川の氾濫によってできたのだと仮定すると，大量に降った雨水の流れによって地面が大きく侵食されて運搬された大量の砂や泥が川からあふれ出し，それらが川のまわりに堆積することがくり返されたのだろうという見方や考え方をしている。〈思考・表現〉（発言やノート記述の内容）

◎：「対話」の機能を活かすための手立て

授業の様子

▶学校の土地の推定地質断面図

「学校の土地は，どのようにしてできたのだろうか」この問題は，子どもたちが学校の土地のボーリング試料から読み取った情報にもとづ

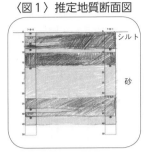
〈図1〉推定地質断面図

いて，推定地質断面図（図1）を完成させたことをきっかけにして生まれたものである。この推定地質断面図が示す特徴は，砂（黄色）とシルト（紫色）の層がくり返されていることと，シルトの層に砂の層が滑り込んでいるような重なりが見られるということである（シルトとは，粒の大きさが砂と粘土の中間にあたる土粒子のこと）。

子どもたちは，5年生で学習した「流れる水の働き」を振り返り，このような学校の土地は流れる水の働きによってできたのだろうという仮説を立てた。そこで，教科書に紹介されている海底に堆積してできる地層のモデル実験を参考にして，水の流れによって運ばれてきた砂や泥が水槽の水の中に堆積する様子を観察した。その結果，図2に示したように，横にきれいに広がった層が確認できた。ここまでが，前時の学習である。

〈図2〉地層堆積モデル実験

▶実験結果と推定地質断面図を比較してみると

本時の学習は，この堆積実験の結果を推定地質断面図と比較することから始まった。両者を比較すると，砂と泥／シルトがくり返されているという点が共通していることがわかった。しかし，その層の広がり方には違いがあることもわかった。推定地質断面図の特徴であったシルトの層に砂の層が滑り込んでいるような重なりが，図2には見られなかったのである。そこで，地層の特徴を示す2つのモデル図（青木・日代，2015, p. 17, p. 144）を紹介した。

〈図3〉海底でできた地層のモデル図

〈図4〉川の周辺でできた地層のモデル図

図3が海底でできた地層の特徴を，図4が川の周辺でできた地層の特徴を示している。子どもたちは，この2つのモデル図と学校の土地の推定地質断面図（図1）とを見比べた。その結果，学校の土地の推定地質断面図は，川の周辺でできた地層のモデル図と特徴が似ていることに気づいた。このようにして，「学校の土地の地層は，川の影響でできたのではないだろうか」という新たな仮説が生まれた。

▶新たな仮説の検証

子どもたちは，新たな仮説にもとづいて，「秋田市を流れるいちばん大きな河川である雄物川が影響した可能性があるのではないか」「大雨による洪水が影響したのではないか」ということをつぶやきはじめた。そこで，指導者は，その仮説を検証するための実験として，図5のような実験装置を紹介した。この装置は，大雨による増水で川が氾濫する状況を，モデル化したものである。

検証実験を終えた後、その様子を撮影したビデオ映像を見ることで、川が氾濫する様子を再確認する場を設定した。これには、共同注視によって全員が同じ視点で結果を分析できるという意義がある。実験装置のまわりに集まっていたときは、それぞれの立ち位置の違いにより、子どもたちの視点が異なっていた。これにより、見方や考え方にずれが生じることがある。そのために、ビデオ映像を見ながら実験の様子を同じ視点で再確認する場を設けた。

〈図5〉川の氾濫モデル

その結果、「増水した川の濁った水は、主に川のカーブの外側にあふれ出すこと」「流れの速さによって、あふれ出す範囲（面積）が変わること」に注目が集まった。これらのことから、「学校の土地の地層は、川の影響でできたのではないだろうか」という仮説が裏づけられたと考える子どもが多くなった。また、学校の土地のでき方に影響を与えた川として、雄物川の名前が子どもたちから改めて出された。そこで、「雄物川の影響で学校の土地の地層ができたと仮定すると…」という書き出しで、一人ひとりがノートに推論を記述した上で、それぞれの考えを交流させた。その結果、砂や泥の重なり方を根拠として、協働で推論をつくり上げていく次のような姿が見られた。

C1：雄物川の影響で学校の土地の地層ができたと仮定すると、洪水によってあふれ出た砂や泥が地面にかぶさっていったのではないだろうか。

C2：大雨による洪水が何度も何度も起こって、重なったのではないだろうか。

C3：洪水によって、土が何度も何度も重なったと考えられる。地図を見ると、附属小学校の位置は、雄物川のカーブの外側にあるように見える。

C4：雄物川の位置は、侵食の働きによって移動した可能性がある。

C5：（現在の雄物川は学校から離れているけれど）洪水で水が多くなったときに、附属小学校の場所まで水があふれてきたのではないだろうか。

C3：そうだとすると、川幅も変化したと考えられる。

C4：推定地質断面図の厚い層は大きな洪水のときにできて、薄い層は小さな洪水のときにできたのかもしれない。

▶推論によって導き出された結論

このようなやり取りを経た子どもたちは、学校の土地は、海の底ではなく雄物川の影響によってできたことを確信した。子どもたちのノートには、図6のような結論がまとめられていた。

〈図6〉結論についてのノート記述

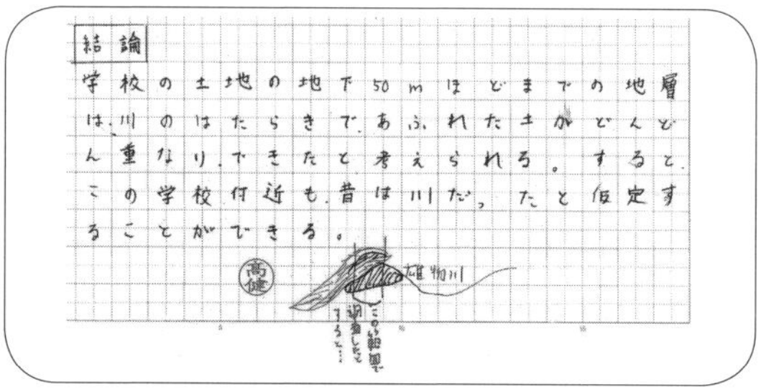

子どもたちが仮説に対する検証実験の結果にもとづいて推論し、それを「仲間との対話」を通して比較・検討し、結論を導いた様子が、ノートの記述から読み取れた。

（引用文献）青木正博・目代邦康，2015，『増補版地層の見方が分かるフィールド図鑑』誠文堂新光社

子どもの変容と評価

本単元の中心教材として位置づけた学校の土地のつくりに対する見方や考え方が変容していく上で、最も重要な役割を果たしたのは、本校建設時のボーリング試料の活用である。本校には、1995（平成7）年に実施した6地点のボーリング試料が残っている（図7）。

〈図7〉ボーリング試料

ボーリング試料を手にした子どもたちは、そのラベルの記載内容を興味深く読んだり、慎重にふたを開けて試料の感触やにおいを確かめたりした。そうしているうちに、読み取った深度や土質をノートにメモしはじめる子どもが出てきた（図8）。さらに、読み取った情報から、調査

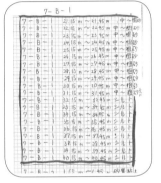

〈図8〉ノート記述1

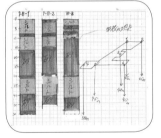

〈図9〉ノート記述2

地点の地下の予想図をつくりはじめる子どもも出てきた（図9）。この予想図は、ボーリング調査の結果を図示する手法である柱状図と同様の意味をもつ。あくまでも予想の域ではあるが、直接観察することができない地下の様子が見えてくるその作業に、子どもたちは楽しさを覚えたようで、もう1地点、もう1地点と予想図を増やしていった。

子どもたちのこのような様子が見られたため、柱状図と柱状図を結ぶことで推定地質断面図（図1）というものができあがることを教えた。子どもたちは、その作成の手順をまねながら、夢中になって推定地質断面図の作成に取り組んだ。この作業が進んでいくと、A児は2枚の推定地質断面図をつなぎ合わせ、屏風のようにL字型にして立てはじめた。そうすることで、推定地質断面図が立体的に見えることを発見したようである。この工夫は、まわりの子どもたちの興味・関心を高めたようで、それを見ていたB児は、3枚の推定地質断面図をつなぎ合わせる見方を始めた（図10）。

〈図10〉立体的な推定地質断面図

自分が学校の地下に立ち、そこから学校の土地を見上げているような見方に、B児もまわりの子どもたちも大満足の様子であった。

このような立体的な見方は、指導者の予想を超えるものであった。このような子どもの変容は、ボーリング試料との出会いから推定地質断面図の作成に至るまで、直接目にすることのできない学校の土地のつくりを捉えようとする「自分との対話」がくり返された結果であると考えられる。また、その変容を捉える上で、柱状図や推定地質断面図をつくる活動は有効に機能したと考えている。

秋田大学教育文化学部附属小学校の実践の見どころ

学びを深め合う授業づくり

ゆさぶりと問いの展開のある対話を通して

石井英真

　ただアクティブな学びではなくて，深い学びを意識することが強調されているが，そもそも「深い」とはどういうことなのか。学び深まったと感じるのは，自明であったもの，わかったつもりであったものについて，その見え方が変わったとき，より腑に落ちたり，新しい視野（地平）が開けた感覚をもてたりしたときではないだろうか。そうした深まる経験は，創発的なコミュニケーションにより，さまざまな意見が縦横につながり，新たな視点や着想や発見が生まれ出ることでもたらされる場合もあるし，なぜなのか，本当にそれでいいのだろうかと，理由を問うたり前提を問い直したりして，一つの物事を掘り下げることでもたらされる場合もある。また，深い学びという場合，そうした認識や理解の深まりによる，活動や行為の質の高まり（新しいレベルへのせり上がり）も含んでいることが多いだろう。

　一宮南部小学校の実践で見たような，グループを単位とした創発的なコミュニケーションは，小さな発見や視点転換が多く生まれることで枠組みの再構成（reframing）を促しやすい。しかし，思考の掘り下げや活動のせり上がりを実現する上では，クラス全体でもう一段深めていくような対話をどう組織するかが課題となる。この点に関わって，伝統的な練り上げ型授業のエッセンス，特に，子どもたちの問い心に火をつける発問やゆさぶりの技に注目すべきであり，秋田大学教育文化学部附属小学校の実践からは，授業展開に埋め込まれた矛盾（予想・期待に反する結果や対立する考えを認識し，その差を解消すべきものと考えたときに生じる認知的葛藤）の組織化とゆさぶりの構造を学ぶことができる。

　5年生国語の『枕草子』の「うつくしきもの」の授業では，「『ちご』の部分の『おもしろさの秘密』は何か」という学習問題について，授業の冒頭で，「『ちご』がかわいいのは当たり前で，意外性はないのではないか。それなのに千年も読まれているのはなぜか」という問いを投げかけることで，矛盾を組織し，秘密を探りたいという子どもたちの追究心を喚起している。さらに，学級全体での対話で，清少納言が取り上げた「ちご」の様子も，ほとんどが当たり前のことだと気づいた子どもたちに対し，「でも，当たり前のことを書いていても，おもしろくないんじゃない？」と，教師はゆさぶりをかけている。これにより，当たり前をあえて書いているという意味での意外性を子どもたちは見いだした。結果，初発の感想で「意外性はない」と書いていた子どもたちも，意外性の捉え方自体を

再構成し，清少納言の観察眼や着想の鋭さにふれる学びとなっている。

　ここからは，既習事項ではうまく説明できない，あるいはそれと相反するような事柄をぶつけることで，矛盾を生み出し学びを触発するとともに，その追究の末に子どもたちが納得（均衡状態）に至ったあたりでそれをゆさぶり，さらなる矛盾を生み出すことで，より統合的な認識や一段高い視野へと導くような，弁証法的な構造を見て取ることができる。1年生の算数の「くらべかた」の授業も，広さを比べたいけれど，重ねても比べられないという矛盾から学習課題を設定している。2年生国語の「スイミー」の授業では，スイミーが目になった理由について考える場面で，「アイデアを出したんだから，自分まで入らなくてもいいんじゃない」というゆさぶりにより，子どもたちは，スイミーがリーダーに成長する過程を読み取るに至っている。秋田市の「おすすめポイント」を考える3年生の社会の授業では，地形が似ているのに土地利用に相違点が見られる事例を示すことで，「土地利用は，地形のほかに何と関係があるのだろう」という学習課題を導き出し，その謎解きに挑んでいる。

　6年生理科の授業では，矛盾を仕組むよりも，推理小説のごとく未知を推論することで，追究が新たな問いや仮説を生み出し，子どもたちは自分たちの学校の土地のつくりについての見方を深化させている。そこでは，謎解きの要所要所で，モデル図や実験が自然な形で紹介されている。地質断面図が示す特徴から，既習事項や教科書をもとに，流れる水の働きでその地層ができたと仮説を立て，地層のモデル実験を行ったものの，それで説明できそうな部分と説明がつかない部分が出てきた。そこで，海底と川の周辺でできた地層の両方のモデル図を教師が紹介することで，子どもたちは推論を前に進めている。こうして，子どもたちは，ただ想像し推理するのではなく，確かな思考の材料と根拠をもって推論することになり，プロセスを大切にしつつも学びの密度が担保されている。

　こうして，ゆさぶりや問いの展開のある対話を組織するとともに，折にふれて思考を表現する機会を盛り込むことで，単元や授業の入口での表現を出口でリライトし，個において思考を深めていくことが期待されている（ビフォー・アフターの構造による変容の可視化）。3年生国語の「もうすぐ雨に」の授業では，2時間目に書いた物語のあらすじを，学習を終えた後で再度書き直す（読みを更新する）機会が設けられている。

　秋田大学教育文化学部附属小学校の実践は，ペアやグループでの学びも交えつつ，学級全体での対話をベースに学びの深さが追求されている。しかし，ゆさぶりや資料の紹介については，教師の想定に追い込む授業にならないよう注意が必要である。まずはまとまった単位の思考や活動（「教科する」プロセス）が子どもたちにゆだねられ，自分たちの足で立って自分たちの頭で思考している状態が保障されねばならない。そして，まさに教師が研究授業という形で，まず自分で試行錯誤しながら実践をやり遂げ，事後の協議会で新たな着想を得たり，考えがゆさぶられたりした上で，再度実践することで，実践の質が高まっていくような，いわば活動とリフレクションをくり返すことによるせり上がりの構造を意識することが重要だろう。また，資料の紹介については，教科書でわかりやすく教える授業を超えて，教科書をも資料の一つとしながら学ぶ構造を構築し，その上で教師が資料（集）の質と量を吟味するとともに，思考の材料を子ども自身が資料集やネットなどから引き出していくことを促すことで，学習者主体で学びの質を追求しつつ，知識の量や広がりも担保できるだろう。

column

日々のわかる授業を創るために
意識しておきたいポイント

教材研究の基礎・基本

　教材研究を行う上では，教える内容（教科内容）とそれを教えるための素材や活動（教材）とを区別することが出発点となる。その上で，教科書などで教材として開発されているものの内容や趣旨を理解し，その価値をその教科の本質との関係で捉えなおしてみること（教材解釈）と，教科内容のポイントをふまえたうえで，教科書に挙げられている教材を微調整したり，差し替えたりして，新たな教材（ネタ）を生み出すこと（教材開発），そうした教科内容と教材との間を往復する思考が重要となる。

　たとえば，教科書に示された，長さ比べで「はしたの長さ」をどう表すかを考える場面で何を教えることが期待されているのか。3つ分でちょうど1mになる長さは，小数では0.333…mとなりすっきり表せないけれど，「分数」を使うとすっきり表せるということから，それが「分数」を教える場面であることがわかる（教材解釈）。しかし，分数を教えるのであれば，ホールケーキ，ピザなど，丸いものを等分する場面の方が，子どもたちの生活とつながるのではないかと，教科書で示された場面とは異なる教材の可能性に思い至る（教材開発）。一方で，なぜ教科書はそうした不自然な場面で教えるのかと再度立ち止まって考えることで，分数指導の争点である，割合分数（「2mの3分の1」）と量分数（「1／3m」）の違いへの理解が深まる（教材解釈）。このように教科書の意図をふまえた上で，量の意味を強調しつつ1枚の折り紙で教えるといった別の教材の可能性を探る（教材開発）。こうして，教材として，子どもの興味を引くもの（具体性）でありかつ，それに取り組むことで自然と教えたい内容が身につくもの（典型性）をめざしていくのである。

　教材づくりには，教科書などをもとに教える内容を明確にした上で，それを子どもが学びたいと思う教材へと具体化するという道筋（教科内容の教材化）だけでなく，日常生活の中の興味深いモノや現象や出来事の発見から教材化に至る道筋（素材の教材化）もある。教える内容を眼鏡に，あるいは，子どもたち目線で彼らが何に追究心をくすぐられるかを想像しながら，日常生活を見渡せば，新聞，テレビ番組，電車の中の広告，通学路の自然や町並みの中に，教材として使えそうなネタが見つかるだろう。

　教科内容から出発するにしても，素材から出発するにしても，教材化する前提として，どうしてもこれは子どもたちに伝えたい，つかませたい，教えたいというものを，そもそも教師は持てているだろうか。指導する物語文の主題や作品としての価値をどう考えているのか，「関数」とは何でそれを学ぶことにどんな意味があるのか，子どもの学習に先立ってこれらの問いに教師自身が向き合い，教師が1人の学び手として納得のゆくまで教材をかみ砕く経験も重要なのである。

（石井英真）

編著者・執筆者一覧 (執筆順)

【編著者】

石井英真　京都大学

【執筆者】

石井英真　上　掲
［まえがき・第1章・各章扉・各章実践の見どころ・コラム①〜⑤］

●京都府京都市立高倉小学校［第2章］
　八木悠介（実践概要）　内藤岳士（実践①）　井上宜子（実践②）
　井関隆史（実践③）　市川菜穂（実践④）　吉川武彰（実践⑤）
　向井文子（実践⑥）

●香川大学教育学部附属高松小学校［第3章］
　黒田拓志（実践概要，実践③）　玉木祐治（実践①）　住田惠津子（実践②）
　橘慎二郎（実践④）　加地美智子（実践⑤）　山西達也（実践⑥）

●愛知県豊川市立一宮南部小学校［第4章］
　原田三朗（実践概要）　川合文子（実践①）　中村信裕（実践②）
　水野隆二（実践③）　竹田崇慶（実践④）　日野秀樹（実践⑤）
　今泉直子（実践⑥）

●秋田大学教育文化学部附属小学校［第5章］
　菅野宣衛（実践概要，実践②）　小野寺拓矢（実践①）　鎌田雅子（実践③）
　鈴木聡（実践④）　大庭珠枝（実践⑤）　髙橋健一（実践⑥）
　［研究協力者］
　杜威（実践①）　佐藤学（実践①）　山名裕子（実践①）　阿部昇（実践②，③，⑤）
　成田雅樹（実践②，③，⑤）　外池智（実践④）　浦野弘（実践⑥）
　川村教一（実践⑥）　田口瑞穂（実践⑥）

(所属は2017年1月現在)

【編著者】

石井英真（いしい てるまさ）

京都大学大学院教育学研究科准教授，博士（教育学）

主な著書に，『現代アメリカにおける学力形成論の展開―スタンダードに基づくカリキュラムの設計―』（単著，東信堂），『時代を拓いた教師たち』Ⅰ・Ⅱ（共著，日本標準），『今求められる学力と学びとは―コンピテンシー・ベースのカリキュラムの光と影―』（単著，日本標準），『〈新しい能力〉は教育を変えるか―学力・リテラシー・コンピテンシー―』，『教職実践演習ワークブック―ポートフォリオで教師力アップ―』（共著，以上ミネルヴァ書房），『中学校「荒れ」克服10の戦略――本丸は授業改革にあった！』（共著，学事出版），『新しい教育評価入門――人を育てる評価のために』（共著，有斐閣）など

小学校発　アクティブ・ラーニングを超える授業
―質の高い学びのヴィジョン「教科する」授業―

2017年2月25日　第1刷発行

編著者　石井英真
発行者　伊藤　潔
発行所　株式会社　日本標準

〒167-0052　東京都杉並区南荻窪3-31-18
電話　03-3334-2630［編集］　　03-3334-2620［営業］
http://www.nipponhyojun.co.jp/
印刷・製本　株式会社 リーブルテック

Ⓒ Ishii Terumasa 2017
ISBN 978-4-8208-0609-7
Printed in Japan

＊乱丁・落丁の場合はお取り替えいたします。
＊定価はカバーに表示してあります。